国家社会科学基金项目（项目编号：08BKS052）

大学生社会主义
核心价值体系建设研究

宫志峰 李纪岩 李在武 著

人民出版社

目　　录

导　　论

　　高校工作育人为本,德育为先。大学生思想政治教育是高校德育的主要途径,是高校育人工作的关键环节。引导大学生树立正确的世界观、人生观、价值观,是大学生思想政治教育的根本任务。多年来,高校在大学生价值观教育中取得了丰富的经验,学术界对价值、价值观、价值体系等问题也进行了较为充分的研究。但从践行社会主义核心价值体系这个高度来审视高校德育工作,探讨大学生社会主义核心价值体系建设问题,主要还是中国共产党十六届六中全会以来的事情,到目前为止依然处于探索阶段。在社会主义核心价值体系视阈中,如何理解价值、价值观、价值体系、核心价值观、核心价值体系等等基本概念,廓清社会主义核心价值体系的内涵与理念;如何把握社会主义核心价值体系建设与大学生思想政治教育的关系,确立大学生社会主义核心价值体系建设的目标与任务;如何认识大学生价值观教育的进程与现状、背景与环境,加强和改进大学生社会主义核心价值体系建设的思路与渠道、方法与途径、主体与队伍、体制与机制,等等,是高校在新的时代背景下需要深入研究与大力解决的重要问题。做好相关研究工作,不仅对于大学生的成长成才具有重要意义,而且对于推动社会主义先进文化建设、形成中国特色社会主义建设的精神动力具有举足轻重的作用。

一、问题的缘起

　　重视对青年学生的价值观教育,是中国共产党的优良传统。中国共产党建党前后,陈独秀、李大钊等人在《新青年》、《每周评论》等刊物上传播马克思主义的过程,也是对青年学生开展马克思主义价值观教育的过程。新民主主义革命时期,中国共产党坚持对青年学生进行马克思主义价值观教育,并随着时局的发展,在方法与途径上不断创新,为新民主主义革命注入了强劲的动力。新中国成立后,中国共产党对青年学生的价值观教育进入了新的阶段。对青年学生进行爱祖国、爱人民、爱科学、爱劳动、爱社会主义的教育,引导他们确立正确的世界观、人生观、价值观,逐步成为高校思想政治教育的重要内容。改革开放的历史大幕开启后,在搞活经济与对外交流的时代氛围中,对青年学生的价值观教育显得尤为重要。为此,邓小平反复强调要坚持四项基本原则,旗帜鲜明地反对资产阶级自由化,培养有理想、有道德、有文化、有纪律的四有新人,艰苦奋斗,振兴中华。20 世纪 90 年代以来,中国共产党继承和发展了毛泽东、邓小平等老一辈领导人的思想,突出爱国主义、集体主义和社会主义在青年学生价值观教育中的核心地位,强调"要坚持进行爱国主义、集体主义、社会主义思想和共产主义理想的教育,进行近代史、现代史教育和国情教育,增强民族自尊、自信、自强的精神,巩固和发展人民内部平等、团结、友爱、互助的社会主义新型关系,移风易俗,使社会主义思想道德蔚然成风"①。进入 21 世纪,针对新机遇、新挑战,中国共产党明确提出要大力建设社会主义核心价值体系,开展社会主义核心价值体系学习教育。十六届六中全会通过的《中央关于构建社会主义和谐社会若干重大问题的决定》指出:"马克思主义指导思想,中国特色社会主义共同理想,以爱国主义为核心的民族精神和以改革创新为核心的时代精神,社会主义荣辱观,构成社会主义核心价值体系的基本内容。"十七大报告强调,要"切实把社会主义核心价值体系融入国民教育和精神文明建设的全过程,转化为人民的自觉追求"。十七届四中全会进一步指出,"要推进马克思主义中国化、时代化、大众化,用中国特色社会主义理论体系武装全党,开展

---

① 《江泽民论有中国特色社会主义》,中央文献出版社 2002 年版,第 402 页。

社会主义核心价值体系学习教育,建设学习型党组织"。从中国共产党在新世纪关于社会主义核心价值体系的一系列论述可以看出,当代大学·生的价值观教育已经面临着新的更高的时代性要求。

高校历来是国民教育和社会主义精神文明建设的重要阵地,重视大学生价值观教育是高校思想政治教育的重要特色。在历史上长期坚持对青年学生进行马克思主义价值观教育的基础上,近年来,价值观教育更为频繁地出现在党和政府以及有关部门的文件中。《中共中央、国务院关于进一步加强和改进大学生思想政治教育的意见》中提出,加强和改进大学生思想政治教育的主要任务是:"以理想信念教育为核心,深入进行树立正确的世界观、人生观、价值观教育","以爱国主义为重点,深入进行弘扬和建设民族精神教育","以基本道德规范为基础,深入进行公民道德教育","以大学生全面发展为目标,深入进行素质教育"。《教育部、共青团中央关于进一步加强高等学校校园文化建设的意见》《教育部、共青团中央关于进一步加强高等学校校园网络管理工作的意见》《中宣部、中央文明办、教育部、共青团中央关于进一步加强和改进大学生社会实践的意见》《教育部关于进一步加强和改进师德建设的意见》《中宣部、教育部、共青团中央关于进一步加强和改进高等学校思想政治理论课的意见》等文件,对在特定领域深入开展包括价值观教育在内的大学生思想政治教育提出了更为具体的意见。在这样的背景下,加强大学生社会主义核心价值体系建设研究,引导当代大学生践行社会主义核心价值体系,自然成为高校思想政治教育的重要课题。

二、研究综述

21世纪以来,大学生价值观教育的研究与社会主义核心价值体系基本理论的研究相伴而行,逐步深入。中共十六届六中全会前后,随着社会主义核心价值体系这一概念的提出,许多学者对社会主义核心价值体系的内容体系、价值理念以及实践途径等问题进行了探讨,掀起了社会主义核心价值体系研究的高潮。但相对而言,这些学者的研究依然属于基础理论研究的范畴。中共十七大以来,学者们更为关注社会主义核心价值体系建设的方法与路径,关注如何在特定群体,尤其是在大学生中加强社会主义核心价值体系建设,相关研究成果为本课题的研究奠定了良好的基础。

(一)关于价值、价值观等基本理论问题的研究

"价值"这一范畴,在不同的学科视阈中有不同的含义。在《现代汉语词典》中,"价值"一是指"体现在商品里的社会必要劳动";二是指某事物的"积极作用"。① 前者是经济学意义上的解释,后者是社会学意义上的解释。"社会主义核心价值体系"中的"价值",是在哲学意义上而言的。目前,在国内学术界,哲学意义上的价值范畴有五大界定模式,即"实体说"、"属性说"、"关系说"、"意义说"和"效应说"。其中"实体说"将价值等同于价值物本身;"属性说"认为价值是事物的某种属性,即事物的"有用性";"关系说"以人的主体需要为纽带,认为价值是"客体与主体需要之间的一种特定关系";"意义说"认为价值是事物向主体呈现的意义;"效应说"认为客体对主体的效应就是价值。这五种观点各自体现了价值范畴某一方面的特点,但是都无法表达出价值的本质属性。在马克思主义哲学视阈中,价值的本质是从人类对象性活动以及主客体关系"两个尺度"中把握的。马克思曾经指出:"'价值'这个普遍的概念是从人们对待满足他们需要的外界物的关系中产生的"②。马克思的这一论

---

① 《现代汉语词典》,商务印书馆1991年版,第545页。
② 马克思、恩格斯:《马克思恩格斯全集》第19卷,人民出版社1963年版,第406页。该论述出自马克思:《评阿·瓦格纳的"政治经济学教科书"》一文,许多学者一直把它作为价值哲学研究的立论根据。有学者认为,该论述说明马克思认为价值是从客体满足主体需要的关系中产生的。也有学者认为,该论述是马克思转述瓦格纳的观点,瓦格纳把使用价值当做价值,这恰恰是马克思批判的观点,不能以该论述作为哲学价值的根据。还有学者提出,马克思该论述中的价值的确是使用价值,不是哲学价值,但并不妨碍我们以使用价值为基础,概括出哲学价值,从特殊上升到一般。本书认同后一种观点。

述,蕴藏了人类对象性活动以及主客体关系"两个尺度"。李德顺在《价值论》一书中,从马克思的论述出发,认为主体本质力量对象化和客体对增强主体本质力量的作用的统一构成了价值的本质,即"价值的本质,是客体属性同人的主体尺度之间的一种统一,是'世界对人的意义'"①。袁贵仁在《价值学引论》一书中,则从生成与功能两个方面进一步揭示了价值的本质。他认为,在生成方面,价值是人的本质力量或主体性的对象化;在功能方面,价值是客体对于增强人的本质力量和提高人的主体性、人的自由的作用和意义。② 李德顺、袁贵仁等学者关于价值本质的论述,发展与深化了马克思的基本观点,契合了"属性说"、"关系说"、"意义说"和"效应说"的合理之处,有助于我们在认识价值本质的基础上进一步把握马克思主义价值观的内涵。

在马克思主义哲学视阈中,价值观是人们对价值以及价值关系的主观认识或表达。人们在认识和改造世界的过程中创造和实现价值,必然会形成关于价值的基本观念。对此,有学者认为,"价值观是指人们对价值的性质、构成、标准和评价的根本看法和态度,是人们从主体的需要和客体能否满足主体的需要以及如何满足主体需要的角度,考察和评价各种物质的、精神的现象及主体的行为对个人、阶级、社会的意义"。③ 人们的价值观念又是在价值关系中呈现的。正如有的学者指出的:"价值观作为一种意识,其反映的对象不是一般客体,而是客体属性和主体之间的关系,即价值关系。价值观渗透在一切社会意识的形式之中,是通过各种社会意识形式表现出来的更深层的带有一定倾向性的价值意识。"④这种渗透在一切社会意识形式中的价值意识,往往以信念、信仰、理想、追求等形态,表达人们关于好坏、得失、善恶、美丑等价值的立场、看法、态度和选择。在现实生活中,价值观总是处于一定经济关系之中的人们的利益和

① 李德顺:《价值论》,中国人民大学出版社2007年版,第39页。
② 袁贵仁:《价值学引论》,北京师范大学出版社1991年版,第63—66页。
③ 王泽应:《社会主义核心价值观的基本特征》,《光明日报》2007年4月3日。
④ 陈章龙、周莉:《价值观研究》,南京师范大学出版社2004年版,第4页。

需要的反映,它决定着人们的思想取向和行为选择。"不同的主体有不同的利益和需求,必然会产生不同的价值观。"①但是,在不同的价值观中,总会有起主导作用的"核心价值观"。有学者认为,"在一个社会的价值观体系中,各种价值观的地位并不相同,有些价值观处于主导地位,有些价值观处于从属地位。处于主导地位的价值观代表着价值体系的基本特征,体现着价值体系的基本价值倾向,统率着其他处于从属地位的价值观念,是一种社会制度普遍遵循的基本原则,是一种文化区别于另一种文化的基本价值观念。"②在这里,在社会价值体系中起主导和支配作用的价值观就是核心价值观,由其派生出来并受其支配的价值观则为一般价值观。

　　20世纪90年代以来,随着经济体制和社会生活方式的深刻变革,人们的价值观念发生了巨大变化,学术界对价值观的理论研究更为活跃,展现出一些新的特点。③ 一是在理论定位上,有的学者认为价值观就是价值观念;有的学者则认为,价值观是关于价值的基本理论观点,价值观念则是人们对于好坏、利害、善恶、美丑等现象进行评价的具体观念。④ 二是在研究路向上,有人认为,价值观研究的根本目的是为精神文明建设服务,主要任务是为人们提供正确的价值观;有人认为,对价值观的研究属于科学研究,不能将之与事实判断相混淆;还有人认为,在价值观这个特殊研究领域,区别价值判断和事实判断虽必要,但纯客观的立场是无法达

---

　　① 蒋斌、周薇:《建设社会主义核心价值体系是构建和谐社会的重大课题》,《光明日报》2007年2月13日。

　　② 王泽应:《社会主义核心价值观的基本特征》,《光明日报》2007年4月3日。

　　③ 马俊峰:《近年来价值观念研究综述》,《哲学动态》1998年第7期,第15—18页。

　　④ 本书作者认为,在"社会主义核心价值体系建设"或"社会主义核心价值体系教育"语境中,"价值观"与"价值观念"这两个词语是同一个范畴,本身没有从学理上加以区分的必要。"社会主义核心价值体系"终归需要社会大众深入实践,才能从理论的天国回到现实的人间。而在群众的认知与实践中,"价值观"本来就是"价值观念"。在这种现实情况下,学理上把两个词语视为两个范畴,区分得越清晰,实践中使用起来反而越混乱,越让人无所适从。所以,本书自始自终"模糊化"处理,把"价值观"与"价值观念"作为同一个范畴使用。

到的。三是在内容结构上,学者们普遍认为价值观是一个民族长期生活实践和文化积淀的产物,是现实生活中的价值运动在人们思想中的反映,反过来又形成人们看待和评定价值的标准;但在价值观的具体内容、核心价值观以及理性因素和非理性因素在价值观中的地位和作用等几个方面仍有较大分歧。四是在现实形态上,一种意见认为,人们社会地位不同、需求性质及满足程度不同、所受教育不同,就会有不同的价值观,因此特定社会中的价值观是多元的;反对意见则认为,虽然历史上和现实生活中有多种多样的价值观,但符合历史发展规律、具有真理性、在特定社会中起主导作用的价值观总是一元的。五是在真理性即科学性上,有人认为既然价值观是对现实价值的反映,那就必然有个反映得对不对、准不准的问题,即真理性的问题;也有人认为,价值观上的差异和对立,主要不是真理与谬误的对立,而是不同主体利益之间的差异和对立,也是其历史合理性之间的差异和对立。某种价值观是否具有历史合理性,根本是看它的持有者、拥戴者与人类历史发展方向的一致性。六是在发展趋向及其评价上,有人认为改革开放以来,物欲泛滥,人文精神失落,个人主义、拜金主义流行,社会风气恶化,人们的道德滑坡,社会价值观念趋向多元化;另一些人则认为社会主义市场经济需要符合时代的价值观,也正催生和创造着新的价值观,当前的价值观变革具有历史进步意义。综观20世纪90年代以来价值观领域的理论研究,学术界虽然在许多观点上没能达成一致,但在百家争鸣中帮助我们加深了对相关问题的认识。

在部分学者展开理论研究的同时,还有一些学者(主要是社会学领域的学者)和思想政治教育工作者开展了价值观领域的实证研究。例如,王绍光在《国家能力的重要一环》一文中,借用史天健教授的调查数据,对当代中国人在审视个人与家庭、与他人、与群体、与社会整体、与政府、与国族、与人生终极目标的关系时的基本观念进行了深入分析。石秀印、许叶萍在《社会核心价值体系的本质特征与社会成员共享的核心价值观》一文中,借用"中国社会结构变迁课题组"的问卷调查数据,对"中国社会成员认同什么样的核心价值观"这一问题做出了回答。武力在

《建国以来我国道德和价值观演变中的经济体制因素》一文中,以回顾史实的方式,从经济体制与道德预设的关系的角度,对新中国成立以来社会价值观的演变进行了研究。王正绪在《经济社会发展与后现代价值观念的出现》一文中,把"后现代价值观"和"现代价值观"作为自变量,把性别、年龄、收入、教育和国别等因素作为控制变量,对中国与东亚各儒家社会的价值观演变轨迹进行了实证研究。叶松庆在《当代未成年人价值观的演变与教育》一书中从问卷调查入手,辅之以个别访谈、集体座谈的方式,系统研究了当代中国内地未成年人的价值观。王易在《当代大学生价值观调查报告》一书中,通过对 5 份调查问卷的分析,在全面展示当代大学生的价值观状况的同时,重点对当代大学生的社会公德、社会责任感、职业观念与心理健康进行了实证研究。此外,还有任剑涛在《政治的疏离与回归》中、廉思在《30 年来我国政治价值观的演变及其原因》中,分别对改革开放三十多年来中国政治观的演变及其动力(原因)进行了实证研究;熊蕾在《报,还是不报》中,对近三十年中国媒体新闻价值观的变迁进行了实证研究;胡卫星在《建构中国国际价值观:30 年来的始建于理论》中,对中国国际价值观的演变进行了实证研究;辛志勇在《改革开放以来农民价值取向变迁及现状研究》中、申端锋在《中国农村的伦理性危机与伦理重建》中,分别以山西农民及湖北农民为例,对当代中国农民价值观进行了实证研究。在相关学术期刊上,近年来发表的相关调查报告还有很多。这些数据翔实的实证性研究,对我们深入把握中国人价值观的演变及其影响因素具有重要的参考价值。

近年来,学术界在对价值、价值观、核心价值观深入研究的基础上,进而提出了"价值体系"、"核心价值体系"等范畴。通俗地说,所谓"价值体系",就是"价值观念体系",或者说是一系列的价值观念;所谓"核心价值体系",则是为统治阶级所认可、在社会上居于主导地位的价值体系。李从军在《价值体系的历史选择》一书中指出:"价值体系是在一定社会生产方式的制约下由价值观念所构成的体系","价值观念是构成价值体系的基本要素"。他认为,价值体系"作为对一定社会生产方式内在反映的精神力量,笼罩着整个社会生活,主导和制约着人们追求和实现生命价值的社会意识和社会行为。在无阶级社会里,它是人类在一定社会生活中价值观念自觉的历史集合;在阶级社会里,它是为法律所认定的、主要体现在为社会生产方式中占统治地位的阶级和集团的基本价值准则"。①在这里,李从军所讲的"价值体系",实际上就是社会的"核心价值体系"。李从军进而指出,"人类价值体系的发展史包含三个大的阶段和六个社会形态:自然生理阶段的原始社会价值体系——道德评判阶段(奴隶社会价值体系——封建社会价值体系——资本主义社会价值体系)——文化审美阶段(社会主义社会价值体系——共产主义社会价值体系)"。②李从军的论述,是迄今为止学术界关于"价值体系"的最为系统的论述。除此之外,近年来有许多学者从不同的角度对"价值体系"、"核心价值体系"及其相关问题进行了深入探讨。吴潜涛认为:"价值体系属于社会意识范畴,是社会意识的本质体现。它受一定社会基本制度的制约,是由一定社会崇尚和倡导的思想理论、理想信念、道德准则、精神风尚等因素构成的社会价值认同体系","社会核心价值体系,是在社会生活中居于统治和引导地位的社会价值体系,它能够有效地制约非核心、非主导的社会价值体系作用的发挥,能够保障社会经济制度、政治制度、文化制度的稳定和发展。社会核心价值体系关系国家的兴衰成败,关系社会的进退治乱"。③黄力之认为:"价值体系即主体以其需求系统为基础,对主客体之间的价值关系进行整合而形成的观念形态,集中体现主体的愿望、要求、理想、需要、利益等。任何一个社会都会出于自己的需要,提出自己的核心价值体系"。④蒋斌、周薇认为:"在一个社会的多样价值体系中,总有一种处于主导、支配地位,反映现实生活和社会发展内在要求以及统治阶

---

① 李从军:《价值体系的历史选择》,人民出版社 2008 年版,第 2 页。
② 李从军:《价值体系的历史选择》,人民出版社 2008 年版,第 176 页。
③ 吴潜涛:《准确理解社会主义核心价值体系的科学内涵》,《人民日报》2007 年 2 月12 日。
④ 黄力之:《建设社会主义核心价值体系的意义》,《光明日报》2007 年 1 月 31 日。

级根本利益的基本价值体系。社会的核心价值体系是引领人们的思想行为、社会的精神风尚和发展方向的灵魂,是关系社会稳定与国家兴旺的决定性因素。"①还有一些学者从社会心理层次上对价值体系、核心价值体系进行了更为深入的剖析。何涛认为"价值体系是由价值观念构成的,构成价值体系的价值观念既有观念层次上的,也有心理层次上的;既可以表现在文化典籍中,也可以表现在日常行为中。而且在许多时候心理层次的价值观念发挥的作用更为强大和持久","由于社会意识具有相对独立性,一定社会的意识形态领域是复杂多元的,会呈现出多元价值体系并存的态势。但是,任何社会的存在和发展,都需要有一定的社会核心价值体系或主导价值体系的强力支撑。"②从这些专家学者的论述中可以看出,大家对"核心价值体系"的内涵及其在社会发展中的地位与作用,存在着较大的共识。

综上所述,多年来,学术界对价值、价值观、核心价值观、价值体系、核心价值体系等基本理论问题进行了深入探讨,对中国人价值观念的演变及其影响因素进行了实证研究,不但深刻地揭示了相关概念的内涵与外延,深入论证了彼此之间的联系与区别,而且揭示了当代中国人价值观演变的方向与规律,从而为我们全方位认识相关问题奠定了基础。但从总体上看,相对于"社会主义核心价值体系"这一特定范畴、"大学生社会主义核心价值体系教育"这一特定实践领域而言,上述研究还是属于基础性工作。要想在大学生社会主义核心价值体系教育研究上前进一步、有所创新,我们还需要对学术界关于社会主义核心价值体系的研究状况、关于大学生社会主义核心价值体系教育的研究状况作进一步的了解。

(二)关于社会主义核心价值体系的研究

中共十六届六中全会以来,学术界在继续研究价值、价值观、核心价

---

① 蒋斌、周薇:《建设社会主义核心价值体系是构建和谐社会的重大课题》,《光明日报》2007年2月13日。

② 何涛:《社会主义核心价值体系研究综述》,新华网:http://news.xinhuanet.com/theory/2008-09/30/content_10185843.htm。

值观、价值体系、核心价值体系等基本理论问题的同时,重点对社会主义核心价值体系进行了研究。例如,韩震的《社会主义核心价值体系研究》一书梳理了社会主义核心价值体系的基本概念,揭示了社会主义核心价值体系的时代背景、发展历史及理论根据,概述了社会主义核心价值体系的结构,并专题论述了社会主义核心价值体系的灵魂、主题、精髓、基础,阐述了社会主义核心价值体系的建设途径,是对建设社会主义核心价值体系这一重大命题和战略任务的系统论述。黄凯锋、唐志龙的《建设社会主义核心价值体系》一书着重论述了建设社会主义核心价值体系的道德基础、多元主体、文化资源、方法艺术、舞台载体与长效机制。陈亚杰的《建设社会主义核心价值体系》一书详细阐述了建设社会主义核心价值体系的重大现实意义,全面解读了社会主义核心价值体系的基本内容,深入分析了建设社会主义核心价值体系的基本原则、总体思路和基本途径。陈新汉的《社会主义核心价值体系价值论研究》一书从东西方社会核心价值体系研究的启示、国际共产主义运动中的核心价值体系思考、中国共产党探索社会主义核心价值体系的历程、社会转型与社会主义核心价值体系、社会主义核心价值体系与社会共识、社会主义核心价值体系与国民信仰、社会主义核心价值体系内化为国民信仰的制度保证、社会主义核心价值体系在大学生中的认同思考九个方面对社会主义核心价值体系进行了阐述。除了已经出版的专著外,近年来公开发表的相关论文也有上千篇,从总体上看,学者们对"社会主义核心价值体系"的研究,主要从四个方面展开。

　　一是关于社会主义核心价值体系的地位与作用的研究。学者们普遍认为,社会主义核心价值体系是中国特色社会主义理论的重要组成部分、是社会主义意识形态的本质体现,提出社会主义核心价值体系,不但具有重大的理论意义,而且具有重大的实践意义。唐凯麟认为,社会主义核心价值体系的提出,标志着我们党对社会主义制度在价值层面的探讨达到了一个新的高度,是马克思主义中国化的重大创新成果。他指出:"社会主义核心价值体系关于社会主义主导价值思想、共同价值理想、核心价值精神、基本价值标准的全面系统的表达,从整体上为坚持中国特色社会道路提供了理论根基,为坚持中国特色社会主义理论体系提供了思想基石。"① 刘贵芹强调,社会主义核心价值体系是社会主义制度的精神之魂、社会主义意识形态大厦的基石,在所有社会主义价值目标中处于统摄和支配的地位。建设社会主义核心价值体系,为我们党和国家的意识形态工作,树立了一面旗帜,建立了基本的纲领,指明了正确的方向。② 赵存生认为,就理论意义而言,社会主义核心价值体系的提出,"体现了我们党对马克思主义的价值理论、思想道德建设和精神文明建设理论的丰富和发展,是我们党建立在对社会主义价值观念系统认识和把握基础上的理论创新",这一创新,把我们党关于建设社会主义精神文明的认识推向了一个新的境界;就实践意义而言,社会主义核心价值体系的提出,"为和谐文化的发展与和谐社会的构建提供了正确的思想指南,为形成和激励全国人民朝着共同目标努力奋斗提供了强大的思想动力,为中华民族大家庭的团结和睦和兴旺发展提供了坚固的思想纽带"。赵存生形象地把"建设社会主义核心价值体系"比喻为"新时代中华民族全民族的铸魂工程",认为建设社会主义核心价值体系的提出,对"在全党和全社会树立与建设中国特色社会主义相匹配的价值取向、思想观念、道德操守,亦即铸造新时代中华民族的民族魂将发挥巨大的作用。"③

二是关于社会主义核心价值体系的内容体系的研究。关于社会主义核心价值体系的内容体系,中共十六届六中全会决议强调了四条。在此基础上,许多学者对社会主义核心价值体系的基本内涵及其主要内容之间的关系进行了更为深入的阐发。吴潜涛指出:"在社会主义核心价值体系这一有机体中,马克思主义指导思想居于最高层面,是指对作为认识

---

① 唐凯麟:《社会主义核心价值体系是在实践中不断完善的科学体系》,《光明日报》2008 年 9 月 23 日,第 9 版。

② 刘贵芹:《用社会主义核心价值体系引导大学生健康成长》,《学校党建与思想教育》2007 年第 8 期,第 11 页。

③ 赵存生:《牢固树立社会主义核心价值体系》,《思想理论教育导刊》2007 年第 1 期,第 4—5 页。

世界、改造世界的理论基础的马克思主义的价值认同,从根本上说,是指对人类社会发展规律的价值认同;中国特色社会主义的共同理想是指对国家、民族追求的未来美好发展前景的价值认同;以爱国主义为核心的民族精神和以改革创新为核心的时代精神,是指对实现共同理想的动力之源的价值认同;社会主义荣辱观居于重要地位,它指的是对公民思想行为选择标准的价值认同。"①唐凯麟认为,就社会主义核心价值体系四个方面基本内容而言,是一个层次分明、各有侧重、各具功能而又相互联系、相互贯通的有机整体。其中,马克思主义思想指导作为社会主义核心价值体系的灵魂,是整个社会主义核心价值体系的理论基础。它要解决的是"举什么旗"的问题,处于统领的层次。中国特色社会主义共同理想作为社会主义核心价值体系的主题,它要解决的是"走什么道路"的问题,处于核心的层次。民族精神和时代精神作为社会主义核心价值体系的精髓,它要解决的是"应该具备什么样的精神状态和精神面貌"的问题,处于动力机制的层次。以"八荣八耻"为主要内容的社会主义荣辱观,作为社会主义核心价值体系的基础,它要解决的是实际的行为规范的问题,为践行社会主义核心价值体系造就着价值主体,营造着社会氛围,处于基础性层次。② 许志功的观点与唐凯麟相似,他认为,"社会主义核心价值体系以理论层面为主导,统领理想、精神、道德等不同层面。这些层面相辅相成、缺一不可,但各自又有特定的地位。马克思主义指导思想决定着社会主义事业的性质和方向,是社会主义核心价值体系的灵魂。中国特色社会主义的共同理想是全国人民团结奋斗的共同思想基础,弘扬这一共同理想,是社会主义核心价值体系的主题。民族精神和时代精神是社会主义事业发展的动力,大力培育民族精神和时代精神是社会主义核心价值体系的精髓。社会主义荣辱观是社会主义事业的道德基础,树立和弘

---

① 吴潜涛:《社会主义核心价值体系的科学内涵》,《道德与文明》2007 年第 1 期,第 4 页。

② 唐凯麟:《社会主义核心价值体系是在实践中不断完善的科学体系》,《光明日报》2008 年 9 月 23 日。

扬社会主义荣辱观是社会主义核心价值体系的根基。这四条归结到一点,就是坚持为人民服务的价值理念、价值取向、价值追求。"①此外,陈延斌、邹放鸣提出,社会主义核心价值体系的基本内容可以分为观念层面与行为层面,前者包括作为思想导向的马克思主义、作为目标追求的现阶段共同理想、作为精神支撑的民族精神与时代精神,后者主要指社会主义荣辱观。② 与上述学者所论"社会主义核心价值体系"的内容有所差异,部分学者在论述"社会主义核心价值观"这一范畴时,进行了更为具体的探讨。例如吴倬认为"社会主义核心价值观"基本内容包括五个方面:第一是建设中国特色社会主义、共产主义的社会政治信仰或理想;第二是为人民服务的人生观;第三是坚持真理、崇尚科学的科学观;第四是集体主义道德观;第五是真善美相统一的健康、高尚的审美观。③ 陈伟、罗仲尤则认为"爱国主义是社会主义核心价值观的基础"、"以人为本是社会主义核心价值观的主体"、"和谐是社会主义核心价值观的灵魂"、"责任是社会主义核心价值观的底线"。④ 显然,学者们在阐述社会主义核心价值观的内涵时,其表述更为具体。

三是关于社会主义核心价值理念的研究。社会主义核心价值体系这一范畴,是一个理论化的表述,蕴涵着社会主义核心价值理念,但本身并不同于社会主义核心价值理念。社会主义核心价值理念是社会主义核心价值体系的最根本的观点、最精练的概括、最通俗的表述,是社会主义核心价值体系的精髓、灵魂。如何准确表述社会主义核心价值理念,使广大群众更容易理解、接纳与实践,是许多学者深入思考的问题。许庆朴认

---

① 许志功:《大力加强社会主义核心价值体系建设》,《思想理论教育导刊》2007 年第 10 期,第 23 页。

② 陈延斌、邹放鸣:《社会主义核心价值体系若干问题研究》,《南京师大学报》2008 年第 4 期,第 13—16 页。

③ 吴倬:《关于社会主义核心价值观问题的理论思考》,《教学与研究》2008 年第 6 期,第 95—96 页。

④ 陈伟、罗仲尤:《社会主义核心价值观与大学思想政治教育》,《光明日报》2007 年 9 月 2 日。

为,正如社会主义核心价值体系是一个体系一样,社会主义核心价值理念也是一个体系,这个体系由两个层次的核心价值理念构成。其中,第一个层次为"终极性核心价值理念",体现了共产主义社会的终极价值目标即马克思所讲的"人的自由而全面的发展",可用"独立"(自由全面发展的基础)、"民主"(自由全面发展的途径)、"自由"(自由全面发展的目的)来表述;第二个层次为"基础性核心价值理念",体现了在社会主义初级阶段,建设中国特色社会主义的实践中应当遵循的价值目标,可用"平等"(政治领域)、"效率"(经济领域)、"和谐"(社会领域)、"文明"(精神领域)来表述。持类似观点的还有学者许华,他指出:"马克思、恩格斯的社会主义价值理论认为,人的全面而自由的发展是社会主义的核心价值,公正平等、自由民主、共同富裕等则是社会主义的基本价值。核心价值与基本价值具有辩证的关系。"[①]关于社会主义核心价值理念,陈延斌、邹放鸣的研究更如深入系统,他们不但提出了概括、提炼社会主义核心价值理念的基本原则,而且对社会主义核心价值理念的基本内涵进行了探讨。他们认为:"概括、提炼社会主义核心价值理念应该坚持四个基本原则:一是社会主义核心价值理念是社会主义核心价值体系的精髓,应集中反映社会主义核心价值体系的基本诉求,从而为其构建起到积极的引导作用;二是社会主义核心价值理念应该集中体现中国特色社会主义制度的本质要求;三是社会主义核心价值理念既要体现马克思主义尤其是科学社会主义实质、又要与中华民族优秀传统价值观念相承接,而且扬弃并超越资本主义的核心价值理念;四是社会主义核心价值理念在表述上应做到思想深邃凝练,内涵广泛普适,形象鲜明,义约言丰,成为激励和引领广大社会成员为中国特色社会主义建设共同奋斗的一面猎猎作响的旗帜。"依据这些原则,他们认为,"社会主义核心价值理念的基本内涵可以

---

① 许华:《社会主义核心价值与基本价值》,《当代世界与社会主义》2007 年第 6 期,第 49 页。

以四个主题词加以表述:公平正义,民主自由,仁爱和谐,人本共享"。①
公方彬在梳理中外不同社会制度下的各种核心价值观(核心价值理念)
时提出:"核心价值观的构建必须满足五个基本条件:普世性、民族性、政
治性、崇高性、时代性。西方的核心价值观是:民主、自由、人权。中华民
族的核心价值观可确定为:民主、平等、公正、互助"②,其中"民主"和"平
等"反映的是一种社会形态,是大众在社会生活中存在的关系,而"公正"
和"互助"则是一种要求,是奠基于前两者基础上的努力方向,是社会对
每个成员在承担公共义务时的期待和要求。

　　四是关于社会主义核心价值体系的实践途径的研究。韦建桦认为,
要使社会主义核心价值体系逐步根植于人民群众特别是广大青年的思想
和生活中,"就要以发展着的马克思主义为指导,运用哲学、经济学、政治
学、社会学、法学、教育学、文艺学、历史学、伦理学、心理学等多学科,切实
研究如何使社会主义核心价值体系进一步融入社会生活、走进群众心灵
的问题"③。汪青松在《"四信"教育与社会主义核心价值体系建设》一文
中提出,"四信"教育是社会主义核心价值体系建设的重要途径,其任务
是增强社会主义核心价值体系的说服力、感召力、凝聚力和公信力,社会
主义核心价值体系建设的成效要通过"四信"教育培养"四有"新人和"四
个新一代"来衡量。④ 石云霞根据我党进行思想理论教育的实践经验,从
社会主义核心价值体系教育的角度,对实践社会主义核心价值体系提出
了十个方面的基本要求:一是以四项基本原则为根本内容,坚持用发展着
的马克思主义进行社会主义核心价值体系教育;二是从革命、建设和改革

---

① 陈延斌、邹放鸣:《社会主义核心价值体系若干问题研究》,《南京师大学报》2008
年第4期,第16—17页
② 公方彬:《民主·平等·公正·互助——支撑中华民族崛起的核心价值观》,《政
工学刊》2006年第10期,第6页。
③ 韦建桦:《社会主义核心价值体系的历史内涵、科学精神、创新品格》,《光明日报》
2007年12月4日。
④ 汪青松:《"四信"教育与社会主义核心价值体系建设》,《党的文献》2007年第5
期,第39页。

的根本需要出发,坚持理论联系实际的根本教育原则;三是坚持方向性、思想性与科学性相统一的原则;四是坚持正面教育为主与社会思潮批判相结合的原则;五是坚持党作为教育者与群众作为教育对象之间教学相长的基本原则;六是坚持先进性要求与广泛性要求相结合的原则;七是坚持以人为本,尊重人、理解人、关心人,是社会主义核心价值体系教育取得成功的关键;八是提高全民族的思想道德素质,培育"四有"公民,是进行社会主义核心价值体系教育最根本的目标要求;九是坚持以实践标准作为检验社会主义核心价值体系教育效果的根本标准;十是坚持和加强党的领导是进行社会主义核心价值体系教育最重要的实现机制和根本保证。① 李康平、李正兴提出要开发运用红色资源实践社会主义核心价值体系,他们认为:"在新的形势下开发运用红色资源,充分挖掘和发挥红色资源的教育价值和育人功能,对于加强和创新社会主义核心价值体系教育具有十分重要的意义和独特的优势。当前,要创新红色资源开发运用的思路,并采取有效的实践策略加以实施,才能推动社会主义核心价值体系教育不断走向深入。"②

(三)关于大学生社会主义核心价值体系建设的研究

在对社会主义核心价值体系进行宏观研究的基础上,许多专家学者将研究的视角转移到社会主义核心价值体系建设的方法与路径上,重点关注如何在特定群体(主要是大学生)中加强社会主义核心价值体系建设。如何认识新时期大学生的价值观念、如何在当代大学生中培育和弘扬社会主义核心价值体系,也成为高校思想政治教育的新热点。例如,邹宏秋在《社会主义核心价值体系教育论纲》一书中对社会主义核心价值体系的教育意义、教育内涵、教育对象、教育本质、教育要求、教育原则和

---

① 石云霞:《论社会主义核心价值体系教育的基本要求》,《思想政治工作研究》2007年第3期,第23—26页。

② 李康平、李正兴:《红色资源开发与社会主义核心价值体系教育》,《道德与文明》2008年第1期,第86页。

教育展望等相关理论问题进行了阐述,为人们自觉践行社会主义核心价值体系提供了富于针对性和建设性强的教育理论。戴钢书带领他的学术团队,基于高校"思想道德修养与法律基础"课程的研究性教学,对大学生社会主义核心价值理念培育展开质性研究①,以新的教学理念和研究手段,从微观零距离直视大学生对社会主义核心价值理念的认识、认同、内化、外化、践行的生动转变过程。他们出版的《大学生社会主义核心价值理念培育质性研究》一书,为大学生社会主义核心价值体系教育研究提供了重要的借鉴。王易带领她的学术团队完成的《当代大学生价值观调查报告》一书,也是我们研究大学生社会主义核心价值体系教育问题的宝贵资料。除了这些专著,在有关学术期刊发表的大学生社会主义核心价值体系(或价值观)教育方面的论文也蔚为可观。这些论文主要从四个方面对大学生社会主义核心价值体系教育问题进行了研究。

一是关于大学生社会主义核心价值体系建设意义的研究。冯刚从国家意识形态建设的角度论述了大学生社会主义核心价值体系教育的意义,他指出:"党的十七大报告关于建设社会主义核心价值体系的论述,为我们准确理解、把握和践行这项重大战略举措,打开了新视阈,提出了新要求,开拓了新境界。高校承担着培养社会主义合格建设者和可靠接班人的历史责任,加强高校思想政治教育是解决好'培养什么人'、'如何培养人'这一根本问题的关键。用社会主义核心价值体系引领高校思想政治教育深入发展,用社会主义核心价值体系新视阈、新要求、新境界指导高校思想政治教育不断创新,对教育引导大学生高举中国特色社会主义伟大旗帜,坚持中国特色社会主义道路,坚持中国特色社会主义理论体

---

① 质性研究:是一种在社会科学及教育学领域常使用的研究方法,通常是相对量化研究而言。质性研究实际上并不是一种方法,而是许多不同研究方法的统称,由于它们都不属于量化研究,被归成同一类探讨。其中包含但不限于民族志研究、人类学研究、论述分析、访谈研究等。质性研究是一种注重人与人之间的意义理解、交互影响、生活经历和现场情景,在自然状态中获得整体理解的研究态度和方式。

系,具有十分重要的现实意义。"①陈伟、罗仲尤从大学生成长的角度论述了大学生社会主义核心价值体系教育的意义,他们认为:"社会转型给青年大学生价值观塑造带来客观要求。目前我们正处于社会转型期,市场存在的一些负面影响给大学生的价值观带来冲击。一些大学生政治信仰模糊,功利意识严重;一些大学生价值取向扭曲,重物质利益轻无私奉献,重等价交换轻爱心付出;一些大学生知行脱节,对社会主义道德的一些基本内容了解,但实际行动又是另外一种表现;更有不少学生把注意力转向自我,忽视社会发展需要,缺乏强烈的社会责任感。社会转型期也是价值观的反思、裂变、更新和塑造时期,这更使得大学生在价值观方面产生诸多迷茫、困惑和疑问,迫切需要以社会主义核心价值观加以强有力的引导。"②

二是关于大学生社会主义核心价值体系建设与大学生思想政治教育的关系研究。大家普遍认同,社会主义核心价值体系既是新时期大学生思想政治教育的指导思想,也是新时期大学生思想政治教育的重要内容。吴潜涛指出:"中国特色社会主义核心价值体系是社会主义思想道德建设的指导方针,是激励全民族奋发向上的精神力量和维系全民族团结奋斗的精神纽带,也是当代大学生健康成长为社会主义合格建设者和接班人的行动指南。当代大学生代表未来、创造未来,肩负着人民的重托、历史的责任。深刻理解十七大报告的精神实质,准确把握中国特色社会主义核心价值体系的科学含义和根本要求,及时有效地做好中国特色社会主义核心价值体系进教材、进课堂、进头脑工作,是坚持'育人为本、德育为先'的教育理念,加强大学生思想政治教育的首要课题。"③张再兴、杨增崇认为:"建设社会主义核心价值体系是高校思想政治教育的本质所

①　冯刚:《用社会主义核心价值体系引领高校思想政治教育深入发展》,《高校理论战线》2008年第7期,第4页。
②　陈伟、罗仲尤:《社会主义核心价值观与大学思想政治教育》,《光明日报》2007年9月2日。
③　吴潜涛:《用中国特色社会主义核心价值体系引领大学生成长成才》,《思想理论教育导刊》2007年第11期,第30页。

向和内含之义,高校思想政治教育是建设社会主义核心价值体系的重要路径和基本要求。两者在逻辑起点、重点针对对象、内容、目标、方法、任务等多个方面具有高度的统一性。应充分把建设社会主义核心价值体系同进一步加强、改进和发展大学生思想政治教育有机统筹结合起来,以社会主义核心价值体系为主线,积极推进高校思想政治教育发展。"①刘贵芹认为:"加强和改进大学生思想政治教育,根本目的是为中国特色社会主义事业源源不断地培养造就合格的建设者和可靠的接班人,而社会主义核心价值体系,就为培养和造就中国特色社会主义事业的合格建设者和可靠接班人提出了新的更高的要求,为加强和改进大学生思想政治教育、为当代大学生的健康成长进一步指明了方向,是中国共产党人在新世纪新阶段对'培养什么人、怎样培养人'这一问题的科学回答。"②张惠选认为:"高校是培育人才的场所,担负着培育社会主义合格建设者和可靠接班人的重任。当前,我国正处于发展机遇期和矛盾凸显期相互交织的关键阶段,社会的深刻变革,思想文化的相互激荡,对大学生产生了深刻影响。当代青年学生在价值取向上存在双重性和价值判断上的矛盾性,直接影响着他们的政治立场和思想道德水平。因此,高校只有将社会主义核心价值体系教育贯穿到大学生思想政治教育中,用社会主义核心价值体系指导大学生价值观构建,进一步完善和规范他们的世界观、人生观、价值观和荣辱观,进一步坚定他们的政治方向、政治立场、政治观点和政治信仰,才能不断培养一批又一批优秀人才,实现思想政治教育的育人目标和任务。"③

三是关于大学生社会主义核心价值体系建设基本内容的研究。学者们普遍认为,社会主义核心价值体系的内容也是大学生社会主义核心价

① 张再兴、杨增崟:《社会主义核心价值体系与高校思想政治教育发展》,《思想政治教育研究》2008年第2期,第1页。
② 刘贵芹:《用社会主义核心价值体系引导大学生健康成长》,《学校党建与思想教育》2007年第8期,第13页。
③ 张惠选:《社会主义核心价值体系与大学生价值观构建》,《山西大学学报》(哲学社会科学版)2008年第3期,第113页。

值体系教育的基本内容。在此基础上,学者们结合青年学生的特点,对大学生社会主义核心价值体系教育的内容进行了更为深入的挖掘。李斌雄认为,大学生社会主义核心价值体系教育的基本内容暨社会主义核心价值体系的基本内容之间具有内在的结构关系:马克思主义价值理论教育是基础理论性内容,党的价值观教育是核心内容,中国特色社会主义共同理想教育是实质性内容,以爱国主义为核心的民族价值观教育是民族性内容,以改革创新为核心的时代价值观教育是时代性内容,社会主义荣辱观教育是行为规范性内容和操作性切入点。① 石海兵在《论青年价值观教育内容的结构体系》中提出:"青年价值观教育内容是一种结构性存在。青年价值观教育内容是由青年价值观教育的基础性内容、主导性内容和辅助性内容组成的结构体系。其中,青年价值观教育的基础性内容主要包括以尊重与责任为代表的内容系列,青年价值观教育的主导性内容主要包括以马克思主义信仰教育、理想信念教育、民族精神教育和社会主义荣辱观教育等为代表的内容系列,青年价值观教育的辅助性内容主要包括以能力教育和情感教育为代表的内容系列。"②

　　四是关于大学生社会主义核心价值体系建设的有效性研究。在这方面,大家主要探索如何推动当代大学生有效践行社会主义核心价值体系。聂月岩、张家智提出:"在培育社会主义核心价值体系的过程中,可以借鉴西方品格教育的方法,积极构建群体和个人共享的、客观上主要的核心的道德价值观,以帮助学生做出正确的道德选择和行动。"③张远新在对当代大学生价值观的特征及成因进行分析的基础上,提出推进大学生社会主义核心价值观教育,首先要求教育者应具有开放的视野和现代的价值观念,其次要引导大学生正确认识价值取向的一元化和多元性的辩证

---

　　① 李斌雄:《我国社会主义核心价值体系教育的内容结构》,《思想理论教育》(综合版)2007 年第 1 期,第 27 页。

　　② 石海兵:《论青年价值观教育内容的结构体系》,《思想理论教育》(综合版)2007 年第 12 期,第 14 页。

　　③ 聂月岩、张家智:《借鉴"品格教育"的方法培育核心价值观体系》,《思想教育研究》2007 年第 8 期,第 17 页。

关系,三是要充分发挥社会实践在大学生价值观念形成中的基础性作用,四是要与情感教育相结合,让受教育者在情感体验中接受社会主义核心价值体系。① 旷永青提出要提高大学生社会主义核心价值体系教育实效性,必须坚持主导性与多样性的结合,诉诸和谐共生理念,发挥马克思主义的兼容性;坚持理想性与现实性的统一,开辟新途径,发挥理想信念的凝聚力;坚持借鉴与创新相结合,创新教育载体,发挥文化精神的激励作用;坚持内在平衡与外在协调相统一,健全合力机制,巩固社会和谐的道德基础。② 陶倩在调查问卷的基础上,提出在大学生中培育社会主义核心价值体系,一是要强化主流价值,提高大学生对社会主义核心价值体系的认同度,二是要实施分层引导,把握价值观一元性与多样化的统一,三是要构建长效机制,促进社会主义核心价值观的内化与外化。③ 郝潞霞认为:“高校思想政治教育贯彻落实社会主义核心价值体系的路径主要有三:一是充分认识社会主义核心价值体系对思想政治教育的指导作用,增强贯彻落实社会主义核心价值体系的坚定性;二是深入研究社会主义核心价值体系,增强贯彻落实社会主义核心价值体系的自觉性;三是积极探索思想政治理论课建设和创新的途径与方法,增强贯彻落实社会主义核心价值体系的实效性。”④刘贵芹认为,新世纪新阶段,要教育引导大学生努力成为社会主义核心价值体系的深入学习者、社会主义核心价值体系的坚定信仰者、社会主义核心价值体系的积极传播者、社会主义核心价值体系的模范践行者,自觉走在全社会的前列,需要切实做好三项工作:一是要切实做好用马克思主义理论特别是马克思主义中国化最新成果武

---

① 张远新:《社会主义核心价值体系与当代大学生核心价值观教育》,《思想教育研究》2007 年第 10 期,第 8—11 页。
② 旷永青:《论提高大学生社会主义核心价值体系教育实效性的着力点》,《教育与职业》2007 年第 27 期。
③ 陶倩:《由大学生荣辱观现状看其对社会主义核心价值观之认同》,《学校党建与思想教育》2007 年第 6 期,第 34 页。
④ 郝潞霞:《高校思想政治教育贯彻落实社会主义核心价值体系的路径浅析》,《思想政治教育研究》2008 年第 2 期,第 35 页。

装大学生头脑这个首要任务,二是要切实做好加强和改进日常思想政治教育这个基础,三是要切实做好队伍建设这个关键。① 章毛平在探讨提高社会主义荣辱观教育实效性时提出了知、情、意、信、行相统一的思路,即:明荣知耻,让大学生准确把握社会主义荣辱观的科学内涵;情理交融,让社会主义荣辱观教育更加贴近大学生需要;锤炼意志,使社会主义荣辱观真正深入大学生心灵;坚定信念,使社会主义荣辱观成为大学生的精神支柱;知行结合,实现大学生社会主义荣辱观教育的最终目标。② 章毛平的这一思路,虽然是就大学生社会主义核心价值体系教育中的荣辱观教育而提出的,但对于提高其他各方面教育的实效性也具有普遍适用性。

　　除了上述研究成果外,多年来,在青年价值观建设以及思想政治教育领域也出现了大量研究成果,学者们在这些方面的研究对本课题研究也具有重要的借鉴意义。推进大学生社会主义核心价值体系建设,需要对社会主义核心价值体系有一个深入的认识,需要对大学生价值观现状有一个准确的把握,更需要掌握思想政治教育的基础理论与基本方法。改革开放以来青年价值观建设研究与大学生思想政治教育研究不断走向深入,近年来社会主义核心价值体系领域的研究也日益兴起,这些研究都为大学生社会主义核心价值体系建设研究奠定了良好的基础;但从总体来看,迄今为止,学术界在青年价值观建设、大学生思想政治教育、社会主义核心价值体系等相关领域的研究,有的专注于理论,有的专注于实践,两者的研究常常处于脱节状态。我们认为,开展大学生社会主义核心价值体系建设研究,应以促进实践为根本导向,认真借鉴多年来在大学生价值观教育中形成的经验,充分结合大学生的思想实际与价值观建设的实际,以系统工程的思维方式,对大学生社会主义核心价值体系建设的内容、目标、任务、背景、方法、途径、主题、队伍、体制、机制等进行综合性研究。要

---

① 刘贵芹:《用社会主义核心价值体系引导大学生健康成长》,《学校党建与思想教育》2007 年第 8 期,第 13、17 页。

② 章毛平:《坚持知、情、意、信、行的统一———论大学生社会主义荣辱观教育的有效性》,《中国矿业大学学报》(社会科学版)2006 年第 4 期,第 2—4 页。

立足于建设大学生社会主义核心价值体系的工作实际,把实践作为检验研究成果科学与否、价值大小的主要标准,力争为高校提供一个便于操作运用的综合性方案。

三、本书研究的方法

马克思主义哲学是科学的世界观和方法论,是指导社会科学研究的基本方法。本书在研究过程中,自始至终以马克思主义的世界观和方法论、以辩证唯物主义与历史唯物主义的思维方式来观察和分析问题,提出解决问题的思路和办法。在具体研究过程中,本书还综合运用了理论与实践相结合的研究方法、统筹兼顾的系统研究方法、多学科整合与借鉴的研究方法等多种方法展开研究,努力使本书的研究建立在科学的方法指导之上。

第一,理论与实践相结合的研究方法。大学生社会主义核心价值体系建设研究是高校思想政治教育的具体论域,是思想政治教育研究的一部分。就学科定位而言,思想政治教育学本质上是一门实践性学科,思想政治教育实践提出什么问题,理论就要研究什么问题。思想政治教育理论研究的最终目的是为了促进实践,其研究的科学性与有效性最终也要靠实践来检验。与哲学社会科学研究中一些学科从理论到理论、从文本到文本的研究范式不同的是,思想政治教育研究固然需要以马克思主义基本理论以及相关理论作支撑,但研究的素材与论据却大量来自具体实践,带有鲜明的实践特色。具体到大学生社会主义核心价值体系建设研究这一论域,认识大学生价值观发展的特点与规律,把握大学生社会主义核心价值体系建设的基本状况,都需要深入大学生现实生活中去,从面对面的访谈与相关问卷调查中获得真实的资料。不仅如此,设立大学生社会主义核心价值体系建设的基本目标,提出大学生社会主义核心价值体系建设问题的基本思路、基本方法与长效机制,也都需要考虑到大学生成长的国内外环境和大学生社会主义核心价值体系的实际状况,深入总结多年来高等院校在大学生思想政治教育领域,尤其是大学生价值观建设领域形成的经验与教训。

第二,统筹兼顾的系统研究方法。统筹兼顾是科学发展观所重点强调的方法论,也是推进系统工程中普遍适用的基本方法。"统筹"就是要统揽全局、科学筹划;"兼顾"则是要协调方方面面的关系,防止顾此失彼。正如思想政治教育是一个宏大的系统工程一样,在大学生中建设社会主义核心价值体系也是一项宏大的系统工程,需要以科学发展观为指导,以系统工程的思维方式来推进。在大学生社会主义核心价值体系建设中运用遵循统筹兼顾的方法,就是要把大学生社会主义核心价值体系建设看做是一个由各部分、各要素构成的统一整体,全面分析,统筹兼顾,全面把握,整体推进,努力使大学生社会主义核心价值体系建设更科学、更协调、更务实、更富有实效。要在理论上整体架构,在实践上整体推进,着力解决好目标、思路、方法、机制等方面的问题。应立足于大学生的价值观发展,对大学生社会主义核心价值体系建设的思路进行更加合乎逻辑、更加贴近实践要求的整合与规范。应从宏观到微观,既层层递进,又横向展开,对大学生社会主义核心价值体系建设进行多层次、多渠道的深入剖析。

第三,多学科整合与借鉴的研究方法。社会科学一方面呈现出高度分化的趋势,学科设置越来越细,研究领域越来越分化;另一方面又呈现出高度综合的趋势,各学科联系越来越密切,研究方法越来越融合。就思想政治教育而言,作为单独设置的年轻学科,是从政治学、教育学等学科中分化出来的,有着自己相对独立的研究领域。但是,思想政治教育又是一个高度综合性的学科,它建立在政治学、心理学、社会学、管理学、伦理学、教育学、系统科学等多个学科基础之上,是对这些学科所提供的原理和方法的综合性运用。思想政治教育的这一学科特点,决定了要增强大学生社会主义核心价值体系建设研究的科学性和有效性,也应借鉴和运用各相关学科的研究成果与研究方法。具体到本书研究中,在探索大学生价值观发展的基本规律时,借鉴和运用了教育学、心理学的研究成果和研究方法;在认识大学生社会主义核心价值体系建设的基本状况时,借鉴和运用了政治学、社会学的研究成果和研究方法;在提出大学生社会主义核心价值体系建设的目标、思路、方法与机制时,既借鉴和运用了教育学、心理学的研究成果和研究方法,又借鉴和运用了管理学、系统科学的研究成果和研究方法。当然,在本书研究的诸多环节,对相关学科研究内容和研究方法的运用是综合在一起的。

四、本书研究的创新点

本书力求通过深入、系统地研究,解决大学生社会主义核心价值体系建设中存在的一系列问题,为教育主管部门、高校及其师生把握大学生社会主义核心价值体系建设的基本规律、提高大学生社会主义核心价值体系建设的可操作性与实际效果提供借鉴。本书在功能上定位为应用性研究,在性质上定位为综合性研究,在目前相关研究成果普遍缺乏应用性特征与综合性特征的情况下,这两个定位本身就带有一定的创新性。在具体研究中,本书力求在四个方面实现创新:

第一,在大学生社会主义核心价值体系建设基本目标的设置上,本书没有拘泥大家习惯性思维中所指向的单一"社会目标",而是提出了自己的新设想。本书认为,确立大学生社会主义核心价值体系建设的基本目标,既要遵循"合目的性"原则,又要遵循"合规律性"原则,实现"合目的性"原则与"合规律性"原则的有机统一。按照这样的原则,大学生社会主义核心价值体系建设既要达到凝聚人心、稳定社会、推动创新、促进和谐等"社会目标";又要达到净化心灵、塑造人格、树立理想、建设素质等"个体目标";与此同时,还要努力实现社会目标与个体目标的统一,从而使大学生社会主义核心价值体系建设具有了更容易为大学生所主动接受的内在依据。在此基础上,本书基于大学生思想政治状况存在差异的事实,提出推进大学生社会主义核心价值体系建设,既要针对大学生的主体确立基础性目标,展开基础性教育,夯实大学生社会主义核心价值体系建设的根基；又要针对大学生中的先进分子确立先进性目标，开展先进性教育，提高大学生社会主义核心价值体系建设的层次；与此同时，还要努力实现基础性目标与先进性目标的统一，从而使大学生社会主义核心价值体系建设既具有现实的推动力，又具有强劲的牵引力。

第二，在大学生社会主义核心价值体系建设基本思路的梳理上，本书跳出单纯地依靠思想政治理论课对大学生进行社会主义核心价值体系建设的传统思路，提出了"四个统筹"的创新观点，构建了一个综合性的、操作性强的实施方案。本书认为，在大学生中建设社会主义核心价值体系，一是在宏观上要统筹把握社会、家庭和学校三个基本渠道。要抓好社会教育，改善社会环境；要抓好家庭教育，奠定家庭基础；要改进学校教育，巩固学校阵地。二是具体到学校工作中，要统筹建设未成年人阶段与大学生阶段的社会主义核心价值体系。要根据不同年龄阶段、不同教育层次学生的心智特点、知识储备和培养目标，遵循人的价值观发展的基本规律，把大学生阶段与未成年人阶段充分结合起来，设置相应的建设内容，建立层层递进、有效贯通的建设机制，从而更好地发挥学校教育在社会主义核心价值体系建设中的系统优势。三是在高校社会主义核心价值体系建设中，要统筹课堂教学、校园文化活动和社会实践三个环节。课堂教学是高校的基本实践活动，校园文化活动是大学生的第二课堂，社会实践活动是高校课堂在社会的延伸，只有把三者充分结合，全方位建设人才，才能从根本上推进大学生社会主义核心价值体系建设。四是在课堂教学中，要统筹专业教育、人文教育和思想政治理论课教育，在专业教育中渗透社会主义核心价值体系，在人文素质教育中彰显社会主义核心价值体系，在高校思想政治理论课中系统建设社会主义核心价值体系。

第三，在大学生社会主义核心价值体系建设基本方法的选择上，本书深入剖析了传统方法的特点、不足与原因，充分论证了方法创新的意义与原则，并提出了方法创新的具体办法。本书认为，要实现大学生社会主义核心价值体系建设方法与途径的创新，需要遵循价值观教育与制度建设相结合、价值观教育与人们的思想实际相结合、解决思想问题与解决实际问题相结合、以理服人与以情感人相结合、理论灌输与思想疏导相结合、言教与身教相结合、自律与他律相结合以及社会舆论、群众性精神文明创建活动与各类文化产品、文化活动相结合等基本原则。本书认为,价值澄清理论教给学生澄清价值观念的技巧与价值选择的能力,在传统方法与途径已经难以满足大学生社会主义核心价值体系建设需要的背景下,有必要借鉴价值澄清理论,帮助大学生在价值澄清中主动接受社会主义核心价值体系。本书认为,注重人文关怀与心理疏导是以人为本的理念在思想政治教育中的体现,是增强思想政治教育针对性、实效性的重要途径。人文关怀与心理疏导有助于青年学生在感动与共鸣中形成社会主义核心价值理念,应当成为大学生社会主义核心价值体系建设的基本方法。本书认为,在新世纪,网络、社团、公寓已经成为大学生日常生活的重要组成部分,成为大学生思想政治教育的新阵地、新途径、新载体,要高度重视网络、社团、公寓的教育功能,充分发挥这些新阵地、新途径、新载体在大学生社会主义核心价值体系建设中的重要作用。

第四,在大学生社会主义核心价值体系建设长效机制的构建上,本书依据系统工程的基本原理,构建了科学高效的长效机制。本书认为,大学生社会主义核心价值体系建设是一项复杂的系统工程。系统工程内部诸要素之间及其与外部世界的复杂联系决定了,只有建立科学的体制与机制,才能推动系统工程的合理运转。本书认为,面对当前实际工作中存在的问题与不足,在领导体制上,省市层级要建立或完善大学生社会主义核心价值体系建设的专门机构,充分发挥面向中央部委的任务落实和信息反馈功能,沟通中央与高校的上传下达功能,以及面向高校的指导督查功能;高校内部要在坚持党委领导下的校长负责制的基础上,进一步明确校长在大学生社会主义核心价值体系建设中的责任范围与责任程度。在管理体制上,需要重点做好决策体制和执行体制的创新。一是构建由决策咨询系统、决策信息系统、决策中枢系统组成的大学生社会主义核心价值体系建设三维决策体制。二是促进大学生社会主义核心价值体系建设执行体制的创新。本书认为,通过创新运行机制,实现系统各要素之间科学、有序的相互作用,促进系统整体功能的优化,是实现大学生社会主义核心价值体系建设科学化的关键。创新大学生社会主义核心价值体系建设的运行机制,要把重心放在互动机制、实现机制、反馈机制与调控机制的创新上。本书认为,大学生社会主义核心价值体系建设系统的有效运行,还有赖于完善的保障机制。构筑大学生社会主义核心价值体系建设的保障机制,需要重点做好组织保障、制度保障、物质保障、队伍保障、舆论保障等几个方面的工作。

第一章　社会主义核心价值体系的内涵

　　大学生社会主义核心价值体系建设,也就是在大学生中弘扬和建设社会主义核心价值体系。社会主义核心价值体系是对马克思主义价值观的继承与发展,是对中国共产党价值观教育内容的概括与总结,也是对中国传统优秀价值观念与改革开放以来形成的时代价值观的阐发与弘扬,内涵丰富,逻辑严谨。社会主义核心价值体系奠定在"人的自由而全面发展"的基础之上,并通过"富强、民主、文明、和谐"等价值理念体现出来。社会主义核心价值体系的提出,具有重要的理论意义和实践意义。

一、社会主义核心价值体系的内容

　　社会主义核心价值体系立足于社会主义初级阶段的经济基础之上,涉及政治、经济、文化、思想等社会生活的方方面面,集中体现了社会主义意识形态的本质属性,是社会主义思想道德的指导方针,是社会主义和谐社会的精神动力。社会主义核心价值体系的提出,抓住了社会主义意识形态建设的关键,体现了时代的要求,是我们在经济体制深刻变革、社会结构深刻变动、利益格局深刻调整、人们的思想观念深刻变化的新形势下,凝聚和统一社会各个阶层、各利益群体思想的有力武器。要深化大学生社会主义核心价值体系教育,以社会主义核心价值体系建设推进社会主义和谐社会建设,就必须全面准确地理解社会主义核心价值体系的深刻内涵。社会主义核心价值体系包括马克思主义指导思想、中国特色社会主义共同理想、以爱国主义为核心的民族精神和以改革创新为核心的时代精神、社会主义荣辱观四个方面的内容,这四个方面的内容各自有着丰富的内涵。

马克思主义是马克思、恩格斯在19世纪40年代创立的科学理论,包括马克思主义哲学、马克思主义政治经济学和科学社会主义三个组成部分。19世纪末20世纪初,马克思主义基本理论与俄国革命实践相结合,形成了帝国主义和无产阶级革命时代的马克思主义——列宁主义。马克思列宁主义传入中国后,成为中国革命和建设的指导思想。中国共产党在建党之初,就以马克思列宁主义为党的指导思想。在新民主主义革命时期,毛泽东等人将马克思列宁主义与中国革命实际相结合,创新了毛泽东思想。在党的七大上,毛泽东思想与马克思列宁主义一起成为中国新民主主义革命与建设的指导思想。十一届三中全会以来,以邓小平为代表的中央领导集体提出了建设中国特色社会主义的一系列路线、方针、政策,创立了邓小平理论。党的十五大上把邓小平理论与马克思列宁主义、毛泽东思想一起写进党章,作为中国特色社会主义建设的指导思想。十三届四中全会以来,以江泽民为代表的中国共产党人在建设中国特色社会主义的实践中,加深了对什么是社会主义、怎样建设社会主义和建设什么样的党、怎样建设党的认识,积累了治党治国的宝贵经验,形成了"三个代表"重要思想。在党的十六大上,"三个代表"重要思想与马克思列宁主义、毛泽东思想、邓小平理论一起成为党的指导思想。十六大以来,以胡锦涛为总书记的党中央提出了以人为本、全面协调可持续发展的科学发展观。十七大修订后的党章指出:"科学发展观,是同马克思列宁主义、毛泽东思想、邓小平理论和'三个代表'重要思想既一脉相承又与时俱进的科学理论,是我国经济社会发展的重要指导方针,是发展中国特色社会主义必须坚持和贯彻的重大战略思想。"在中国,包括马克思列宁主义、毛泽东思想、邓小平理论、"三个代表"重要思想和科学发展观在内的马克思主义,是我们认识世界和改造世界的立场、观点和方法,是立党立国的根本指导思想,也是我国意识形态的旗帜与灵魂。

中国特色社会主义共同理想是我们对国家和民族美好发展前景的向

往与追求。理想是人们在实践中形成的对未来社会和自身发展的向往与追求，是人们的世界观、人生观、价值观在奋斗目标上的集中体现。与空想不同，理想反映事物发展的客观规律，代表社会发展的正确方向，是激励人们前进的动力、奋斗的源泉。个体有了坚定的理想，才会产生惊人的毅力，才会不懈努力、成就事业、创造奇迹；国家、民族有了坚定的共同理想，才有了奋斗的目标，才能引导群众、动员群众、激励群众、凝聚群众。中国特色社会主义共同理想充分反映了我国人民共同的愿望、利益和要求，是我党治国理政的旗帜、是中华民族奋力前行的向导、是国家走向富强的精神动力。中国共产党建党之初就以共产主义、社会主义为创党理想，新中国成立之后的目标是经由新民主主义社会迈进社会主义社会。改革开放以来，中国共产党对新中国成立以来的经验教训进行了总结，提出了建设中国特色社会主义的共同理想。党的十二届六中全会决议指出："建设有中国特色的社会主义，把我国建设成高度文明、高度民主的社会主义现代化国家，这就是现阶段我国各族人民的共同理想。"①十四届六中全会进而提出要"在全民族牢固树立建设有中国特色社会主义的共同理想"。中国特色社会主义共同理想的奋斗目标集中体现在经济富强、政治民主、精神文明、社会和谐四个方面。树立中国特色社会主义共同理想，就是要在中国共产党的领导下，走中国特色社会主义道路，建设社会主义和谐社会，实现中华民族伟大复兴。

　　民族精神和时代精神是社会主义核心价值体系的重要内容。所谓民族精神，是指一个民族在长期的共同生活和社会实践中形成的，为本民族大多数成员所认同的价值取向、思维方式、道德规范、精神气质的总和。民族精神集中体现了一个民族在特定的自然环境和社会历史条件下生存和发展的独特方式，反映了民族的心理特征、文化传统、精神风貌，是民族的脊梁，是民族自信心的源泉，是民族赖以生存和发展的精神支柱。② 在

　　① 《十二大以来重要文献选编》（下），人民出版社1998年版，第1178—1179页。
　　② 邹宏秋：《社会主义核心价值体系教育论纲》，浙江大学出版社2008年版，第93页。

五千多年的历史发展中,中华民族形成了团结统一、爱好和平、勤劳勇敢、自强不息的伟大民族精神。这种民族精神深深根植于延绵数千年的优秀文化传统中,始终是维系中国各族人民共同生活的精神纽带。中华民族精神的核心是爱国主义,其内涵极为丰富,概括起来就是:"热爱祖国、矢志不渝;天下兴亡,匹夫有责;维护统一,反对分裂;同仇敌忾,抵御外侮"。爱国主义是一个历史范畴,不同时期有着不同的内容和主题。在中国,爱国主义与爱社会主义相统一,其最本质、最重要的表现就在于献身于建设和保卫社会主义现代化建设事业,献身于促进祖国统一与领土完整的事业,发挥自身的聪明才智和创新精神,为社会主义现代化建设贡献全部力量。所谓时代精神,是指每一个时代所特有的普遍精神实质,是一种超越个人的集体意识,是一个社会在最新的创造性实践活动中激发出来的顺应时代潮流、反映社会发展方向、体现民族特质、引领时代进步潮流的为社会成员普遍认同和接受的思想观念、价值取向、道德规范和行为方式,是一个社会最新的精神气质、精神风貌和社会风尚的综合体现。① 在 20 世纪 80 年代以来改革开放的伟大实践中,中华民族在民族精神的基础上形成了"解放思想、实事求是,与时俱进、勇于创新,知难而进、一往无前,艰苦奋斗、务求实效,淡泊名利、无私奉献"的时代精神。中国时代精神的核心是改革创新。所谓改革创新,不是简单的改变现状,而是解放思想、破旧立新、兴利除弊、与时俱进的不间断的改造客观世界和超越主观世界的过程。以爱国主义为核心的民族精神和以改革创新为核心的时代精神相互交融、内在统一,两者深深熔铸在民族的生命力、创造力和凝聚力中,构成了中华民族特有的民族品格。

社会主义荣辱观是对社会主义合格公民应该遵循的基本思想道德规范、法律规范和应该养成的健康文明的生活方式的高度概括。荣、辱既是人们在社会生活中的一种心理感受和价值反思,也是社会在对人们的思想行为进行评价时形成的褒奖或贬斥。荣辱观是人们对什么是光荣、什

---

① 邹宏秋:《社会主义核心价值体系教育论纲》,浙江大学出版社 2008 年版,第 96 页。

么是耻辱问题的根本看法,是人们在依据一定的思想道德标准进行自我评价和社会评价活动中逐渐形成的关于荣辱观念的总和。我国古代的思想家历来十分重视荣辱观念。"不知荣辱乃不能成人"、"宁可毁人,不可毁誉"、"宁可穷而有志,不可富而失节"等格言警句,都说明古代将荣辱放到了与人格一样重要的地位。在中国,社会主义荣辱观与中华民族传统美德、优秀革命道德以及时代精神相结合,反映了社会主义道德的基本要求,以"八荣八耻"的形式集中表现出来。2006 年 3 月 4 日胡锦涛在看望出席全国政协十届四次会议委员时提出:"要在全社会大力弘扬爱国主义、集体主义、社会主义思想,倡导社会主义基本道德规范,促进良好社会风气的形成和发展。要引导广大干部群众特别是青少年树立社会主义荣辱观,坚持以热爱祖国为荣、以危害祖国为耻,以服务人民为荣、以背离人民为耻,以崇尚科学为荣、以愚昧无知为耻,以辛勤劳动为荣、以好逸恶劳为耻,以团结互助为荣、以损人利己为耻,以诚实守信为荣、以见利忘义为耻,以遵纪守法为荣、以违法乱纪为耻,以艰苦奋斗为荣、以骄奢淫逸为耻。"胡锦涛对社会主义荣辱观的表述,贯穿爱国主义、集体主义、社会主义思想,体现了正确的世界观、人生观、价值观。其中"以热爱祖国为荣、以危害祖国为耻"、"以服务人民为荣、以背离人民为耻"、"以崇尚科学为荣、以愚昧无知为耻"、"以辛勤劳动为荣、以好逸恶劳为耻"这"四荣四耻"体现的是为人民服务的人生观,是以集体主义为原则的社会主义道德的"五爱"的基本要求,也是每个公民应当承担的义务;"以团结互助为荣、以损人利己为耻"、"以诚实守信为荣、以见利忘义为耻"、"以遵纪守法为荣、以违法乱纪为耻"这"三荣三耻"体现的是家庭生活、职业生活、社会公共生活中公民应当遵循的基本准则;"以艰苦奋斗为荣、以骄奢淫逸为耻"这"一荣一耻"体现的是以改革创新为核心的时代精神的根本要求。① "八荣八耻"是对社会主义社会主导价值体系的生动表述,为人们

---

① 吴潜涛:《深刻理解社会主义荣辱观的科学内涵和重大意义》,《人民日报》2006 年 4 月 3 日。

在市场经济条件下判断行为得失、确定价值取向、做出道德选择提供了基本准则。

二、社会主义核心价值体系的特点

社会主义核心价值体系四个方面的内容既相互联系、相互贯通,共同构成一个完整的价值体系;又各有侧重,在社会主义和谐社会建设中发挥着不可替代的重要作用。其中,马克思主义指导思想是社会主义核心价值体系的灵魂,中国特色社会主义共同理想是社会主义核心价值体系的主题,以爱国主义为核心的民族精神和以改革创新为核心的时代精神是社会主义核心价值体系的精髓,社会主义荣辱观是社会主义核心价值体系的基础。坚持马克思主义的指导地位,就抓住了社会主义核心价值体系的灵魂;树立中国特色社会主义共同理想,就突出了社会主义核心价值体系的主题;建设和弘扬以爱国主义为核心的民族精神和以改革创新为核心的时代精神,就把握了社会主义核心价值体系的精髓;树立和践行社会主义荣辱观,就打牢了社会主义核心价值体系的基础。

马克思主义指导思想是灵魂,是指在社会主义核心价值体系中,马克思主义指导思想是决定性、主导性因素,是贯穿社会主义核心价值体系始终的主线。没有马克思主义指导思想,社会主义核心价值体系在性质上就不再是"社会主义"的,在状态上也会成为一盘散沙。马克思主义指导思想在社会主义核心价值体系中的灵魂地位,首先是由它在党和国家中的地位决定的。马克思主义传入中国后,与中国革命和建设的实际相结合,先后产生了毛泽东思想、邓小平理论、"三个代表"重要思想以及科学发展观等中国化的马克思主义理论。马克思主义一直是我们党的立党之本,也是新中国的立国之本。马克思主义在党和国家中的这种地位,决定了作为中国意识形态本质体现的社会主义核心价值体系,自然要把马克思主义指导思想作为自身的灵魂、贯穿始终。马克思主义指导思想在社会主义核心价值体系中的灵魂地位,也是由社会主义核心价值体系内部诸要素之间的逻辑关系决定的。只有以马克思主义为指导,我们才能洞悉人类社会发展的基本规律,深刻认识到走中国特色社会主义的历史必然性,从而牢固树立中国特色社会主义共同理想。只有以马克思主义世界观审视中国的历史与现实,把马克思主义与中华民族古往今来的思想品格相融合,才能凝练出以爱国主义为核心的民族精神与以改革创新为核心的时代精神,为各族人民提供强大的精神动力。只有坚持马克思主义伦理观,大力弘扬以"八荣八耻"为核心内容的社会主义荣辱观,才能为中国特色社会主义建设事业奠定坚实的道德基础。马克思主义指导思想在社会主义核心价值体系中的灵魂地位,还是由中国所面临的社会环境决定的。从国际环境看,冷战结束后,国际范围内意识形态领域的碰撞、冲突、对抗依然存在,西方国家和平演变的图谋从未放弃。从国内形势看,改革开放以来,人们思想活动的独立性、选择性、多样性、差异性不断增强,马克思主义的指导地位受到挑战。在这样的背景下,只有坚持马克思主义的指导,才能有力抵制西方文化霸权主义的渗透,确保社会主义先进文化的前进方向。如果动摇了马克思主义的指导地位,就会丧失社会主义核心价值体系的灵魂,就会失去全国各族人民团结奋斗的思想基础,就会导致思想混乱、社会动荡,给国家和民族带来巨大的灾难。

中国特色社会主义共同理想是主题,是指实践社会主义核心价值体系的目的是建设中国特色社会主义,全体人民共同奋斗的目标是建设中国特色社会主义,中华民族在今后数百年内的实践活动也是为了实现中国特色社会主义。中国特色社会主义共同理想之所以能够成为社会主义核心价值体系的主题,首先是历史的选择。鸦片战争以来,中国人民为国家富强、民族复兴进行了长期的探索与斗争,但都没能从根本上改变近代中国的命运。民族危亡之际,中国共产党胸怀共产主义理想,领导人民完成了民族独立、人民解放的历史重任,并在社会主义建设中取得了辉煌成绩。历史证明,只有社会主义才能救中国,只有社会主义才能发展中国,只有建设中国特色社会主义才能富民强国、复兴中华。近现代中国的历史选择了中国特色社会主义道路,也决定了社会主义核心价值体系的主题必然是中国特色社会主义共同理想。中国特色社会主义共同理想之所以能够成为社会主义核心价值体系的主题,也是现实的选择。从国际环境看,一方面,20 世纪 90 年代以来,苏联东欧国家发生剧变,社会主义运动出现重大挫折,这提示人们建设社会主义必须立足各国国情,实事求是、改革创新、体现特色;另一方面,近年来席卷全球的金融危机重创资本主义世界体系,再次警示人们资本主义的制度性弊端依然难以自我克服,社会主义依然是人类社会发展的方向。从国内环境看,20 世纪 80 年代之前我国革命与建设的经验教训深刻启示我们,建设社会主义必须从国情出发,走中国特色社会主义道路;20 世纪 80 年代之后改革开放取得的重大成绩则证明,建设中国特色社会主义的道路是富民强国、民族复兴的道路。环顾当今的国内外环境,人们更加坚定了对中国特色社会主义共同理想的信心。中国特色社会主义共同理想之所以能够成为社会主义核心价值体系的主题,还是社会主义核心价值体系自身的逻辑结论。理想作为个人、群体、民族和国家为之拼搏奋斗的具体目标,是任何一种社会价值体系都必然包含的内容与成分。在社会主义核心价值体系中,这种目标性内容就是中国特色社会主义共同理想。社会主义核心价值体系中其他各项内容都以这一目标为核心发挥各自的功能和作用。坚持以马克思主义为指导思想,是因为它能够为中国特色社会主义共同理想提供理论支持;坚持弘扬和建设以爱国主义为核心的民族精神和以改革创新为核心的时代精神,是因为它能够为中国特色社会主义共同理想提供精神动力;坚持树立社会主义荣辱观,是因为它能够为中国特色社会主义共同理想提供道德基础。可以说,正是中国特色社会主义共同理想这一纽带,把马克思主义指导思想、民族精神和时代精神、社会主义荣辱观紧紧地联系在一起,建构起社会主义核心价值体系。从这个意义上看,中国特色社会主义共同理想当之无愧是社会主义核心价值体系的主题。

　　民族精神和时代精神是精髓,是指在社会主义核心价值体系中,民族精神和时代精神是贯穿始终的本质力量,是内在动力,是精华所在。从社会主义核心价值体系的内容构成看,民族精神和时代精神贯穿社会主义核心价值体系的各个方面,是社会主义核心价值体系各个基本观点中最本质的东西。马克思主义之所以能够成为中国革命与建设的指导思想,正是因为与中国实际相结合,吸收了民族精神与时代精神的精华,实现了马克思主义中国化。中国特色社会主义共同理想的实现过程,也是弘扬民族精神、彰显时代精神的过程。社会主义荣辱观也需要借助于弘扬中华民族优良道德传统的时代精神和倡导改革创新、无私奉献的时代精神,才能得到确立和坚持。从社会主义核心价值体系的形成过程看,民族精神和时代精神是社会主义核心价值体系形成的内在动力。① 中华民族精神始终具有关注国家发展、关注国家前途和民族命运的特点。改革开放以来,我国社会发生了深刻的变化,人们的价值观念纷繁复杂、良莠不齐。确立我国社会的核心价值观念,以核心价值观来引导社会的多元价值观,成为维护国家意识形态安全的紧迫任务,成为促进社会可持续发展的必然要求。我们党提出建设社会主义核心价值体系,是维护国家长治久安、实现民族伟大复兴的重要举措,是以爱国主义为核心的民族精神的具体体现;同时,社会主义核心价值体系的提出,也深刻体现了党和人民正视社会变革、实事求是、勇于创新、知难而进、一往无前的时代精神。可以说,没有以爱国主义为核心的民族精神和以改革创新为核心的时代精神,就不会有社会主义核心价值体系。从社会主义核心价值体系与社会主义和谐社会的关系看,民族精神和时代精神对于推动社会主义和谐社会的构建具有重大而深远的意义。和谐社会需要精神饱满的建设主体,而民族精神和时代精神则为和谐社会的建设者提供了精神支撑。有了以爱国主义为核心的民族精神,人们遇到压力与困难时才会有骨气、有干劲、有毅力;有了以改革创新为核心的时代精神,人们才能够把握机遇、提高效率,以新的思维与方法克服苦难、应对挑战。和谐社会需要和谐文化来润泽,而民族精神和时代精神则为和谐文化提供了精神内核。和谐文化是

---

① 邹宏秋:《社会主义核心价值体系教育论纲》,浙江大学出版社 2008 年版,第 98 页。

开放的、充满活力的文化,是尊重差异、包容多样的文化。建设和谐文化,就是要建设和谐精神,倡导和谐理念,为构建和谐社会创造良好的人文环境和文化生态。大力弘扬民族精神和时代精神,使全体人民始终保持昂扬向上的精神状态,使整个社会充满爱国、创新、宽容、互助的和谐精神,是和谐文化建设的主旋律。由此可见,把握了民族精神和时代精神,也就把握了社会主义核心价值体系的精髓。

社会主义荣辱观是基础,是指社会主义荣辱观是社会主义核心价值体系中的价值范畴、价值标准、价值追求、价值原则和价值规范等基本内容、基本理念的具体承担者。这些基本内容、基本理念需要借助社会主义荣辱观,才能够内化到人们的心灵深处,外化为人们的具体行动。社会主义荣辱观在社会主义核心价值体系中的这种基础地位,可以从更深的层次加以理解。从社会主义荣辱观与马克思主义指导思想的关系看,社会主义荣辱观是马克思主义世界观、人生观、价值观的具体体现。马克思主义世界观、人生观、价值观落实到人们的思想道德观念中去,就是社会主义荣辱观。改革开放以来,人们的价值观念分化,社会上一度出现了"道德滑坡"的担忧。为了遏制"道德滑坡"的趋势,确保马克思主义世界观、人生观、价值观的主导地位,必须在群众中深入开展社会主义荣辱观教育,使人们真正懂得应该坚持什么、反对什么、倡导什么和抵制什么。从社会主义荣辱观与中国特色社会主义共同理想的关系看,树立社会主义荣辱观是为中国特色社会主义共同理想而奋斗的现实需要。为中国特色社会主义共同理想而奋斗,当前主要表现为落实科学发展观、构建社会主义和谐社会。科学发展观的核心是以人为本,基本要求是全面协调可持续发展。按照科学发展观的要求促进人的全面发展,首要的是提高人的思想道德素质。社会主义荣辱观的着眼点恰恰就是从思想道德方面促进人的全面发展。社会主义和谐社会是民主法治、公平正义、诚信友爱、充满活力、安定有序、人与自然和谐相处的社会。要构建和谐社会,在坚持以经济建设为中心、大力推进物质文明建设的同时,必须从思想道德建设入手、大力加强社会主义精神文明建设。社会主义荣辱观概括了中国最基本的道德规范,为人们提供了基本的道德要求和道德准则,为经济社会的全面协调可持续发展提供了思想保证,为中国特色社会主义建设增添了道义力量。只有牢固树立社会主义荣辱观,促进社会主义先进文化建设,才能为和谐社会创造良好条件,为中国特色社会主义共同理想奠定思想基础。从社会主义荣辱观与民族精神和时代精神的关系看,社会主义荣辱观也体现了中华民族的民族精神和时代精神。社会主义荣辱观是对以爱国主义为核心的民族精神的继承与发展。社会主义荣辱观从人们的现实生活入手,引导人们树立爱国主义思想,传承民族优秀传统道德,增强民族自尊心、自信心和自豪感。社会主义荣辱观还是对以改革创新为核心的时代精神的弘扬。社会主义荣辱观崇尚科学、崇尚法治、尊重创新、提倡诚信,吸取了时代精神的精华。社会主义荣辱观直接阐明什么是光荣的、什么是可耻的,什么是善的、什么是恶的,什么是值得提倡的、什么是应该抛弃的,直接引导人们的思想和行为。践行社会主义荣辱观,有利于弘扬民族精神和时代精神,引领社会风尚,形成良好的社会风气。

三、社会主义核心价值体系的基石

社会主义核心价值体系,马克思主义指导思想是灵魂,中国特色社会主义共同理想是主题,以爱国主义为核心的民族精神和以改革创新为核心的时代精神是精髓,社会主义荣辱观是基础,那么,联结社会主义核心价值体系的灵魂、主题、精髓与基础的纽带是什么呢?我们认为,是"人的自由而全面发展"思想。"人的自由而全面发展"思想构成了社会主义核心价值体系的基石,无论是坚持马克思主义指导思想、树立中国特色社会主义共同理想、弘扬民族精神和时代精神,还是树立社会主义荣辱观,其现实的出发点与落脚点都是人的发展,其终极目标都是为了促进"人的自由而全面的发展"。

实现"人的自由而全面的发展"是马克思主义的终极目标,也是马克思、恩格斯所设想的未来社会主义社会的核心价值取向。马克思、恩格斯终其一生都在为实现这一目标进行探索。马克思认为,一切人类生存的第一个前提,是生产物质生活本身。然而,人不仅要生存,而且要在生存的基础上,从事政治、科学、艺术、宗教等活动。需要的发展是人的本质力量的新的证明和人的本质的新的充实,人以一种全面的方式,作为一个总体的人,占有自己的全面的本质。马克思指出,全面发展的个人应当是用那种把不同社会职能当做互相交替的活动方式的全面发展的个人。恩格斯也认为,全面发展的人,适应于不断变动的劳动需求。为了实现"每个人的自由发展"这一目的,马克思主张消灭资本主义生产关系。在《共产党宣言》中,马克思、恩格斯谈及未来的社会形态时指出:"代替那存在着阶级和阶级对立的资产阶级旧社会的,将是这样一个联合体,在那里,每个人的自由发展是一切人的自由发展的条件。"①马克思、恩格斯的这段话,包含三层意义:一是人的真正发展意味着人的本质和特征的充分发挥和发展。自由意味着这种发挥和发展是人以自己占有和享受自己的全面本质为出发点和归宿的。二是"个人"的自由发展必然导致强调人的自由个性。在马克思看来,人的全面发展包括个性自由、智慧的发展等方面,人的全面发展与人的个性发展是相容的。个人的发展是以个人为主体的自觉、自愿、自主的发展。三是"每个人的自由发展"不是将多数人的牺牲作为少数人享乐的条件,而是互为前提、人人平等、没有例外的发展。在这个意义上,"每个人的自由发展是一切人的自由发展的条件",是人的发展的最高阶段和最高追求。

把每个人的自由全面发展作为社会发展的最终目的,充分体现了人类发展的必然趋向。自由的充分实现和人类的彻底解放,是人类从必然王国飞跃到自由王国的标志,也是人的自由和解放的最高境界。但是,个人的自由发展又必须依赖于集体的行动和社会的发展与解放、依赖于社会关系和社会制度的变革。所以,马克思把目光投向了变革社会制度,投向了"个人的独创的和自由的发展不再是一句空话的唯一社会"——共

---

①　马克思、恩格斯:《马克思恩格斯选集》第1卷,人民出版社1995年版,第294页。

产主义社会。由此可见,马克思之所以把其学说最后落实到社会解放即人类解放的科学社会主义上面,正是为了解决每一个人的自由全面发展这一核心问题。建立一个以人的全面自由发展为目标的社会,实现人的彻底解放、人的真正自由,是社会主义的魅力所在,是社会主义的核心价值所在,深刻体现了马克思主义的思想精髓。把社会主义核心价值体系的基石归结为"人的自由而全面发展",把促进"人的自由而全面发展"视为社会主义核心价值,体现了马克思主义的基本观点。马克思明确提出未来的新社会"以每个人的全面而自由的发展为基本原则的社会形式"①,因此社会主义的核心价值就是为了每个人的自由而全面发展,也就是科学发展观中所说的"以人为本"。

与"天赋人权"这一资本主义社会核心价值体系的基石相比,"人的自由而全面发展"这一社会主义核心价值体系的基石更具有历史的进步性。奠基于"天赋人权"理论之上的"自由、民主、平等、博爱"等资本主义社会核心价值理念,尤其是"自由、民主、平等"的理念,主要是从权利的角度提出资本主义社会的价值规范,带有浓厚的工具性色彩,本身并没有揭示人们理想的生存状态。而当人人都把这些"天赋人权"作为工具去争取自身的理想生活状态时,彼此之间的冲突就不可避免。在资本主义社会,由于社会大众经济基础与阶级地位的巨大差别,这些工具性价值理念的践行,必然会导致剧烈的社会冲突,呈现出与人们理想的生存状态背道而驰的社会场景。相比之下,"人的自由而全面发展"理论则是一种目的性价值理念,它直接揭示了人们的理想生活状态,揭示了人们生存与发展的终极目的,带给人们奋进的动力。同时,"人的自由而全面发展"价值理念贯彻到社会政策中,就获得了制度的支持,获得了现实的推动力。当社会政策"以人为本",致力于"人的自由而全面发展"时,社会的凝聚力、向心力就会增强,人们的幸福感就会随着自身生活状态的改善而不断提高,整个社会就会焕发出生机与活力。

---

① 马克思、恩格斯:《马克思恩格斯选集》第1卷,人民出版社1995年版,第239页。

四、社会主义核心价值体系的理念

　　"人的自由而全面发展"作为社会主义核心价值体系的基石,更多地体现了其"未来性原则",体现了马克思、恩格斯所设想的未来理想社会的人们的生存状态。在现实社会中,在社会主义初级阶段的中国,人们以一种什么样的价值理念做精神向导,才能逐步接近"自由而全面发展"的理想状态呢? 我们认为,在中国,"富强、民主、文明、和谐"的价值理念在体现"人的自由而全面发展"的基本精神的同时,充分吸收了中国传统社会价值体系中的合理因素,吸收了西方资本主义价值体系中的积极性因素,最能体现社会主义核心价值体系的"现实性原则"。"富强、民主、文明、和谐"的价值理念体现了"人的自由而全面发展"的基本精神在经济、政治、文化、社会等领域的要求,使"人的自由而全面发展"由理想走向现实成为可能。

　　"富强"是社会主义核心价值体系的理念在经济领域的体现,包含人民富裕幸福与国家兴旺强盛两个方面的含义。人民富裕幸福是社会主义的基本价值目标,是"人自由全面发展"在现阶段的体现。其中,富裕主要是指物质上的富足,幸福主要是指物质富足基础上的精神满足。邓小平指出,"贫穷不是社会主义",以"人的自由全面发展"为原则的社会主义,在现阶段首先要逐步满足人民的物质文化生活的需要与精神文化生活的需要,带给人们富足的生活与幸福的感觉,才能实现社会主义的价值。当然,作为社会主义核心价值理念的"富强"所包含的人民富裕幸福,是全体人民的"共同"富裕幸福,是公平正义基础上的共同富裕与幸福,而不是某个阶级或某个阶层的富裕幸福,更不是个别人独享的富裕幸福,这是由社会主义的本质所规定的。共同富裕体现了社会主义的发展目标与价值目标的高度一致性,体现了社会主义的先进生产力与先进生产关系的高度一致性,也体现了效率与公平的高度一致性,其实质是要在先进生产力的基础上建立人人共享的社会。国家兴旺强盛是中国特色社会主义对中华民族的历史承担,其中兴旺主要是指生生不息的民族生命力,强盛主要是指雄厚的综合国力。国家兴旺强盛,人民富裕幸福才会有现实的依托。国家衰亡,人民的富裕幸福只能成为梦想。几千年来,中华民族曾数度创造了国家兴旺强盛的历史景观。近代以来,经历过屈辱与磨难后,中华民族最终选择了马克思主义理论、社会主义道路来实现民族的复兴。在中国,民族伟大复兴、国家兴旺强盛,是社会大众的共同愿景。促进这个共同愿景的实现,为人民的富裕幸福开创道路,是社会主义的核心价值所在。因此,以人民富裕幸福与国家兴旺强盛为原则的"富强"理念,就理所当然地成为中国特色社会主义的核心价值理念。实现"富强"这一价值理念,在今天就意味着要发扬爱国主义为核心的民族精神与改革创新为核心的时代精神,大力发展生产力,不断增强综合国力,把实现社会物质生活的现代发展、实现物质财富的极大丰富作为社会主义经济发展的首要目标。

"民主"是社会主义政治生活的核心价值,是社会主义核心价值体系的理念在政治生活领域的体现。"民主"是在一定的阶级范围内,按照平等和少数服从多数原则来共同管理国家事务的理念与制度。这种理念与制度,一开始就是与人的自由观念与自由行为相伴而生的。向往自由是人的本能,人的类特性就是从事自由、自觉的活动。但在"对人的依赖性"与"对物的依赖性"时代,社会物质财富尚达不到极大丰富的状态,在这种状态下的个体"充分自由"只会导致他人的"不自由"。因此,此时的自由只能是一种相对的自由,而且需要借助民主作为制度约束与保障。在这个意义上,民主是保护人类自由的原则和行为方式,是自由的体制化表现。民主具有鲜明的阶级性,社会形态的性质决定着民主的范围与程度。马克思、恩格斯指出,在奴隶社会和封建社会中,民主只能在奴隶主阶级和封建地主阶级的"自由人"中间进行,奴隶和农奴根本享受不到自由更不用说民主。在资本主义制度下,资本主义异化劳动把自我活动、自由活动贬低为手段。由于资产阶级占有生产资料,劳动人民丧失了自由,民主只能为资产阶级所享有。只有在生产资料公有制的基础上,才能实现最高类型的为无产阶级和广大人民群众所享有的最广泛的民主,这就是人民民主。随着社会历史的发展,资产阶级民主必然被社会主义的人民民主所代替。社会主义的"人民民主"是工具性与目的性的统一。作为工具的社会主义民主,是人民当家做主、管理国家的权力。它既是一种制度安排,也是一种体制或机制,在国家政治生活中主要表现民主选举、民主决策、民主管理、民主监督以及保障与尊重人权等制度与行为。作为目的的社会主义民主,与人的"全面发展"相统一,与人的"自由"生活状态融为一体,是一种游刃有余又不逾规矩的生活理念,是"人的自由而全面发展"的生活状态的基本内容之一。在中国,民主意识的建设与民主体制的完善是中国特色社会主义的政治目标。在建设社会主义民主政治过程中,人们政治素质日益提高,逐步明确自己在国家政治生活中的地位、作用和应具有的权力,懂得如何在国家法律规定的范围内行使自己的权力,如何在具有正确认识和自觉意识的前提下行使自己的民主权利,社会的政治生活也就能进入更高级的发展阶段。

　　"文明"是社会主义核心价值体系的理念在文化领域的体现,是社会主义文化的核心价值观。广义上的文明既包括人类改造世界的物质成果,也包括人类改造世界的精神成果,前者为物质文明,后者为精神文明。物质文明属于社会经济基础的范畴,精神文明属于社会上层建筑中的意识形态的范畴。物质文明的发展为精神文明奠定基础,精神文明的发展则会促进或延缓物质文明的进程,两者都是"人的自由而全面发展"的必要条件。所以在中国特色社会主义建设过程中,既要重视物质文明建设,又要重视精神文明建设,两手抓,两手都要硬。精神文明特指人的素质、教养等所达到的程度以及整个社会的精神状态,是人类文化发展、社会开化程度和进步状态的表现。作为社会主义文化的核心价值观的"文明",是在"精神文明"的意义上而言的,主要是指以马克思主义为指导,以先进文化为目标,既批判继承优秀传统文化、又具有时代内涵和体现社会发展趋势的文化价值观念,基本内容包括思想道德建设和教育科学文化建设两个方面。其中思想道德建设要解决的是整个民族的精神支柱和精神动力问题;教育科学文化建设要解决的是整个民族的科学文化素质和现代化建设的智力支持问题。思想道德建设是社会主义精神文明建设的灵魂,决定着精神文明建设的性质和方向。要坚持马克思列宁主义、毛泽东思想和中国特色社会主义理论在意识形态领域的指导地位,切实加强思想道德建设,弘扬社会主义荣辱观,建立与社会主义市场经济相适应、与社会主义法律规范相协调、与中华民族传统美德相承接的社会主义思想道德体系。要提倡爱祖国、爱人民、爱劳动、爱科学、爱社会主义的公德,引导人们树立中国特色社会主义共同理想,弘扬爱国主义精神,加强社会公德、职业道德和家庭美德教育,坚决抵制腐朽文化的侵蚀。教育是发展科学技术和培养人才的基础,在现代化建设中具有先导性、全局性作用,教育科学文化建设是提高人民群众思想道德水平的重要渠道。要大力发展教育事业,加强科学基础设施建设,普及科学知识,弘扬科学精神,在全社会形成崇尚科学、鼓励创新、反对迷信和伪科学的良好氛围。同时要积极发展文化事业和文化产业,深化文化体制改革,为繁荣社会主义文化创造良好的社会环境。

　　"和谐"是社会主义核心价值体系的理念在社会关系领域的体现,是人们对中国人与自我、人与他人、人与社会、人与自然以及人与世界关系的理想状态的向往。和谐是中华民族的一个核心理念。中国古人的和谐理念起源于"乐",用不同的音符构成美妙的乐章,即为"和谐"。"乐"之"和谐"引申到社会生活领域,形容不同事物和而不同、取长补短、融为一体的状态,具有了更为广泛的意义。古人强调天人之间的和谐、代际之间的和谐、群体之内的和谐、人与我的和谐以及身与心的和谐。中华民族历来传承"礼之用,和为贵"的说法,认为礼义的作用就在于达到和谐。这都可以显示出"和谐"理念早已成为中华民族特有的思维方式、成为民族精神的重要组成部分。和谐与斗争都是事物矛盾的表现方式,但是是两种相反的思维方式。与斗争是事物矛盾的爆发、是矛盾双方的严重冲突不一样,和谐是事物矛盾的稳定状态、是矛盾双方对彼此差异的可承受状态。在中华民族和谐思维中,和谐则是事物矛盾双方关系的常态。矛盾

双方的斗争是事物发展的特殊阶段,斗争的目的是赢得和谐。由此可见,
和谐理论既具有鲜明的民族特色,又契合唯物辩证法的基本规律,是民族
性与科学性的统一。这样一种理论,既在中国国内具有普适性,又在国际
上具有"普世价值",完全应当成为现时代人们处理人与自我、人与他人、
人与社会、人与自然以及人与世界关系的核心理念。近年来,中国共产党
对于和谐的价值理念作了具体的阐发,提出了构建社会主义和谐社会的
指导思想、目标任务和原则,强调加强制度建设、保障社会公平正义、建设
和谐文化、完善社会管理等多方面的内容,从而使中国人几千年来的和谐
理想从此成为十三亿中国人的奋斗目标和现实实践。当然,在中国实践
和谐理念,还需要做到"三个坚持"。一是要坚持共同的价值取向。"道
不同不相为谋",没有共同的旗帜、共同的理想和信念,就不会有和谐的
基础。在爱国主义的旗帜下,不同的民族、不同的政党、不同的阶级和阶
层之间才可以达到化解矛盾和对抗,消除分裂而达到和谐。二是要坚持
正义和规则。① 人类社会的发展历史是一个从无规则到有规则、从较少
规则到较多规则、从被迫遵守规则到自觉遵守规则的历史。现代社会发
展得如此庞大,社会的结构发展得如此复杂,更需要完整、精微和相互配
合的规则体系,更需要每一个公民很好地遵守规则。一个没有良好规则
的社会,一个有良好规则而不能得到很好遵行的社会,必然是一个混乱无
序的社会。全体社会成员遵守社会规范,正是建立和谐社会的前提之一。
三是要不放弃斗争。斗争是达到和谐的手段。且不说在阶级压迫的时
代,没有斗争就不能生存,就没有出路;就是在社会稳定的建设时期,也需
要有一定的斗争,才能维护和谐。没有斗争,只是一味地讲和谐,必然流
于对邪恶的妥协和退让,丧失社会正义的底线。

　　"富强、民主、文明、和谐"各自从不同的方面诠释了"人的自由而全
面发展"的理念,构成了社会主义核心价值体系的理念。其中"富强"体

————————

　　① 焦国成:《试论社会主义核心价值体系的基本理念》,《道德与文明》2007 年第 1
期,第 12 页。

现了人的发展对中国特色社会主义物质条件的要求,"民主"体现了人的发展对中国特色社会主义政治条件的要求,"文明"体现了人的发展对中国特色社会主义精神文化条件的要求,"和谐"体现了人的发展对中国特色社会主义社会环境条件的要求。大力弘扬"富强、民主、文明、和谐"的核心价值理念,社会主义核心价值体系才能由抽象的理论变为明确的目标,进入人们的思想深处,成为中国特色社会主义建设的精神动力与引领力量。

第二章　大学生社会主义核心价值体系建设的意义

　　大学生成长在改革开放的历史时期,承担着民族复兴的历史重任。大学生是规模庞大的特殊社会群体,走出高校后,他们是社会建设的生力军,是社会主义事业的接班人。他们具有什么样的价值观,不仅影响自身的价值实现,而且也影响着国家和民族的命运。大学生价值观念的发展需要以科学的价值体系来引导,而社会主义核心价值体系是内涵丰富、逻辑严谨的科学的价值体系。在一定意义上,加强大学生社会主义核心价值体系建设是由大学生群体价值观念发展的自身需要和社会主义核心价值体系自身的特点决定的。当前,加强大学生社会主义核心价值体系建设,具有多方面的重要意义。

一、大学生的历史使命与加强教育的重要性

　　在改革开放的历史背景中成长起来的大学生,是继往开来的一代新人,肩负着民族复兴的历史使命。所谓继往,就是要继承民族优秀传统,继承老一辈无产阶级革命家开创的社会主义事业;所谓开来,就是着眼于当今时代的基本国情、基本世情,在中国特色社会主义道路上,实现中华民族的伟大复兴。"天下兴亡,匹夫有责",青年学生从来都与国家、民族的命运紧密相连,是各个时期历史使命的具体承担者。新民主主义革命时期的历史使命是反对帝国主义、封建主义和官僚资本主义在中国的统治,建立新民主主义的中国。在中国共产党领导下,青年学生以救亡图

存、振兴中华为己任,成为反帝反封建的先锋。新中国成立后,巩固新生的人民共和国,将新民主主义社会推进到社会主义社会,尽快满足人民日益增长的物质文化需要成为新的历史使命。广大青年学生积极响应党的号召,投身社会主义革命和建设,刻苦学习、艰苦创业、忘我劳动,为保卫和建设新中国建立了卓越的功勋。改革开放以来,时代主题发生了新的转换,广大青年学生在党的领导下,以邓小平理论为指导,勤奋学习、锐意创新、团结奋斗、勤勉工作,为社会进步做出了新的贡献。进入21世纪,为了建设富强民主文明的社会主义国家,实现中华民族的伟大复兴,中国共产党总结历史经验、把握时代特征,提出了科学发展观等重大战略思想,为大学生履行历史使命指明了新的方向。大学生的历史使命是对光荣传统的继承与发展,无论什么时候,都以高扬爱国主义旗帜、献身祖国、服务人民为己任;大学生的历史使命是对党在新世纪的中心任务的具体承担,无论将来奋斗在哪个领域,都肩负着建设中国特色社会主义、实现中华民族伟大复兴的历史重任。

大学生肩负的历史使命,决定了必须对他们加强建设与引导。首先,在全球化、信息化与市场经济时代,大学生既面临着国际范围内纷繁芜杂的各种社会思潮的影响,也面对着现实社会中良莠不齐的各种社会现象的冲击,只有加强建设与引导,才能使他们增强辨别力、提高洞察力,以强烈的历史使命感、高度的社会责任心作为内在动力,积极投身于中国特色社会主义建设事业中,为民族复兴贡献力量。其次,历史使命的履行有赖于较高的综合素质。只有切实提高自身的综合素质,才能够符合时代要求,担负起时代赋予的历史使命。因此,必须加强对大学生政治水平、政策水平和综合素质的建设,引导他们加强科学知识、科学方法和科学精神的学习,树立正确的世界观、人生观和价值观;抵制拜金主义、享乐主义、极端利己主义等思想,树立爱国主义、集体主义、社会主义思想;克服价值观念混乱、理想信仰迷惘、政治意识淡化、道德行为失范等现象,培养高尚的道德品质、较强的法纪观念、健康的心理素质和坚忍不拔的意志。

二、大学生价值观念发展的基本特点与内在需求

21 世纪以来,大学生的价值观念总体上呈现积极向上的发展态势。但面对现实生活中的一些冲突与矛盾,一些大学生也常常感觉困惑。一是精神追求与物质追求的失衡常常导致大学生义利天平的倾斜。大学生一方面为改革开放 30 多年带来的经济成就而欢欣鼓舞;另一方面又为精神的颓废与道德的滑坡而忧心忡忡。他们既渴望物质富裕,又喟叹"世风日下";他们力图摆脱狭隘的功利主义,又逃避不了不良社会风气的侵袭。一些大学生把获得金钱的多少看做衡量人生价值的尺度,追求"能挣会花"的享乐主义生活;一些大学生的价值观向自我倾斜、被金钱扭曲,出现了"功利化"、"庸俗化"的倾向。二是应该做"老实人"还是"精明人"常常让大学生感到难以定夺。中国在改革开放中走向繁荣,但也面临着艰苦朴素、热爱劳动、勤俭节约、诚实做人等中华传统美德的流失。在大学生中,有的赶时髦、图安逸、走捷径、投机取巧,有的认同弱肉强食、尔虞我诈、见利忘义、醉生梦死的思想和作风。"安分守己"、"忠厚老实"、"踏实做人"等德性被不少大学生抛弃,崇尚"精明人"、追求富裕安逸生活的大学生却在增多。究竟该做"老实人"还是做个"精明人",这个问题让不少大学生苦苦思索、难以定夺。三是大学生常常在个体利益与国家利益、集体利益之间陷入两难。我们向来教育大学生应坚持个人价值和社会价值的统一,坚持个人利益和国家利益、集体利益的统一。但在充斥个人主义、享乐主义的社会环境中,一些大学生个人意识膨胀,极力追求个人价值的实现和自我需求的满足。他们推崇享乐主义、放纵情欲、抛却理性,对于国家和集体的利益不予考虑,甚至损公济私。一些大学生秉持利己主义、功利主义的人生态度,很少考虑对社会、对国家的责任、义务和做人的良知。四是理想与现实的落差使大学生在价值判断上难以找到准确的落脚点。大学生追求知识、喜欢新奇、不乏幻想,总是力图让思维"超越"现实。他们对改革具有较高的心理期望值,面对现实生活中的

就业难、住房难等实际问题,常常会产生不满和牢骚,在价值判断时思想摇摆,难以找到准确的落脚点。五是对家庭的责任、对自我的责任、对他人的责任、对社会的责任存在着一定的差异,总体上表现为对家庭的责任、对自我的责任存在着较为突出的问题,对他人的责任、对社会的责任则表现得较为积极,但在每一个体身上又有所不同。

　　大学生价值观念发展的上述特点在多项调查报告中也可以得到佐证。笔者 2008 年 11 月面向山东师范大学开展的"'80 后'大学生责任意识"调查问卷从一个侧面显示了大学生的价值观状况。在家庭责任方面,有 6.10% 的同学认为应由"老人自己"来"赡养自己",有 1.6% 的同学认为应由"其他亲人"来赡养老人,两项数据的比例虽然不高,但涉及的绝对人数却不容小觑,显示出部分同学的家庭责任意识较为淡薄。在自我责任方面,有 63.10% 的同学生活费用"全部由家庭支持",另有 13.26% 的同学把"各类奖学金"、有 7.27% 的同学把"社会资助"列为"大学生活费用的主要来源",能够做到"家庭负担一些,个人勤工俭学解决一些"的同学仅占到总人数的 30.91%。这从经济自立的角度反映出"80 后"大学生的自我责任意识只在较少的一部分人身上觉醒。在对他人的责任方面,面对"家境贫寒的同学",3.85% 的同学表示"不想与他接触",12.09% 的同学表示"他的贫富与我无关";当"看到有人在乞讨"时,5.67% 的同学会"不闻不问绕道走开",另有 17.43% 的同学认为"这是一种欺诈行为,根本不值得同情"。这显示出"80 后"大学生中仍有少数同学内心深处对他人冷漠。在社会责任方面,有 32.94% 的同学表示"非常强烈,时刻准备着"为"和谐社会"作贡献,另外还有 36.47% 的同学有"比较强烈"的愿望,有 3.85% 的同学"丝毫没有这个想法",这说明"80 后"大学生总体上具有较强的社会责任意识,但仍有个别同学社会责任意识较弱。南京师大课题组的调查显示,有近八成的大学生对"我为人人,人人为我"、"主观为自己,客观为别人"持肯定态度;有近一半的大学生对"青春易逝、及时行乐"持肯定态度;有近四成的大学生对"人不为己,天诛地灭"持肯定态度;有近三成的大学生对"金钱是万能的"持肯定态度;还有不到一成的大学生对"唯利是图,不择手段"持肯定态度。① 这表明享乐主义、拜金主义等观念在部分大学生中仍有市场,部分大学生在价值观念与价值选择上存在困惑。

价值观影响着人们的思想与行为,影响着人们价值的实现程度。大学生要想实现自身的价值,内在地需要以科学的价值观来引导,消除思想观念中的种种困惑,形成积极向上的价值观。马克思主义哲学认为,人的价值体现在社会价值和自我价值两个方面。其中人的社会价值是指个人通过社会实践去创造价值,以满足社会和他人的需要。一个人对社会的贡献越大,他的社会价值越高。人的自我价值是指个人通过社会实践去创造价值,以满足自己的需要。一个人越是通过自己的劳动来满足自己的需要,他的自我价值就越高。人的社会价值和自我价值是对立统一的,自我价值的实现离不开其社会价值。个人的行为和活动置身于社会之中,人的自我价值归根结底是其社会价值的个性体现。只有具有社会价值的人,才会具有崇高的自我价值。大学生渴望在社会上体现自身价值,渴望为社会所承认和接受。但他们有时候认识不到树立正确的价值观是实现自我价值的前提和保证,有时候也难以判断自己既有的价值观念科学与否。从现实情况看,大学生有的在价值观念上存在着种种困惑,有的甚至存在着种种不良倾向,这些困惑和倾向如不加以引导,势必会影响他们的自我价值的实现。从大学生身心特点看,这个年龄段的学生,价值观正处于形成、发展和定格的关键时期,迫切需要科学的价值观的引导。从人的思想观念形成和发展的基本规律看,正确的思想意识不可能从人头脑中自发产生,既需要学校教育的正面引导,也需要社会环境的积极建设。把握大学生价值观念形成和发展的基本特征与基本规律,以科学的价值观引导他们价值观念的发展,是他们健康成长的内在需要,是高校思想政治教育的使命性工作。

---

① 张晓忠:《全球化条件下大学生思想道德及主流意识形态状况的调查》,《南京航空航天大学学报》2008 年第 1 期,第 34 页。

三、社会主义核心价值体系是科学的价值观念体系

在人类社会发展中,价值体系发挥着重要作用。它渗透在一切社会意识的形式中,并通过各种社会意识形式表现出来。由于社会发展的不平衡性,一定社会中的价值体系往往呈现出多样化发展的态势,其中处于主要地位、为社会大众广泛认同、对人们的思想观念产生主要影响、对社会发展和政策走向产生主导作用的一系列价值观构成社会的核心价值体系。核心价值体系不仅广泛渗透于经济、政治、文化和社会生活的各个方面,而且对大多数社会成员的世界观、人生观、价值观施加着深刻的影响,它是引领人们的思想行为、社会精神风尚和社会发展方向的灵魂,是关系社会稳定与国家兴旺的决定性因素。历史不断演进,人类的价值观念也不断发展,内涵越来越丰富,体系越来越完善。价值体系作为一种精神力量,笼罩着整个社会生活,影响和制约着人们追求和实现生命价值的社会意识和社会行为。尤其是居于主导地位的核心价值体系,与社会经济基础相对应,反映统治阶级利益,构成主流社会意识形态的内核,成为影响社会大众价值观念发展的主导力量,也成为人类历史不断前进的动力之源。正是在这个意义上,有专家认为:"对生命意义和价值的追求是人类社会演进的精神冲力。"①

在当代中国,扮演社会前进的"精神冲力"的核心价值体系是社会主义核心价值体系。我国人口众多、历史悠久,经济、文化发展长期处于不平衡状态,影响社会大众的价值体系向来丰富多彩。但从经济基础的角度看,当代中国是以公有制为主体、多种所有制共同发展的社会主义国家。公有制为主体的基本经济制度构成了当代中国的经济基础,这一经济基础决定了当代中国上层建筑的性质,也决定了当代中国社会的核心价值体系必然是与这一经济基础相适应的社会主义核心价值体系。从上

---

① 李从军:《价值体系的历史选择》,人民出版社 2008 年版,第 3 页。

层建筑中诸要素之间的关系看,在当代中国,工人阶级是领导阶级,中国共产党是执政党,马克思主义是中国共产党的指导思想,作为执政党意识形态精神内核的社会主义核心价值体系,也必然会成为影响社会大众价值观念发展的主导力量。社会主义核心价值体系集中体现了社会主义意识形态的本质属性,体现了社会主义制度的内在精神和生命之魂,是科学的价值观念体系。只有把握社会主义核心价值体系,才能保证中国特色社会主义建设的方向,才能抓住社会主义价值需要、价值创造和价值实现的关键。在当代中国,能够胜任引领大学生价值观念发展的价值观念体系,必然是社会主义核心价值体系。

四、大学生社会主义核心价值体系
建设具有重要的现实意义

　　社会主义核心价值体系建设是发展社会主义先进文化,增强国家文化软实力,维护国家意识形态安全的重要举措。大学生社会主义核心价值体系建设,是社会主义核心价值体系建设系统工程的重要组成部分。积极推进大学生社会主义核心价值体系建设,是大学生思想政治教育的内在要求,具有重要的现实意义。

　　第一,社会主义核心价值体系建设是发展社会主义先进文化的重要举措。发展社会主义先进文化,是建设中国特色社会主义的题中应有之意。江泽民曾经指出,在当代中国,发展先进文化,就是发展有中国特色社会主义的文化,就是建设社会主义精神文明。发展社会主义先进文化所体现的文化意识,与长治久安、造福万代的执政理念相连接,与延续中华民族优秀传统文化的历史责任相连接,也与谋求人类自由全面发展的终极关怀相连接,是一种超越具体经济政治问题的深谋远虑。在建设中国特色社会主义的历史进程中,发展社会主义先进文化的一个重要支点,就是社会主义核心价值体系建设。社会主义核心价值体系是社会主义经济、政治在思想价值层面的集中反映,是人类社会迄今为止最科学、最进

步的价值体系,是我国占统治地位的主流意识形态,也是我国各族人民团结奋斗的共同思想基础。通过社会主义核心价值体系建设,满足人民群众日益增长的多方面、多层次、多样性的精神文化需求,提高人民群众的思想道德素质和科学文化素质,促进人的全面发展,提高国民的精神状态、意志品格和内在凝聚力,也就代表了先进文化的前进方向,发展了社会主义先进文化。

第二,社会主义核心价值体系建设是增强国家文化软实力的重要举措。文化软实力是一个国家综合国力的重要体现。美国哈佛大学教授约瑟夫·奈认为,一个国家的发展,从根本上说,在于它的综合国力的全面提升。而一个国家的综合国力,不仅体现为国家的经济、科技、军事实力等"硬实力",还体现为文化、意识形态等"软实力"。所谓"软实力",一般是指一个国家的文化传统、价值观念、社会制度以及发展模式等因素的影响力与感召力。在现代社会,文化软实力作为社会发展的精神动力、智力支持和思想保证,越来越成为民族凝聚力和创造力的重要源泉,成为综合国力竞争的重要因素。中共十七大报告指出,要"提高国家文化软实力,使人民基本文化权益得到更好保障,使社会文化生活更加丰富多彩,使人民精神风貌更加昂扬向上"。中共十七大报告的这一思路,表明我国已经把提升国家文化软实力作为建设精神文明、增强综合国力、实现民族复兴的新的战略着眼点。而构建社会主义核心价值体系,塑造中华民族共有的精神支柱,正是提升我国文化软实力的根本途径。

第三,社会主义核心价值体系建设也是维护国家意识形态安全的需要。改革开放以来,大量外国资本、跨国公司涌入我国,其携带的价值观念对于人们的影响与日俱增。西方一些政治家、理论家大肆鼓吹"意识形态终结论"和政治多元化,对国内一些人的思想产生了负面影响。在文化领域,以美国为首的发达资本主义国家充分利用自身经济已经发展的优势,大量输出文化产品和文化资本,利用互联网等新兴媒体,推行文化霸权主义,不断进行价值观念的渗透。西方发达国家通过这些途径,深刻影响了我国社会思潮的流变,进而影响了我国群众的社会心理。自由主义、新自由主义、激进主义、历史虚无主义等主要源自国外的各种社会思潮,一度在我国造成复杂影响,使我国意识形态建设遭受前所未有的挑战,对国家安全与社会稳定造成了严重的冲击。当前,迫切需要建构一种新的社会意识形态来驾驭和统筹社会思潮的全局,一方面疏导各种非马克思主义、反马克思主义的社会思潮,使之处于可控状态,尽可能地实现向马克思主义的"转化";另一方面通过影响特定的社会思潮,实现主流意识形态的"内化",使之逐步被广大社会成员所接受,成为人们长期自觉遵循的内在信念和日常生活的行为准则。建设社会主义核心价值体系这一时代命题,正是在这样一种背景下提出的。在当代中国,只有以社会主义核心价值体系来引领当代社会思潮,才能驾驭和统筹社会思潮的全局,才能有效维护国家意识形态安全,实现中华民族伟大复兴的梦想,进而以当代中国的和谐社会建设推动和谐世界建设。

第四,大学生社会主义核心价值体系建设是社会主义核心价值体系建设系统工程的重要组成部分。社会主义核心价值体系建设是一项复杂的系统工程,在理论上需要建构科学的价值体系,凝练优秀的价值理念;在实践上需要统筹兼顾,发挥多种渠道的作用。高校作为培养中国特色社会主义事业的建设者和接班人的主要阵地,拥有一批政治觉悟高、理论水平强的优秀人才,在引领和统筹社会主义核心价值体系的研究与建设工作上有着独特的价值。在高校成长的青年学生是社会大众的重要组成部分,是未来社会的中坚力量。从更广的范围来看,中国大学生是世界上最为庞大的、最有影响力的大学生群体之一。在一定意义上,当代中国大学生的价值观也是国家的、民族的、时代的价值观。加强当代中国大学生社会主义核心价值体系教育,不仅直接有助于他们树立正确的人生观、世界观、价值观,也会间接影响社会大众的价值观走向,甚至会影响世界青年的价值观走向。因此,要做好社会主义核心价值体系建设这项系统工程,就必须坚定不移地把社会主义核心价值体系融入大学生思想政治教育的全过程,充分发挥大学生社会主义核心价值体系教育的主导性和能动性,为在全社会范围内深化社会主义核心价值体系建设服务。

　　第五,积极进行大学生社会主义核心价值体系建设,是大学生思想政治教育的内在要求。作为社会主义制度的内在精神,社会主义核心价值体系强调要以马克思主义为指导思想,以共同理想教育为核心内容,以民族精神和时代精神教育为重点,以社会主义荣辱观教育为基础。社会主义核心价值体系的这些要求,对于大学生思想政治教育具有重要的指导作用。"一方面,社会主义核心价值体系统筹和囊括了高校思想政治教育内容、目标等,是当前对高校思想政治教育内容、目标的一个大的总结和精练概括;另一方面,构成社会主义核心价值体系的四个方面都一同直接或间接地凝合在了高校思想政治教育的本质、任务、内容、目标等当中,并在其中得到集中的体现和反映,是高校思想政治教育的题中之义。"① 具体而言,马克思主义指导思想是整个大学生思想政治教育的灵魂,中国特色社会主义共同理想是大学生思想政治教育的主题和归宿,以爱国主义为核心的民族精神和以改革创新为核心的时代精神是对大学生的民族性和时代性要求,社会主义荣辱观是大学生内在善恶美丑的价值评判尺度。在一定意义上,社会主义核心价值体系既是大学生思想政治教育的内容,也是大学生思想政治教育的目标。无论在内容层面上,还是在目标层面上,社会主义核心价值体系教育都是大学生思想政治教育的内在要求。

　　综上所述,价值体系是人类社会演进的精神冲力,社会主义核心价值体系是当代中国社会主义制度的灵魂、社会大众价值观念发展的主导力量,社会主义核心价值体系建设是发展社会主义先进文化、增强国家文化软实力、维护国家意识形态安全的重要举措,大学生社会主义核心价值体系建设是社会主义核心价值体系建设系统工程的重要组成部分、大学生思想政治教育的内在要求。当前,深入研究大学生社会主义核心价值体系建设问题,不仅是实现高校思想政治教育的意识形态功能,在高校落实

---

　　① 张再兴、杨增崒:《社会主义核心价值体系与高校思想政治教育发展》,《人大复印资料·思想政治教育》2008 年第 8 期,第 70 页。

十七大精神的需要；也是实现高校思想政治教育的个体发展功能，推动大学生全面、协调、可持续发展的需要。做好这项研究工作，不仅直接有助于高校及有关部门进一步提高认识，把握大学生社会主义核心价值体系教育的基本规律，增强工作的实效性，引导青年学生践行社会主义核心价值体系；而且有助于推动社会主义核心价值体系建设这一系统工程，把社会主义核心价值体系融入国民教育和精神文明建设的全过程，转化为人民的自觉追求。

第三章　大学生社会主义核心
价值体系建设的背景

　　社会主义核心价值体系作为社会主义意识形态的本质体现,根本上由社会主义经济基础所决定,但是又在意识形态发展的轨道上有自己的历史起点,有影响自身发展的国内外环境。基于社会主义核心价值体系的这些特点,探索大学生社会主义核心价值体系建设的思路,必须要对其历史背景、社会环境以及各种影响因素做充分的了解。

一、历史起点

　　从历史传承性来看,大学生社会主义核心价值体系建设是对中华传统价值观教育的传承与发展,是对新民主主义时期中国共产党价值观教育与新中国成立初期社会主义价值体系教育的改进与提高,这样的历史背景对大学生社会主义核心价值体系建设的目标、内容、方法、途径以及思路已经产生、并将继续产生深刻的影响。

(一)中华传统价值观念的培育

　　中华民族思想文化源远流长,包含的内容极其丰富,而价值观是贯穿整个中国传统文化的核心。中华传统价值观念跨越了漫长曲折的历史道路,经历了悠远坎坷的时间长河,在建设民族精神、维护社会秩序,形成民族凝聚力、向心力、创造力的过程中发挥了极为重要的作用。在几千年的教育实践中,中华民族留下了许多宝贵的价值观教育经验,一些经验具有历史的穿透力,即使在今天也需要继续传承与弘扬。

　　中华传统价值观念的形成经历过漫长的历史,夏、殷时期,人们以"天帝"、"天命"为最高价值准则,随着社会历史的发展,人们的价值观念发生演变。西周统治者修正了殷商的"天命"观念,提出了"敬德保民"价值观,标志着中华民族价值观的自觉。春秋以至战国,是中华民族传统价值观的重大变革时代,也是中国民族传统价值观念体系的建构时代,各派学者都在探索人道问题,形成了"天地之生人为贵"这一价值观念主旋律。秦汉时代,价值观变革的最大成果是营造了以君主权力为核心的"三纲五常"价值观念体系,这种价值观一直延续到封建社会的终结,成为传统政治价值观的核心。魏晋时期中央集权分散,经学崩溃,以门阀士族为代表的地主阶级形成了一种新的"任自然"的价值取向。隋唐时期儒释道三家价值观念兼容并举,"万善同归"。宋元明时期,价值观演变的标志是儒家伦理道德的升值和强化,重建"天理"价值观念。明末至清中叶,随着资本主义的萌芽和封建社会的衰落,中华民族价值观又经历了一次变革,早期启蒙思潮兴起,"利欲"萌动。鸦片战争以后,中华民族的价值观发生了一次深刻的变革,五四运动高举科学民主旗帜,对传统价值观进行批判,科学民主观念特别是作为其核心的个性价值观念的提出,标志着中国传统价值观向现代价值观念的转变。①

　　经过几千年的沉淀,中国传统价值观形成了丰富的内涵。一是威武不能屈的民族气节和立志报国的民族精神。中华民族自古崇尚"富贵不能淫,贫贱不能移,威武不能屈"以及"杀身以成仁"的民族气节。历史上,中国屡遭入侵、国破家亡,人们的爱国热情高涨,岳飞的"精忠报国"、魏源的"师夷长技以制夷"、孙中山的"驱除鞑虏,恢复中华"等爱国精神,一直是推动中华民族不断前进的巨大力量。二是崇尚和谐,期望建立和谐人伦。中国传统文化主张"先义后利"、"见利思义"。这里的"义"是

───────────

　　① 苏文帅:《传统价值观演变历程及其规律的开拓性探索》,国学网 http://www.guoxue.com/lwtj/content/suwenshuai_dzfjjzdlc.htm。

指民族利益和国家利益,"利"是指个人利益。强调社会利益高于个人利益,强调个体对整体的道德义务,是中华民族价值观中和谐精神、集体主义的鲜明体现。三是倡导"仁爱"。孔子提倡"仁者爱人",孟子提出"君轻民重"的思想。这种要求一切人都要用"仁爱"之心去尊重人、理解人、关心人、爱护人、帮助人的思想,是中华民族价值观中最具有人民性的道德遗产。四是提倡身体力行。中华民族倡导"修身、齐家、治国、平天下",这种价值观念是人类从事物质生产活动和自身生存发展的基本要求,也是人们共同生活的起码准则,是人类社会道德关系中具有科学性的优秀的遗产。上述几点归纳起来,就形成了中国封建社会的核心价值理念——"仁、义、礼、智、信"。几千年来,"仁、义、礼、智、信"始终是中华民族赖以生存和发展的道德根基和思想基础,是中华民族赖以生存和发展的精神支柱和精神动力,带动着整个社会价值体系的发展和社会道德水平的提升,在整个中华民族发展中具有重要地位。

中国古代的价值观教育在儒家思想指导下,具有突出的特点。首先,价值观教育贯穿各种教学内容和形式之中。在中国古代,虽然无论是私塾还是"公学",一般都不进行专门的价值观教育,但在各种教学内容和形式之中却又随处渗透着价值观教育。例如,中国古代的"太学"开设读经课,学生们诵读的四书五经中就蕴藏着修己治人之道,渗透着伦理道德。学生们除了在课堂中接受价值观教育,课外的言行举止也都受到道德规范的约束。课内与课外相结合,学习与践履相统一,是中国古代价值观教育的一大特点。其次,价值观教育与智育、美育和谐统一。三者在实践上的统一来自人们思想上对德、智、美三者关系的认识。关于德与智的关系,董仲舒在《春秋繁露·必仁且智》中主张"必仁且智",认为"仁而不智,则爱而不别也;智而不仁,则知而不为也",只有将仁与智结合起来,才能真正做到言行举止都符合儒家的道德标准。关于德与美的关系,中国古代形成了礼乐相济、美善相лор、以美辅德的思想。由于重视乐教即美育对人的思想品德的陶冶作用,因此在中国古代的价值观教育中,吟咏诵读成为一项十分重要的方式。其三,学校、家庭、社会三位一体的价值观教育。中国传统价值观的核心是以忠孝为本的"三纲五常",在价值观教育中,学校里灌输忠孝思想,社会上和家庭里则要求人们做忠臣、孝子,学校、家庭、社会三位一体、形成合力,使"三纲五常"成为笼罩着整个社会的网,任何人也无法摆脱。

(二)新民主主义革命时期的价值观教育

近代以来,在民族危亡、救亡图存的历史背景下,中国社会的价值观念经历了一次大的转换。传统价值观一度成为人们质疑的对象,在渴望变革的氛围中,来自西方的马克思主义思想开始影响中国,中国共产党的革命传统价值观逐步形成。新民主主义革命时期,中国共产党初步提出自己的价值主张,其目标指向建立独立、自由、富强、民主的社会主义国家。中国共产党用其价值理念整合了社会资源,在较短的时间里取得了新民主主义革命的胜利。①

新民主主义革命时期,中国共产党着眼于建立独立、自由、富强、民主的社会主义社会,主要在四个方面展开价值观教育。一是以共产主义为奋斗目标的马克思主义指导思想教育。近代以来,先进的中国人最终认识到以马克思主义为指导是重建强大国家的最佳选择。马克思主义在中国的广泛传播与中国共产党的成立,昭告了以马克思主义为指导,以共产主义为奋斗目标的政治价值的确立。二是以爱国主义为核心的民族精神教育。新民主主义革命时期,中国共产党高扬爱国主义的旗帜,将爱国主义作为社会核心价值体系的重要组成部分,既有助于占领民族心理的制高点,有效整合社会资源;又有助于掌舵历史的航船,克服艰难险阻,胜利到达目的地。三是以艰苦奋斗为主体的革命精神教育。艰苦奋斗是中华民族数千年来生生不息、创造出灿烂文明的精神源泉。秉承这一精神,中国共产党就能获得源源不绝的深厚动力,找到推动历史发展的最佳方法,

---

① 高梧:《论新民主主义革命时期中国共产党对社会核心价值体系的构建》,《毛泽东思想研究》2007 年第 5 期,第 141 页。

完成反帝反封建和实现近代化是充满艰辛与创造的伟大事业。四是以为人民服务为宗旨的道德情操教育。全心全意为人民服务的价值目标,既是中国共产党建党立党的根本宗旨、最高的政治原则和最重要的政治行为,又是中国共产党所确立的核心价值观的主要内容,体现了共产党人的行为准则和思想品质。正如毛泽东所言:"全心全意地为人民服务,一刻也不脱离群众;一切从人民的利益出发,而不是从个人或小集团的利益出发;向人民负责和向党的领导机关负责的一致性;这些就是我们的出发点。"①

　　为了实现党的核心价值体系向全社会共同的核心价值体系的转化,中国共产党人采取了三个方面的措施。一是借鉴中国传统文化的价值观念,将共产主义理想根植于中华文化的沃土之中。马克思、恩格斯所设想的共产主义社会与我国古代构想的大同社会有相似之处,中国共产党在宣讲共产主义理想时有意识地将它与大同社会靠近,为中国人找到一条到达大同的路。在接近一致的社会政治理想的追求中,大多数真正以爱国主义为出发点的中国人,最终选择了马克思主义作为自己的政治信仰。二是以普通民众喜闻乐见的形式向民众宣传社会核心价值体系。古田会议上,毛泽东要求红军征集并编制表现各种群众情绪的革命歌谣,提倡利用文艺形式进行娱乐活动与宣传活动。中国共产党人通过歌谣、话剧、舞蹈等艺术形式传播新观念,让党的核心价值体系为普通民众认可与接受,并树立起为共产主义奋斗终生的坚定信念。三是以群众路线为核心价值体系教育提供保证。核心价值体系本身具有导向作用,它要起引领社会思潮,为群众指明斗争方向的作用。但是这种导向作用必须通过宣传解释,化为群众的意见,并在群众行动中得到检验,才会得到群众的认同。通过走群众路线,社会的核心价值才会变成具有生命力和生长性的价值,才能引起更多人的响应和共鸣。在物质与金钱上十分匮乏的中国共产党,正是依靠群众路线,才成功实现了社会资源的最大化整合,将政党自

---

① 《毛泽东选集》第3卷,人民出版社1991年版,第1094—1095页。

身的奋斗目标、战斗纲领与民众的奋斗目标、战斗纲领同步化,实现了政党政治目标与民众政治目标的高度一致。

(三)新中国前三十年的价值观教育

新中国成立以后,适应社会主义革命和建设事业的需要,中国共产党的革命价值观向社会主义价值观发展,社会主义价值体系教育呈现出新的特点。新中国前三十年,中国人民破除了小农意识、封建思想等许多陈旧的价值观,形成了新的社会主义价值观。与此同时,我国的价值观教育同社会发展进程一样,也经历了一个艰苦的探索过程,在曲折中发展。①这个时期的价值观教育有两个方面的特点。

首先,突出政治、强调实践。毛泽东指出,新中国的教育要培养有社会主义觉悟的有文化的劳动者,不论是知识分子,还是青年学生,都应该努力学习。除了学习专业之外,在思想上要有所进步,政治上也要有所进步,这就需要学习马克思主义,学习时事政治。没有正确的政治观点,就等于没有灵魂。要求青年学生学习马克思主义,学习时事政治,不断提高政治素质,从一般意义上来看,是促进人的全面发展、推动社会前进的正确主张。然而,这一时期对于政治的重视、强调和宣传,已经完全凌驾于社会其他各个领域的建设和发展之上。当时的青年学生出于对毛泽东的崇拜,也出于对革命领袖或导师理论的绝对化信仰,对党中央和毛主席言听计从。政治意识代替了经济意识,政治行为代替了经济行为,生产者的政治觉悟取代了生产觉悟、科技觉悟,于是形成了在"黄土地上插红旗,青石板上撒豆子"的局面。这个时期的价值观教育格外重视社会实践的作用。毛泽东强调"教育要与生产劳动相结合",主张"一切学校和学科都应当这样办,分步骤地有准备地一律下楼出院,到工厂去,到农村去,同工人农民同吃同住同劳动,学工、学农、读书"②。他要求学生"高中毕业

---

① 邹宏秋:《社会主义核心价值体系教育论纲》,浙江大学出版社 2008 年版,第 242 页。

② 《建国以来毛泽东文稿》(第 12 册),中央文献出版社 1996 年版,第 34 页。

后,先做点实际工作。单下农村还不行,还要下工厂,下商店,下连队。这样搞他几年,然后读两年书就行了"①。在这样的思想主导下,大批的城市青年、学生等奔赴祖国的边疆、农村,进入工厂、连队,上山下乡接受贫下中农的再教育。

其次,经历过"革命理想主义"和"人定胜天"思想浸润后,价值观教育一度陷入困境。社会主义改造和"一五"计划的胜利完成,党和人民充满了信心,建设社会主义的热情蓬勃发展。不幸的是,毛泽东等中央和地方不少领导同志在胜利面前滋生了骄傲自满情绪。进入1956年,人们迅速建成社会主义的热情进一步高涨,对"右倾"保守思想的批判也不断升温。在这种背景下,1958年春天,党提出了"鼓足干劲、力争上游、多快好省地建设社会主义"的社会主义建设总路线。广大人民群众热烈响应,精神振奋,情绪激昂,在全国范围内迅速出现了"大跃进"的局面。大多数群众沉浸在天真的政治狂想和虚幻的道德理想主义光环影响下,坚信"只有想不到的,没有做不到的",坚信"人定胜天",心胸中充溢着"为有牺牲多壮志,敢叫日月换新天"的豪情壮志。这种脱离社会现实的浮夸和对社会发展进程的超乎实际的幻想,很快就被现实严酷的生活水平和生产力水平所打破,"共产主义理想"和"人定胜天"的豪言壮语因此失去了原有的魅力,失去了价值导向作用。生活在这一时代的人们也因此产生了一种被命运嘲弄和虚掷的烦恼,进而沉沦于价值失落和道德虚幻的痛苦之中,迷惘而空虚。

从1966年到1976年,十年"文化大革命",不仅造成了社会经济的衰退,也造成了人们精神的颓废、价值的真空和信仰的危机,这段时期,大学生价值观教育几乎没有积极的进展。

二、国际背景

从横向上看,大学生社会主义核心价值体系建设既受国内环境的影

---

① 《建国以来毛泽东文稿》(第11册),中央文献出版社1996年版,第493页。

响,也受国际环境的影响。就国际背景而言,20 世纪 80 年代以来,资本主义社会出现了新发展,社会主义社会出现了新变化,世界出现了政治多极化、经济全球化、文化多元化的趋势,这些都对大学生社会主义核心价值体系建设产生着无可回避的影响。

(一)资本主义新发展的影响

　　资本主义从诞生的那天起,就对人类社会的政治、经济、文化生活产生了深刻的影响。几百年来,资本主义始终处在意识形态冲突的旋涡中,影响着人们价值观念的发展与变化。20 世纪 80 年代以来,资本主义进入一个新的发展阶段,出现了许多新变化、新特征,对大学生社会主义核心价值体系建设产生了重大的影响。

　　资本主义在其历史上经历了资本原始积累阶段、自由竞争阶段、垄断阶段和国家垄断资本主义阶段。第二次世界大战后,当代资本主义即国家垄断资本主义又先后经历了恢复时期、快速增长时期和滞胀时期。20 世纪 80 年代以来,特别是冷战结束后,当代资本主义在调整、改革和转变中呈现出许多新发展、新变化。一是科学技术迅猛发展,生产力获得新的发展空间。第三次科技革命,把人类从机器大生产时代提升到以信息技术为核心的自动化生产时代,极大地促进了资本主义生产力的发展。二是产业结构的调整带来就业结构的调整。由于科学技术的发展,西方发达国家第三产业迅速上升,蓝领工人减少,白领工人增多,工人阶级科技文化水平的提高,直接推动了社会生产力的发展。三是生产社会化程度提高,企业组织形式发生变化。第二次世界大战后,西方国家金融资本与工商资本进一步融合,股份公司进一步发展,从事高新技术行业的新型公司异军突起,公司兼并之风此起彼伏。企业组织形式的这些变化,增强了垄断资本抵御风险、增殖自身的能力。四是国家从市场经济的"守夜人"转变为经济发展的干预者。西方发达国家借助计划经济手段提高国民经济的总体效益,利用各种财政货币政策和社会再分配政策调节国民经济运行、建立社会福利和保障制度,在一定程度上缓解了资本私人占有对生产力发展的制约。五是加速推进经济全球化,为资本的扩张和增殖开辟了新的天地。西方发达国家利用其经济、科技甚至军事优势,在经济全球化以至整个世界体系中占据主导地位,把广大第三世界国家变成它们的廉价资源供应地、获取高额利润的投资对象和推销剩余产品的市场,从而使自身财富不断增加。

　　当代资本主义社会的新发展对大学生社会主义核心价值体系建设带来了较大的冲击。20世纪80年代以来,随着对外开放的不断深入,当代资本主义的新发展直接呈现到人们面前,引起大学生的思考。由于青年学生思想还不够成熟,知识准备又不足,他们对于资本主义许多问题的认识常常是模糊的,个别学生甚至想当然地认为社会主义不如资本主义,马克思主义已经过时。另外,在活跃的学术氛围中,一些专家学者把当代资本主义的新变化解读为"人民资本主义"、"经理社会"、"福利国家",等等,这些观点的流传也在大学生中造成了思想上的混乱,使一些大学生更加被资本主义的新发展所迷惑,对社会主义产生了怀疑和动摇。当代资本主义的新发展直接影响了大学生的价值观走向,对大学生价值观教育提出了新的挑战。帮助大学生正确认识当代资本主义社会的新发展,成为大学生社会主义核心价值体系建设的重要任务。通过核心价值观建设工作,引导大学生运用马克思主义的立场、观点和方法,全面、具体、历史地看问题,正确认识资本主义的本质,完整、准确地分析当代资本主义的新发展,才能使大学生消除思想中的疑虑,纠正认识上的偏差。总之,着眼于当代资本主义的新发展改进大学生社会主义核心价值体系建设,大学生才能科学认识当代资本主义的新发展,才能坚定社会主义理想信念,树立科学的世界观、人生观、价值观。

(二)社会主义新变化的影响

　　正如当代资本主义的新发展的影响一样,当代社会主义的新变化也影响了大学生价值观念的发展,对大学生社会主义核心价值体系建设提出了新的要求。加强和改进大学生社会主义核心价值体系建设工作,同

样需要认真对待当代社会主义的新变化及其对大学生价值观教育的
影响。

　　20世纪80年代以来,当代社会主义运动在苏联东欧国家和中国大
陆呈现出不同的发展态势。首先是苏联和东欧社会主义国家的"剧变"。
20世纪80年代末,在苏联计划经济模式下缓慢发展的波兰、罗马尼亚、
民主德国、南斯拉夫、捷克斯洛伐克等东欧各国与西欧国家差距越来越
大,政治危机加深,民族矛盾激化,党和政府在群众中的威信下降,终于在
1989年到1990年的两年时间里发生了激烈的动荡,共产党、工人党纷纷
下台,丧失了执政地位,东欧各国社会制度也发生了根本性变革,放弃了
社会主义道路。几乎是在同时,长期实行高度集中的计划经济、经济结构
严重失衡的苏联也陷入经济急剧恶化、政治生活僵化、社会矛盾激化的境
地。戈尔巴乔夫上台后推行的"新思维"背离社会主义方向,进一步造成
了苏联社会的思想混乱和局势动荡。1991年12月,随着《阿拉木图宣
言》的签署,苏联解体,世界上第一个社会主义国家不复存在。其次是中
国特色社会主义的兴起。与苏联和东欧国家形成鲜明对比的是,20世纪
80年代以来,我们总结新中国成立三十多年来的经验教训,对"什么是社
会主义,如何建设社会主义"的问题做出了科学回答,创立了中国特色社
会主义理论,启动了社会主义市场经济体制改革。紧紧抓住了"一个中
心,两个基本点",经受住了严峻的考验,从而保持了政局的稳定,促进了
经济的发展,进而在世纪之交出现了繁荣昌盛的景象。苏东剧变与中国
特色社会主义的兴起,成为当代世界社会主义运动中最大的两个事件,对
世界格局产生了深刻的影响。

　　苏东剧变和中国特色社会主义兴起这两个事件,一个代表着社会主
义运动的挫折,另一个代表着社会主义的发展;一个标志着社会主义运动
陷于低潮,另一个标志着社会主义运动新时代的到来。如此错综复杂的
历史现象,引起了许多人的迷茫和困惑,也对当代大学生的思想观念产生
了冲击。究竟应该如何认识社会主义发展的历史进程,如何看待20世纪
末苏东传统社会主义国家的演变与中国特色社会主义的兴起,成为困扰

青年学生思想观念的一个重要问题。一些大学生因为苏东剧变的发生，丧失了对社会主义的信心，对马克思主义的科学性和中国特色社会主义道路的正确性产生了怀疑。这种怀疑不仅埋下了社会动乱的隐患，而且也使青年学生个体迷失了前进的方向和人生的动力。显然，正确回答这一问题，已经成为大学生社会主义核心价值体系建设义不容辞的重要使命。只有正确回答这个问题，才能够使青年学生坚定马克思主义信仰，胸怀社会主义远大理想，致力于中国特色社会主义建设；也只有正确回答这个问题，也才能够使青年学生精神振奋、焕发生机。正因如此，在 2000 年 6 月中央思想政治工作会议上，江泽民希望全党同志共同深入研究如何认识社会主义发展的历史进程、如何认识资本主义发展的历史进程、如何认识我国社会主义改革实践过程对人们思想的影响、如何认识当今的国际环境和国际政治斗争带来的影响等当前直接影响干部群众思想活动的重要问题，从思想上政治上进一步取得科学认识。这实际上回应了当代社会主义社会的新变化，提出了对大学生社会主义核心价值体系建设工作的新要求。

（三）当代世界发展新趋势的影响

20 世纪 80 年代以来，伴随着资本主义的新发展与社会主义的新变化，国际环境发生了深刻的变革。政治多极化、经济全球化、文化多元化成为当代世界的三大趋势，对大学生价值观念的发展产生了深刻的影响，对大学生社会主义核心价值体系建设提出了新的挑战。

政治多极化是当代世界的第一大趋势。苏东剧变后，两极格局终结，世界进入新旧格局转换时代。20 世纪 90 年代初至今，世界各大国之间的关系正在重新调整与定位，各种政治力量也在重新分化与组合，世界朝着多极化方向曲折发展。多极化趋势下的国际局势，和平与发展是主题，但是国际恐怖主义袭击频率增加，新干涉主义、霸权主义和强权政治四处蔓延，局部性的战争、动荡和紧张有所增加，不安宁、不安全、不确定、不稳定因素仍然大量存在。经济全球化是当代世界的第二大趋势。20 世纪

80 年代以来,在地区合作的基础上,全球化成为世界经济的主要趋势。经济全球化一方面促进了生产力要素在国际范围内的优化组合,为世界各国提供了新的发展机遇;另一方面也加剧了世界经济的不平衡性,对发展中国家形成了巨大的压力和挑战;同时,由于各国经济相互依赖,一国经济尤其是大国经济的波动和震荡很快会波及其他国家甚至全世界。文化多元化是当代世界的第三大趋势。① 人类进入文明时代以来,多元文化的发展就一直存在。在今天,人类社会仍然受着多种文化传统的深刻影响。塞缪尔·亨廷顿认为,当代世界主要有中华文明、日本文明、印度文明、伊斯兰文明、西方文明、拉丁美洲文明和非洲文明等几大文明。② 20 世纪 80 年代以来,随着全球化趋势的加深,世界各文化体系的相互交流也日益深广。文化多元化把人们置身多元文化景观中,使人们在相互比较中重新审视本土文化的话语方式、思维模式、审美标准和价值观念,不断吸取异质文化的长处来创新和发展本土文化。但是,西方国家由于在经济、政治、教育和科技等方面占有绝对优势,因此在文化上也处于强势地位,表现为"文化帝国主义"和"文化霸权主义",对非西方国家处于弱势的本土文化形成了强烈冲击,并由此常常导致"文明的冲突"。

当代世界的三大趋势对青年学生的价值观念产生了深刻的影响,对大学生社会主义核心价值体系建设工作提出了新的挑战。首先,在三大趋势下,西方敌对势力对我国的意识形态斗争从政治层面走向社会层面,并获得了新的表现模式,手段越来越隐蔽,越来越具有欺骗性。一些敌对势力借助文化艺术交流的机会,大力传播其价值观和生活方式。一些西方国家在经济交往中打着自由、民主、人权等旗号,有意推广其"西式"价

---

① 一般而言,文化与文明两个概念基本相同,都是指人类社会物质文明与精神文明的总和。但文明着重表达人类社会的进步状态;文化则是人们的风俗习惯、行为规范以及各种意识形态的复合体,除了文学艺术之外,还包括生活方式、共处的方式、价值观体系、传统和信仰等。

② ［美］塞缪尔·亨廷顿:《文明的冲突与世界秩序的重建》,新华出版社 2002 年版,第 29—32 页。

值观念和政策。西方敌对势力的这些渗透,必然会使一些意志薄弱者或涉世未深者受到蛊惑,对西方价值观念产生盲目的崇拜,背弃社会主义价值体系。其次,在三大趋势下,国际范围内资本、信息、技术和知识流动的速度与自由度不断加强,削弱了传统的国家职能,挑战着传统的国家主权地位,弱化了青年学生的国家意识和爱国情感,增加了爱国主义教育的难度。再次,在三大趋势下,世俗化、大众化的文化配合着传播媒体的改进向全球扩张,其重视商业价值、追求感官享乐、个人主义等价值观念淡化了一些青年学生的理性关怀和集体观念。而信息技术的发展,又使人们逐渐陷入网络化的社会生活中,现实世界越来越带有虚拟的性质,人的个性的表达将越来越迁就于网络化的世界、多面向的资讯和消费选择,使大学生社会主义核心价值体系建设工作原有的方式及其效果受到新的考验。[①] 总之,当代世界的三大趋势,使多样化的思想文化、价值观念和道德观念的并存与碰撞成为常态,使青年学生不可避免地受到西方价值观念和生活方式的影响和冲击,这给大学生社会主义核心价值体系建设工作带来了新的挑战。

三、国内环境

大学生社会主义核心价值体系建设不仅深受国际形势的影响,而且和我国社会发展状况直接相关。我国是社会主义性质的国家,目前已进入现代化建设的新时期。现代化进程中,从传统社会向现代社会的过渡,本质上是传统社会的消解和现代社会的生成。[②] 这种大规模的社会转型,以及转型过程中出现的种种社会问题,必然会对大学生的价值观念产生深刻的影响,对大学生社会主义核心价值体系建设提出新的要求。

[①]　胡近、李玉剑:《入世后思想政治教育面临的新情况、新问题及对策研究》,《思想·理论·教育》2001 年第 12 期,第 19 页。

[②]　吕振宇:《论社会主义核心价值体系》,山东人民出版社 2009 年版,第 134 页。

（一）当代中国社会基本特点及其影响

当代中国社会最基本的特点是实行社会主义制度。《中华人民共和国宪法》规定："中华人民共和国是工人阶级领导的、以工农联盟为基础的人民民主专政的社会主义国家。社会主义制度是中华人民共和国的根本制度。禁止任何组织和个人破坏社会主义制度。"宪法的这一规定是我们思考当代中国社会价值问题的必要前提，也是推进大学生社会主义核心价值体系建设的制度背景。"这个前提要求我们重视意识形态工作与国际共产主义运动史的联系，与中国革命史的联系，与当代世界的社会主义思潮的联系，以及与国内外敌对势力的意识形态对立。"①事实上，多年来，大学生社会主义核心价值体系建设工作一直与学习国际共产主义运动史、中国革命史、了解当代世界社会主义思潮以及对抗国内外敌对势力的意识形态攻势联系在一起，今后也必然会继续联系在一起。社会主义的制度性规定，是当代中国最为宝贵的政治资源，也是大学生社会主义核心价值体系建设工作最为重要的思想资源。世界上许多政党以"社会主义党"（社会党）命名，却几乎没有政党以"资本主义党"命名。这个事实能在一定程度上表明，资本主义在人类社会发展过程中或许无法避免，但很难成为人们奋斗的目标、追求的价值和未来的理想。所以，国际左翼学者存在一个共识，就是社会主义理想对于批判资本主义现实来说是不可缺少的。在中国，社会主义理想曾经在我们求得民族解放、促进社会正义、改善人民生活等方面发挥过重要作用；在今后的发展中，无论遇到什么样的艰难险阻，都应当继续遵循宪法对基本社会制度的规定，引导人民树立中国特色社会主义共同理想，坚持走中国特色社会主义道路。这正是大学生社会主义核心价值体系建设的基本内容之一。

现代性是当代中国社会的典型特征。从价值观研究的角度看，现代社会的最大特点是理性化和世俗化。现代社会意识形态领域的一个现象

---

①　童世骏：《当代中国社会价值观状况的背景分析》，载于潘维、廉思主编《中国社会价值观变迁30年》（1978—2008），中国社会科学出版社2008年版，第36页。

是,没有任何思想具有与生俱来、一劳永逸地支配人心的优势,一种思想,包括占统治地位的思想,要让人接受,必须提出让人接受的理由,必须让人觉得这种理由是站得住脚的。在现代性背景下,原先比较容易统一人们思想的许多传统价值观念,如西方的基督教体系和中国的儒家体系,不再那么普遍地被人们所接受;曾经具有极强的权威性的马克思主义、毛泽东思想等中国革命和建设的指导思想,也不再那么容易获得人们的共鸣、统一社会大众的思想。所以十六届四中全会警示人们:"党的执政地位既不是与生俱来的,也不是一劳永逸的",执政地位的这种"不是一劳永逸"的特点同样也是党的指导思想的时代性遭遇。所以,无论是为增强党的执政合法性,还是为增强党的指导思想的号召力,都需要与时俱进、不断推进党的理论创新。社会主义核心价值体系同科学发展观、和谐社会理论一样,都是党的理论创新的最新成果。引导人民群众认同党的这些创新理论是今后思想政治教育与舆论宣传工作的重要内容,当然也是大学生社会主义核心价值体系建设的重点所在。换一个角度看,现代性包括技术、制度和文化等不同层面,或者说包括经济、政治、文化和社会等不同领域,而这些层面之间、领域之间的复杂关系,也是当前意识形态工作必须重视的现实背景。从改革开放初期的"四个现代化"到十七大报告提出建设"富强民主文明和谐的现代化国家",既体现了国人对"现代性"之理解的发展过程,也体现了现代化的历史进程本身的展开。历史反复证明,现代化是一个总体推进、局部曲折并且内涵不断丰富因而也远未完成的过程,其中各个层面或领域之间经常出现不同步、不协调的复杂情况。近年来,国内出现的"自由"和"平等"如何协调、"公平"和"效率"何者优先等争论,都是这种复杂情况的表现。开展大学生社会主义核心价值体系建设,不可避免地要经常的面对这些争论,而且要向大学生们做出合理的解释与引导。

(二)当代中国社会转型状况及其影响

20世纪80年代以来,我国社会的经济制度经历了由传统的计划经济向社会主义市场体制转换的过程。在社会转型过程中,我国社会出现了四个方面的显著变化。第一,经济体制发生了深刻的变革。改革开放以前,我国实行的是计划经济体制,分配方式带有浓厚的平均主义色彩。改革破除了这种不符合生产力发展状况的经济模式,在重新认识了社会主义初级阶段的基本国情后,找到了适合生产力发展的社会主义市场经济体制。与此相适应,所有制形式也转变为以公有制为主体的多种所有制形式,分配方式转变为以按劳分配为主体的多种分配方式。其次,社会结构发生了深刻的变动。一是由"总体性社会"向"分化性社会"过渡,社会经济成分、社会组织形式日益呈现出多样化趋势。二是基层社会组织由"职能型"向"自主型"方向转变,企事业单位自主性逐渐增强,独立化程度提高,不再像以往那样只是国家的"代理人"。三是农村社会由"乡村型"向"城镇型"转变,城市化步伐大大加快。四是社会总体上还呈现从"农业型"向"工业型"转变、从"封闭型"向"开放型"转变、从"产品经济型"向"商品经济型"转变等特征。[1]　再次,利益格局发生了深刻的调整。在计划经济体制下,社会上所强调的是国家利益和集体利益,个人利益受到压制。改革开放后,个人追求利益的观念和行为得到认可和肯定,通过追求个人合法利益推动社会发展成为社会的共识。同时,所有制形式和分配形式的多样化发展打破原有的利益结构,催生出新的社会阶层与利益群体,利益多元化格局逐渐形成。最后,人们的生活方式发生了巨大的转变。一是人口流动增强,城乡二元结构的坚冰开始融化。二是人们的生活态度由强调集体利益转向强调个人利益,由偏重奉献到偏重享乐转变,社会上出现了拜金主义、奢侈腐化的倾向。

　　我国社会转型中出现的上述显著变化对整个社会的价值观念带来了空前巨大的冲击。当前,我国社会的价值观念总体上呈现出"多元并存,新旧交替"的状态。所谓"多元并存",是指在共时性上,当今中国不仅有旧的、传统的、保守的价值观念的沿袭,而且有新的、先进的价值观念的生

---

①　吕振宇:《论社会主义核心价值体系》,山东人民出版社 2009 年版,第 136 页。

成;所谓"新旧交替",是指在历时性上,我国社会转型时期的价值观念变革的总体走势和发展方向是除旧布新、推陈出新。转型时期"多元并存,新旧交替"的社会氛围,引发了大学生价值观念的诸多转变。首先,拜金主义日益严重,享乐主义日益突出。"货币万能"的观念根植于某些大学生心中,"小资生活"、"享受孤独"成为一些大学生的精神向往。第二,传统价值观念淡化,个人主义膨胀。一些大学生忽视人际之间应有的基本价值准则,对"螺丝钉"、"老黄牛"、"铺路石"等集体主义精神存有逆反心理。与此同时,一些大学生以自我为中心,争强好胜,"明哲保身",不能处理好国家利益、集体利益、个人利益的关系。第三,信仰缺失,理想淡漠。信仰在转型时期的解构,使一些大学生的信仰处于真空状态,各种拜物教和泛神教的观念乘虚而入,引发了一些大学生的信仰危机。第四,出现偏激思想和逆反心态。一些大学生为求张扬个性,常走极端,思想偏激,性格孤僻、抑郁,愤世嫉俗。一些大学生与传统道德规范背道而驰,不分正误地与大多数人的观念相背,以此来博得别人的注目。第五"寻求刺激,体验感性"的思想盛行。随着社会的转型,大学生文化正经历着理想主义与现实主义之间史无前例的冲突,大学生的价值观呈现出大众化、通俗化的特征,对感性事物的追逐日益凸显。一些大学生已逐步放弃对文化终极关怀的追求,漠视高雅文化,追求随心所欲的应时文化和快餐文化,自觉认同某些庸俗的社会潮流,使得神圣的生活理想、人生准则以及崇高的精神追求遭受前所未有的反叛与亵渎。社会转型带来的这些巨大冲击提醒我们,必须有的放矢、因势利导,有针对性地加强大学生社会主义核心价值体系建设,才能够引导大学生养成正确的价值观念。

需要特别注意的是,在大学生价值观念发展过程中,无论是国际环境还是国内环境的变化,其影响一般都是潜移默化式的,应对这些变化的挑战,正面的说服教育与引导一般还能奏效。但面对社会发展中出现的一些突出社会问题,面对现实生活中人的生存与发展被严重压抑的困境,大学生社会主义核心价值体系建设工作辛苦培养起来的大学生进步价值观念,往往会在一夕之间被颠覆。在当代中国,多年来形成的社会问题主要有贫富两极分化问题、大学生就业问题、房价畸形上涨问题、医疗与社会保障问题与政府官员腐败,等等。这些问题产生的原因尽管有所不同,但都严重影响着当代大学生的价值取向,影响着大学生社会主义核心价值体系建设的效果。要提高大学生社会主义核心价值体系建设的有效性,必须正视并努力解决这些社会发展中的深层次问题。近年来,这些问题越来越引起社会各界的高度关注,党和国家也正在逐步采取措施,力争从根本上消除这些问题产生的社会根源。这些问题的逐步解决,必将会极大地改善思想政治教育的社会环境,更好地推进大学生社会主义核心价值体系建设。

第四章 大学生社会主义核心
价值体系建设的状况

　　大学生社会主义核心价值体系建设是对既有工作的继承与发展。只有充分了解既有工作的进程与效果,课题研究才会有的放矢,今后的实际工作才能取得新发展。20世纪80年代以来,在改革开放的宏大背景中,由于社会环境的明显变化,大学生社会主义核心价值体系建设呈现出新的特点。回顾大学生社会主义核心价值体系建设的历史进程,审视大学生社会主义核心价值体系建设的实际效果,从中吸取经验与教训,是我们在今后的工作中理清思路、改进方法、增强实效的前提与基础。

一、建设的进程

　　1978年12月召开的十一届三中全会是新时期历史的起点,也是大学生社会主义核心价值体系建设新的开端。十一届三中全会决定把工作重点转移到社会主义现代化建设上来,开创了改革开放和社会主义现代化建设的新时代,也指引大学生社会主义核心价值体系建设走上了健康发展的轨道。30多年来,伴随着改革开放实践与党的理论创新的历史进程,大学生的价值观念经历着时代的冲击与洗礼,大学生社会主义核心价值体系建设也依次经历了"开创中国特色社会主义理论时期"、"建立社会主义市场经济体制时期"和"建设社会主义和谐社会时期"三个各具特色的阶段。

（一）在拨乱反正中曲折发展

从 20 世纪 70 年代末到 90 年代初,是中国特色社会主义理论的开创时期,也是大学生社会主义核心价值体系建设拨乱反正、恢复发展、曲折前进的阶段。这一时期,高校力争克服过去"左"的指导思想影响,恢复思想政治教育的优良传统,改进大学生社会主义核心价值体系建设,促进大学生价值观念的拨乱反正。但由于思想理论界的混乱、错误思潮与社会舆论的误导、国内外敌对势力的干扰破坏等,大学生社会主义核心价值体系建设一度因为思想政治教育地位、作用被削弱而陷入困境。十三届四中全会以后,中央深入总结经验教训,坚持"两手抓,两手都要硬"的方针,认真做好大学生思想政治教育工作,大学生社会主义核心价值体系建设焕发出蓬勃生机。这个时期又可分为三个阶段。

第一个阶段:高校思想政治教育恢复与重建,大学生价值观建设工作出现新契机。十一届三中全会以后,高校马克思主义理论教育、理想信念教育、思想品德教育等均得到加强。具体体现在三个方面:一是制定了加强和改进高等学校马列主义课的试行办法,大学生马克思主义理论教育得到加强。[①] 1980 年 7 月,教育部制定了《加强和改进高等学校马列主义课的试行办法》,提出了一系列重要措施,推动了高校马克思主义理论课的恢复与重建,加强了大学生马克思主义理论教育。二是广泛开展爱国主义、社会主义和共产主义教育,大学生理想信念教育得到加强。1980年 4 月,教育部、团中央联合发出《关于加强和改进高等学校学生思想政治工作的意见》,强调要大力进行革命理想教育。此后,中宣部发出了《关于加强爱国主义宣传教育的意见》,把爱国主义教育作为社会主义精神文明建设的一项重要任务。1982 年 11 月,教育部召开了专题座谈会,交流对学生进行共产主义教育的经验,取得了明显成效。三是在高校普遍开设共产主义思想品德课,大学生品德教育得到加强。1978 年 8 月,

---

① 石云霞:《新中国成立以来中国共产党思想理论教育历史研究》,中国社会科学出版社 2007 年版,第 527 页。

团中央、教育部专门召开了青少年思想品德教育座谈会。1980年春,教育部、团中央提出,要加强对大学生的共产主义道德教育。1982年10月,教育部发出通知,要求把共产主义思想品德课作为一门必修课程纳入教学计划。此后,思想品德课在全国各高校迅速开展,成为对学生系统进行理想、道德、人生观教育的重要课程。1984年9月,教育部正式发出《关于高等学校开设共产主义思想品德课的若干规定》。根据《规定》要求,全国大多数高校开设了共产主义思想品德课,大学生社会主义荣辱观教育得到加强。

第二个阶段:高校思想政治教育在曲折中发展,大学生社会主义核心价值体系建设工作在挫折中前行。20世纪80年代中期,资产阶级自由化思潮泛滥,对高校思想政治教育产生了极为消极的影响。为应对这些消极影响,党和国家主要采取了以下三项措施:一是积极开展坚持四项基本原则、反对资产阶级自由化的教育,加强了大学生马克思主义理论教育与理想信念教育。1986年9月,十二届六中全会要求全党坚持四项基本原则,反对资产阶级自由化。针对1986年年底的学潮,中央专门发出《关于当前反对资产阶级自由化若干问题的通知》,要求各高校切实加强领导。1987年3月,国家教委发出了《关于在高等学校马克思主义理论课(公共课)教学中旗帜鲜明地坚持四项基本原则反对资产阶级自由化的通知》,使学潮后大学生理想信念受到严重冲击的局面一度得到遏制。二是高校思想品德和政治理论课程教学进一步改革,大学生思想品德教育得到进一步加强。1985年8月,中央发出通知,要求认真改革学校思想品德和政治理论课的课程设置、教学内容和教学方法。1987年10月,国家教委发出《关于高等学校思想教育课程建设的意见》,规范了思想品德和政治理论课课程体系。1992年,国家教委对高校思想政治教育课程进行了调整,《思想道德修养》、《形势与政策》和《法律基础》成为大学生必修的思想品德课。三是高校思想政治教育的内容、形式和方法得到改进,大学生社会主义核心价值体系建设工作在探索中创新。1987年5月,中央要求努力改进学校思想政治教育的内容、形式、方法以及体制。1987 年后,军训和社会实践成为高校思想政治教育课堂教学的补充和延伸,成为大学生社会主义核心价值体系建设工作的好形式。

第三个阶段:高校思想政治教育在反思中前进,大学生社会主义核心价值体系建设工作焕发生机。1989 年夏天的政治风波平息后,邓小平同志指出,"十年最大的失误是教育,这里我主要讲思想政治教育。"[①]为了弥补失误,高校思想政治教育开始了调整和完善。这段时间,党和国家主要采取了以下措施:一是加强领导,建立了大学生价值观建设工作的长效机制。十三届四中全会后,国家教委发出了《关于加强和改进高等学校马克思主义理论教育的若干意见》。高校落实意见要求,普遍加强了对思想政治教育的领导。多数高校成立了由党委书记或副书记牵头的思想政治工作领导小组,形成了党委领导下的思想政治教育工作系统。二是深入反思教训,加强对大学生的四项基本原则教育。为了矫正大学生对社会主义的一些模糊认识,1989 年 7 月,国家教委发出了《关于新学年对学生集中进行政治教育和理论教学的通知》。为了加深大学生对国情的了解,提高大学生对党的路线、方针、政策与自身的认识。1992 年 6 月,中央办公厅、国务院办公厅发出通知,要求各级党委政府全力支持大学生社会实践活动。三是切实加强对高校党员干部和青年教师的思想理论教育,促进了大学生价值观建设工作队伍建设。1990 年 5 月,国家教委党组发出了《关于高等学校党员干部学习马克思主义的意见》。1991 年 2 月,中宣部、国家教委和团中央组织发出了《关于组织高等学校青年师生学习马克思主义青年读本的通知》。在对政治风波的深刻反思中,高校青年教师出现了学习马列主义、毛泽东著作的可喜现象,大学生中也出现了"毛泽东热"、"学马列热",学习马列著作成为一种群众性活动。

回顾开创中国特色社会主义理论时期的大学生社会主义核心价值体

---

① 《邓小平文选》第 3 卷,人民出版社 1993 年版,第 306 页。

系建设工作,我们既看到丰富的经验,也能看到深刻的教训。实践告诉我们,开展大学生社会主义核心价值体系建设工作,一是要始终抓紧马克思主义基本理论的教育,放松了就会导致自由化思潮泛滥,造成人们思想上的混乱、价值观的迷失;二是要坚持两条战线作战,既要反"左",又要反右,不能以一种倾向掩盖另一种倾向,偏向哪一方都会使人们的价值判断走向极端,都会葬送社会主义事业;三是要重视党的领导,党的领导决策层如果放松、忽视甚至抵制四项基本原则的教育,就会助长资产阶级自由化思潮,造成严重后果;四是要"两手都要抓,两手都要硬",一以贯之、常抓不懈,如果"一手比较硬,一手比较软",就会犯下严重错误。这些经验教训对大学生社会主义核心价值体系建设工作形成了宝贵的镜鉴,直到今天还值得我们深入品味与学习。

(二)在探索和创新中不断前进

从20世纪90年代初到21世纪前两年,是我国社会主义市场经济体制建立时期。这一时期,伴随着社会主义市场经济体制的逐步建立,开创于20世纪80年代的邓小平理论趋向成熟,"三个代表"重要思想也逐步形成,马克思主义在当代中国获得了新的发展。高校思想政治教育面临着新的时代性要求,大学生社会主义核心价值体系建设工作在探索与创新中不断前进。这一时期的大学生社会主义核心价值体系建设工作,总体上有两个特点。

首先,高校思想政治教育积极应对新挑战,大学生社会主义核心价值体系建设工作获得新发展。十三届四中全会以后,为应对新形势下的挑战,党和国家在高校思想政治教育领域采取了一系列重要措施。一是改进了体制机制,大学生价值观建设工作走上科学化、规范化的道路。1994年8月,中央发布《关于进一步加强和改进学校德育工作的若干意见》,要求高校建立和完善党委统一部署下的、以校长及行政系统为主实施的德育管理体制。1995年,国家教委发布了《中国普通高等学校德育大纲(试行)》,规范了高校思想政治教育工作体制,使大学生社会主义核心价值体系建设工作走上了"依纲管理、依纲育人、依纲考评"的科学化、规范化的道路。① 二是大力推进爱国主义、集体主义、社会主义教育,大学生价值观建设工作的内容更为清晰。1994 年 9 月,中央颁发《爱国主义教育实施纲要》,提出了爱国主义教育的原则、内容、对象和措施。1996 年,十四届六中全会通过《关于加强社会主义精神文明建设若干重要问题的决议》,强调爱国主义教育要贯穿社会主义现代化建设的全过程。三是素质教育、公民道德建设、心理健康教育受到重视,大学生价值观建设工作的外延扩展。1998 年,教育部颁布《面向 21 世纪教育振兴行动计划》,将素质教育列为高等教育发展目标。1999 年 6 月,中共中央、国务院发布《关于深化教育改革全面推进素质教育的决定》,明确了素质教育的方针、宗旨、重点和目标。2001 年 9 月,中央颁发《公民道德建设纲要》,为高校道德教育指明了方向。教育部还于 2001 年发出了《关于加强普通高校大学生心理健康教育工作的意见》,于 2002 年下发了《普通高校大学生心理健康教育工作实施纲要》,大学生心理健康教育工作逐步受到重视。

其次,高校"两课"教学改革继续深化,教学基本建设和学科建设不断加强,大学生价值观建设工作主阵地得到巩固。1992 年以来,高校"两课"教育教学的改革和建设进入了一个新的阶段。一是邓小平理论和"三个代表"重要思想"进教材、进课堂、进学生头脑"的工作扎实推进,大学生价值观建设工作获得了新鲜的血液。20 世纪 90 年代前期,高校"两课"设置中还没有专门讲授邓小平理论的课程。十五大后,推进邓小平理论"进教材、进课堂、进学生头脑"成为高校的紧迫任务。1998 年 4 月,中央批准高校马克思主义理论课和思想品德课程设置新方案,对"两课"课程设置进行了调整。同年 6 月,中宣部和教育部发出了《关于普通高等学校"两课"课程设置的规定及其实施工作意见》,邓小平理论教育在高校全面启动。2001 年 7 月,"三个代表"重要思想提出后,也成为高校

---

① 张福记、李纪岩:《高校思想政治教育研究》,四川教育出版社 2009 年版,第 40 页。

"三进"工作的重要内容。邓小平理论和"三个代表"重要思想"三进"工作的扎实推进,使大学生价值观建设工作体现出鲜明的时代特色。二是"两课"教材建设、队伍建设与学科建设不断加强,大学生价值观建设工作的主阵地得以巩固。在教材建设方面,十四大以后,国家教委对马克思主义理论课统编教材进行了重新修订。在队伍建设方面,世纪之交,教育部主要通过师资培训、在职攻读学位、表彰优秀教师等活动,提高"两课"教师的思想政治素质和业务素质,增强他们在新的历史条件下的适应能力。在学科建设方面,1996 年,国务院学位委员会正式批准建立首批"马克思主义理论与思想政治教育"专业的博士点,"马克思主义理论与思想政治教育"学科由此完成了从本科到硕士再到博士的发展历程,学科建设突飞猛进,为大学生价值观建设工作队伍建设奠定了学科基础。

(三)在新世纪的新机遇、新发展

从新世纪开始,我国进入了全面建设小康社会、加快推进改革开放和社会主义现代化建设的新的发展阶段。十六大规划了全面建设小康社会的奋斗目标,新的中央领导集体高举邓小平理论和"三个代表"重要思想的伟大旗帜,全面贯彻落实十六大精神,不断进行理论创新和实践创新,坚持用发展的马克思主义指导新的实践,把各项工作推向前进。高校思想政治教育在党的理论创新和实践创新中迎来了新的发展机遇,大学生社会主义核心价值体系建设工作步入快车道。这个时期的大学生社会主义核心价值体系建设工作具有两大特点。

首先,中央采取了一系列重大措施加强和改进大学生思想政治教育工作,开创了大学生社会主义核心价值体系建设的新局面。世纪之交,为了适应新形势、新情况,突破高校思想政治教育的薄弱环节,中央采取了一系列重大措施。一是中共中央、国务院及有关部门相继出台了多个加强和改进大学生思想政治教育的重要文件,大学生社会主义核心价值体系建设工作获得了政策上的强力支持。2004 年 8 月,中央、国务院发出了《关于进一步加强和改进大学生思想政治教育的意见》。2005 年 1 月,中央专门召开了大学生思想政治教育工作会议,胡锦涛总书记发表了重要讲话。在此前后,教育部、卫生部、共青团中央、中央宣传部等相关部门相继下发了多个配套文件,大学生社会主义核心价值体系建设工作获得了政策上的强力支持。二是马克思主义理论研究和建设工程启动,大学生社会主义核心价值体系建设工作获得新的动力。2004 年 1 月,中央发出了《关于进一步繁荣发展哲学社会科学的意见》,并随后召开了实施马克思主义理论研究和建设工程工作会议,大力推进马克思主义理论研究和建设工程。三是高校思想政治理论课新方案出台,课程设置更为合理。2005 年,中宣部、教育部发出《关于进一步加强和改进高等学校思想政治理论课的意见》,明确了高校思想政治教育理论课程改革新方案,形成了结构合理、功能互补的思想政治理论课课程体系。

其次,党的理论创新取得重大成果,丰富了社会主义核心价值体系的内涵,完善了大学生社会主义核心价值体系建设工作的内容。十六大以来,我们党不断推进理论创新,形成了一系列富有创造性的理论成果。这些理论创新成果,是对马克思主义的重大理论贡献,丰富了大学生社会主义核心价值体系建设工作的内涵。一是提出了以人为本的科学发展观,奠定了社会主义核心价值体系的基石。十七大报告系统论述了科学发展观的基本内涵,其以人为本的指向深刻反映了中国特色社会主义的价值,因而在意识形态上成为社会主义核心价值体系的重要内容,构成了社会主义核心价值体系的基石。二是提出了构建社会主义和谐社会的重大任务,"和谐"成为社会主义核心价值体系的核心理念。十六届六中全会对构建社会主义和谐社会做出了总体部署。和谐社会理论中的"和谐"精神深刻体现了中国特色社会主义的核心价值,成为社会主义核心价值体系的基本理念。三是提出了以"八荣八耻"为主要内容的社会主义荣辱观,丰富了社会主义核心价值体系的基本内容。2006 年 3 月,胡锦涛在参加全国政协十届四次会议上明确提出了以"八荣八耻"为主要内容的社会主义荣辱观。社会主义荣辱观丰富了社会主义核心价值体系的基本内容,充实了大学生社会主义核心价值体系建设工作的道德基础。四是提出了建设社会主义核心价值体系的战略任务,大学生社会主义核心价值体系建设工作成为时代的重大课题。2006 年 10 月,十六届六中全会提出了社会主义核心价值体系的基本论述。2007 年年底,党的十七大将"建设社会主义核心价值体系"纳入报告中。"建设社会主义核心价值体系"成为构建社会主义和谐社会、推进中国特色社会主义建设的战略任务,大学生社会主义核心价值体系建设工作也成为高校思想政治教育与当代社会思潮的引领力量。

二、建设的效果

20 世纪 80 年代以来,大学生社会主义核心价值体系建设工作已经走过了波澜壮阔的三十多年。深入了解这三十多年,尤其是近年来大学生社会主义核心价值体系建设工作的效果,是今后更好地推进大学生社会主义核心价值体系建设工作的需要。社会主义核心价值体系主要包括马克思主义理论、中国特色社会主义共同理想、民族精神与时代精神与社会主义荣辱观四个方面,其中前两者都属于理想信念方面的内容,在大学生的思想观念中常常融合在一起,因此,了解近年来大学生社会主义核心价值体系建设工作的效果,基本上可以从大学生理想信念的基本状况、民族精神与时代精神的基本状况以及社会主义荣辱观念的基本状况三个角度来审视。在一定意义上,这三个方面的基本状况,是近年来大学生社会主义核心价值体系建设工作效果的集中体现。

(一)理想信念状况

理想信念是人生的航向。当代大学生坚持以马克思主义理论为指导,树立中国特色社会主义共同理想,才能确立正确的人生航向,在中国特色社会主义建设中增长才干、奉献力量,实现自己的人生价值。多年来,马克思主义理论教育与中国特色社会主义共同理想教育一直是大学生社会主义核心价值体系建设工作的重要内容。通过坚持不懈的教育,近年来,大学生对马克思主义的信仰、对社会主义的信念更为坚定,对改革开放和现代化建设的信心、对党和政府的信任不断增强。与此同时,国内外社会环境的深刻、复杂变化,也使一些大学生的理想信念受到影响与冲击,有待在今后的大学生社会主义核心价值体系建设工作中给予关注。

首先,多项调查结果都显示,近年来大学生的理想信念总体上呈现出正面发展的态势。2007 年,南京师大课题组的调查显示,有六成多的大学生对社会主义的信仰比较坚定。对以胡锦涛同志为核心的党中央领导集体,有 16.46% 的大学生认为"更加充满信心",有 64.13% 的大学生认为"较有信心",两者比例高达 80.59%。[①] 2008 年,武汉大学课题组的调查显示,大学生的理想信念总体上呈现出积极向上、健康理性的特点。在政治态度和政治立场上,绝大多数学生的表现积极坚定,72% 的学生认为社会主义现代化建设一定能成功,67% 的学生认为坚持马克思主义的指导地位是社会主义事业兴衰成败的关键,77% 的学生认为坚持中国共产党的领导是中国特色社会主义事业不断发展的根本保证,80% 的学生认为中国必须坚定不移地走中国特色社会主义道路。[②] 上海大学课题组的调查表明,大部分学生赞同马克思主义的指导地位,否定马克思主义过时论及失败论。对"马克思主义对中国现代化建设的作用"的看法,选择"具有重要指导作用"和"有作用"者合计达 60.7%。对"全球化和价值多元化的今天,马克思主义能否指导我国继续前进"的看法,选择"肯定能"和"大概能"者合计达 50.9%。对"马克思主义在当前已经过时了"的看法,选择"很不同意"和"基本不同意"者合计达 59.8%。对"苏联解体、东欧剧变是否意味着马克思主义的失败"的看法,选择"不是"的达 55.2%。对"中国共产党是中国特色社会主义事业的领导核心"的看法,

---

① 张晓忠:《全球化条件下大学生思想道德及主流意识形态状况的调查》,《南京航空航天大学学报》2008 年第 1 期,第 32 页。

② 武汉大学课题组:《大学生理想信念及教育现状调查分析报告》,《学校党建与思想教育》2008 年第 12 期,第 15 页。

持"非常同意"和"基本同意"者达到75.4%。① 这说明大学生总体上理想与信念坚定,肯定中国特色社会主义的经济、政治制度。

其次,有关调查也显示,近年来大学生的理想信念依然存在一些需要关注的问题。一是部分大学生政治思想观念淡化,理想模糊,信念不够坚定。南京师大课题组的调查显示,有6.24%的大学生认为"马克思主义不适合当今中国实际",有10.57%的大学生自认为是"坚定的共产主义者"。② 这表明仍有部分学生不信仰马克思主义,一部分大学生不是坚定的共产主义者。二是部分大学生理想信念存在着功利化倾向、迷失甚至扭曲的问题。武汉大学课题组的调查显示,只有47%的学生经常思考并有明确的人生志向和追求,有53%的学生没有考虑过或没有想清楚,还有18%的大学生认为人活着就要随遇而安。有13%的大学生认为"远大理想太渺茫,现实理想最重要",23%的大学生认为"可以先实现个人理想然后才谈社会理想"。③ 三是部分学生对社会发展规律存在模糊认识。上海大学课题组的调查表明,对"社会主义取代资本主义是否是人类社会发展的客观规律"的看法,选择"是"的只有22.4%,选择"说不清"的有62.1%。对"人类社会必将进入共产主义"的看法,选择"说不清"者达40%,还有20.6%选择"基本不同意"和"很不同意"。对"社会主义与资本主义逐步融合,走向趋同"的看法,持"非常同意"和"基本同意"者达到66%,持"说不清"者达到22.6%。④

(二)民族精神与时代精神状况

民族精神和时代精神是中华民族生生不息、薪火相传的动力和支撑,是当代中国奋发图强、不断创造崭新业绩的力量源泉。大力弘扬民族精

---

① 陶倩:《社会主义核心价值体系认同现状调查》,《党建》2008年第3期,第15页。

② 张晓忠:《全球化条件下大学生思想道德及主流意识形态状况的调查》,《南京航空航天大学学报》2008年第1期,第33页。

③ 武汉大学课题组:《大学生理想信念及教育现状调查分析报告》,《学校党建与思想教育》2008年第12期,第15页。

④ 陶倩:《社会主义核心价值体系认同现状调查》,《党建》2008年第3期,第15页。

神和时代精神,使全体人民始终保持昂扬向上的精神状态,是和谐文化建设的主旋律,也是建设社会主义核心价值体系的精髓。大力弘扬和建设民族精神、时代精神,是大学生社会主义核心价值体系建设工作的主要任务。多组调查显示,近年来大学生普遍能够正确理解并积极实践民族精神、时代精神,但也存在一些问题,需要通过科学引导、优化环境等有效途径强化民族精神与时代精神教育。

首先,在民族精神方面,当代大学生具有强烈的民族精神。山东师范大学的一项调查显示,56.4%的大学生认为民族精神是"国之精粹",43.3%的认为"既有精华也有糟粕"。66%的大学生认为,当独自在国外生活,或祖国被辱时,民族自尊心最强。在面对涉及国家主权的国际问题时,大学生的民族精神会被大大激发。例如,对日本首相参拜靖国神社等事件,93%的大学生坚决反对。对于国外敌对势力的"和平演变"图谋,56%的大学生认为,这不能从根本上影响中国人的民族精神。在爱国热情与奉献精神方面,针对近几年海外留学人员回来报效祖国这一现象,59%的大学生认为他们的选择是"高尚的,值得钦佩"。对于"'两弹元勋'邓稼先隐姓埋名几十年,专注于国家某项事业"表示认同的高达49.5%。① 来自广西部分高职院校的调查数据表明,对于民族精神的内涵,15.5%的学生选择了解,71.4%的学生选择基本了解,13.1%的学生选择不了解。在爱国主义方面,92.8%的大学生"作为一个中国人备感自豪"。在重大社会事件的影响方面,对"2008 年,中国在经历了雪灾冰冻灾害和'5·12'大地震后,你的感想是什么"这一问题,92%的学生选择"为中国人所表现出的坚强和勇敢而自豪",92%的学生选择"对自己的鼓舞是巨大的,使自己重新认识逆境",92%的学生选择"这是整个民族空前团结的时刻,民族精神起着重要作用"。②

---

① 田海花:《当前大学生民族精神教育状况的调查报告》,《山东省青年管理干部学院学报》2003 年第 6 期,第 45 页。

② 秦楚、辛燕:《对广西高职高专学生民族精神的弘扬和培育现状的调查研究》,《法制与社会》2009 年第 33 期,第 289 页。

其次,在时代精神方面,当代大学生总体上保持着积极、健康、向上的风貌,但也存在着一些不足。① 一是大多数学生具有良好的民主法治意识,但部分学生的民主法治意识有待提高。调查发现,面对"如果您的亲人涉嫌违反法律,您首先想到什么"这样的问题,60.90%的人选择了"遵循法律和政策规定解决,相信一定会有公正的结果",19.87%的人选择了"通过各种关系,尽可能找到负责办案的责任人",25.64%的人选择了"不知道"。这说明大多数学生具有良好的民主法治意识,但仍有部分学生的思想观念还没有真正完成由"人治"向"法治"的转变。二是大学生对节约意识有较高的认同感,但实际消费水平总体偏高。调查显示,78.85%的大学生赞成"即使有了钱,也要勤俭节约",选择"说不清楚"的比例为14.10%,选择"不赞成"的比例仅为7.05%。但调查同时显示,大学生学费、住宿费之外的月平均消费支出在600—900元之间的比例为46.15%,900—1200元的为23.72%,1200元以上的比例为10.89%。这表明相当一部分学生的节俭意识并不能转化为节俭行为。三是当代大学生看重诚信品质,反对极度自私,但关爱意识并不强烈。调查发现,针对"在为人处世方面,您最看重哪些品质"这个问题,大学生选择依次为:诚信(91.66%)、宽容(73.07%)、平等(55.12%)、关爱(48.71%)。这表明当代大学生在诚信友爱方面总体上是积极的。但接下来对"实际中处理人际关系中常采用的原则",49.36%的学生选择"利己但不损人",34.94%选择"先己后人,尽量兼顾",15.06%选择"先人后己,助人为乐"。这又反映出部分大学生以自我利益为重,缺乏足够的关爱意识。

(三)荣辱观状况

有关研究显示,当代大学生普遍关心和重视道德建设,但不愿受道德

---

① 黄岩:《当代大学生时代精神风貌的调查与思考》,《高等农业教育》2009年第6期,第82页。

规范的制约和影响。在道德观方面,绝大多数学生有一定的集体观念和团队意识,善于在群体中使自我价值得以实现,有一定的道德意识和奉献意识,但一部分学生不愿受高尚道德的约束和影响,甚至认为这是一种压抑个性的手段和空洞无味的说教。

首先,近年来大学生普遍重视道德建设,认同民族优良道德传统。南京师大课题组的调查显示,当代大学生对道德建设表现出普遍的关心和重视。88.04%的人认为社会道德水平降低对我国市场经济的发展有影响。对"社会道德水平降低对国家民族的利益有何影响"这一问题,有62.39%的人认为"会导致民族素质下降",有17.33%的人认为"有损国家民族尊严",有14.73%的人认为会"影响改革开放,阻碍生产力的发展",有5.55%的人认为会"恶化人际关系"。对"社会道德水平对个人的利益有何影响"这一问题,有61.18%的人认为"会影响工作、生活情绪",有22.88%的人认为"会对社会失去信心",有13.52%的人认为"精神颓废,物质受损"。调查显示,对中华民族的优良道德传统能否适应市场经济,大多数人给予了肯定的回答。有52.69%的人认为中华民族的优良道德传统"能够适应现代社会发展的要求,应大力宣传和提倡"。对于"做人最重要的品质",大学生选择依次为:"正直"(51.64%)、"有责任心"(24.96%)、"诚实"(11.44%)、"宽容"(6.24%)、"礼貌"(2.91%)、"认真"(1.73%)、"无私"(1.08%)。在问及"道德修养方面,自己看重追求什么"这一问题时,有64.47%的人回答是"与人彼此真诚相处,互相帮助促进",有19.06%的人回答是"与社会道德规范一致"。①来自于新疆五所高校的调查数据表明,当代大学生注重诚实守信,社会责任感强,价值取向明确。调查显示,讲诚实守信、不会见利忘义的占总人数的92.86%;社会责任感强、以大局为重占调查总数的98.25%;考虑问题以自己利益为发点的仅占调查总数的1.25%。这表明:"八荣八耻"中

---

① 张晓忠:《全球化条件下大学生思想道德及主流意识形态状况的调查》,《南京航空航天大学学报》2008年第1期,第34页。

"以诚实守信为荣,以见利忘义为耻"的做人根本和道德要求已进入大学生思想中。①

其次,近年来大学生对高尚的道德品质在实践上持一种现实的态度,有时还存在着是非、善恶、对错混淆、颠倒的情况。南京师大的调查显示,大学生崇尚助人为乐,但一般情况下又以不损害个人利益为前提。如在回答"当听到某地发生特大灾害,造成重大损失,你的做法是"这一问题时,有34.66%的人回答是"尽自己所能,帮助受灾群众",有59.1%的人回答是"响应号召,捐款捐物"。但调查结果也显示,"见义勇为"、"先人后己"等高尚品质在大学生的道德行为选择中不被多数人推崇。如在回答"路遇坏人行凶、抢劫、偷盗时,你的行为是"这一问题时,有31.37%的人回答是"看事态发展,再决定自己怎么做",有38.82%的人回答是"求助他人",有10.05%的人回答是"想管,但怕自己吃亏",还有31.37%和6.93%的人回答是"尽量回避,少惹麻烦"和"袖手旁观",只有9.88%的人回答是"挺身而出坚决制止"。② 上海大学课题组的调查表明,部分学生对荣辱观问题认识模糊。例如,对于考试作弊,有24.7%的大学生表示理解,28.3%的大学生持无所谓的态度。③ 对"一些漂亮女生傍大款",40.3%的认为是"个人自由",5.8%的认为是"摆脱贫困的手段",另有9.1%的选择"说不清"。对"经常旷课大学生"的看法,48.7%的人认为"可以理解",34.4%的持"无所谓",仅有16.7%的认为"这种行为不可取"。对"一些大学生不惜血本追求时尚,您怎么看"的回答,44.3%选择"说不清"和"无所谓"。④

---

① 王力虹、郎眉宁:《新疆高校大学生荣辱观教育状况调研报告》,《昌吉学院学报》2008 年第 6 期,第 85 页。

② 张晓忠:《全球化条件下大学生思想道德及主流意识形态状况的调查》,《南京航空航天大学学报》2008 年第 1 期,第 34 页。

③ 陶倩:《由大学生荣辱观现状看其对社会主义核心价值观之认同》,《学校党建与思想教育》2007 年第 6 期,第 34 页。

④ 陶倩:《社会主义核心价值体系认同现状调查》,《党建》2008 年第 3 期,第 15 页。

三、经验与启示

20 世纪 80 年代以来,中国共产党对社会主义价值体系建设进行了探索,并不断根据形势的发展加强和改进大学生价值观教育工作,积累了丰富的经验。这些经验集中起来,就是要始终把大学生社会主义核心价值体系建设工作放在突出位置,不断丰富大学生价值观教育工作的时代内涵,不断拓宽渠道、改进方法,使大学生价值观教育工作落到实处、取得实效。具体体现在六个方面:一是必须立足于社会主义初级阶段人们的思想实际,针对实践提出的历史性课题,不断丰富大学生价值观教育工作的内容;二是要把先进性要求和广泛性要求结合起来,既鼓励先进又照顾多数,既弘扬主流又包容差异,引导不同层次的人们一起向上,形成凝聚力。三是应遵循人类精神生产的规律,既注重对旧价值观的批判与超越,又注重继承中外优秀价值观遗产,吸收党的优良传统,创立符合时代潮流的社会主义核心价值体系。四是必须始终围绕党和国家的工作中心、社会主义的共同理想和党的宗旨,开展大学生价值观教育工作。五是必须通过完善社会各项制度和政策,为大学生价值观教育工作创设有利的社会环境。六是必须坚持以人为本,在尊重人、理解人、关心人的基础上,优化大学生价值观教育工作的人文环境。

基于上述经验,今后推进大学生社会主义核心价值体系建设工作,应当把握以下几点[①]:第一,要夯实理论根基。"理论只有说服人,才能掌握群众",要想使社会主义核心价值体系成为大学生认同并践行的价值观念,必须深入开展理论研究,不断增强社会主义核心价值体系的真理性和科学性。与此同时,要用社会主义核心价值体系这一科学的理论武装大学生,引导他们把社会主义核心价值体系内化为坚定的理念,并积极践

---

① 王利华:《大学生社会主义核心价值体系教育目标诉求及其实现》,《经济与社会发展》2008 年第 12 期,第 165 页。

行。第二,要创新工作方式。要运用一切富有教育启发意义的工具和手段,把理论教育和实践教育结合起来,变单纯、抽象的理论灌输和僵化、呆板的理论说教为灵活多样的体验教育。要把核心价值观建设工作渗透到大学生的日常生活中,引发大学生深思,震撼大学生心灵,启迪大学生智慧。第三,要善用文化载体。大学文化是高校长期发展积淀成的,以校内师生为主体创造并达成共识的价值观念、办学思想、群体意识、行为规范等价值观念体系。大学文化能够使学生潜移默化地受到熏陶和感染,自觉地形成与之相匹配的文化意识和精神品格,是大学生社会主义核心价值体系建设工作的最好载体。高校应以大学文化建设为平台,把传播社会核心价值观、塑造美好心灵、弘扬社会风气作为重要任务,真正担负起建设大学生核心价值观的历史责任。第四,要完善体制机制。高校要健全领导体制和管理体制,形成良好的协调和运行机制,以保证培养大学生社会主义核心价值体系建设工作目标的实现。教师、管理人员和后勤服务人员要共同努力,形成"全员育人、全方位育人、全过程育人"的良性互动的工作格局,共同承担大学生社会主义核心价值体系建设的重任。第五,要优化相关环境。个体价值观念是周围环境综合影响的结果,大学生社会主义核心价值体系建设工作必须注意环境对价值观念的影响,着力营造发挥正向作用的综合影响系统。要优化社会大环境,营造良好的舆论氛围和社会心理氛围;要优化校园小环境,营造文明和谐的校园环境,形成文明和谐、团结互助、务实进取的校园气氛;要优化网络虚拟环境,用先进文化吸引学生"眼球",防范有害信息传播泛滥,减少和杜绝网络行为中的滥用自由、放弃伦理责任和道德约束的现象。

第五章 大学生社会主义核心
价值体系建设的目标

设定什么样的目标与任务,从根本上制约着大学生社会主义核心价值体系建设的效果。如果没有科学的目标与适当的任务,思想上再重视,方法上再先进,都可能无法引导当代大学生追求"人的自由全面发展"与"富强、民主、文明、和谐"的社会主义核心价值理念。因此,推进大学生社会主义核心价值体系建设,必须确立科学的目标,设定适当的任务;否则,不但难以发挥建设工作的作用,还会造成自身的生存危机。

一、确立目标的基本原则

大学生社会主义核心价值体系建设能否促进中国特色社会主义建设进程,促进青年学生的全面、协调、可持续发展,其在目标设置上既要看是否符合社会发展目的与个体发展目的,也要看其是否契合社会发展规律、个体成长规律与教育的普遍规律。只有实现合目的性与合规律性的有机统一,大学生社会主义核心价值体系建设的目标才能奠定自身的合法性基础与合理性基础,才能实现价值理性与科学理性的统一,才能获得社会的广泛认可与青年学生的广泛欢迎,才能在实施过程中见到实效。

(一)"合目的性"原则

大学生社会主义核心价值体系建设目标的合目的性问题,是指大学生社会主义核心价值体系建设的目标是否代表了社会发展的正确方向与个体发展的正确方向。只有既代表了社会发展的正确方向,又代表了个体发展的正确方向的目标,也才是合目的性的。在一定意义上,只代表了社会发展的正确方向而不适合个体发展方向,或者只代表了个体发展的正确方向而不适合社会发展方向的工作目标,都是不符合"合目的性"要求的。

　　大学生社会主义核心价值体系建设目标是否代表了社会发展的正确方向,从根本上说,主要是看其是否符合"三个代表"重要思想的要求。"三个代表"重要思想是作为中国共产党的党建思想而提出的,但这一重要思想同时也为我们提供了判定上层建筑各领域合法性的标准。事实上,上层建筑的各个领域,无论是意识形态、政治制度还是具体的方针政策,是否具有合法性,关键就看其是否代表了先进生产力的前进方向,代表了先进文化的发展要求,代表了最广大人民群众的根本利益。在我国,大学生社会主义核心价值体系建设是党的意识形态工作的重要组成部分,具有鲜明的意识形态属性,自然也应以"三个代表"重要思想作为判定自身合法性的重要标准。另外,"代表先进生产力的前进方向、代表先进文化的发展要求、代表最广大人民群众的根本利益"与确立社会主义核心价值理念的"主导性"、"时代性"、"民族性"、"大众性"、"通俗性"五要素以及"未来性指向、现实性指向、传承性原则、开放性原则"四原则也是相通的,有利于在教育目标中体现核心价值理念。

　　大学生社会主义核心价值体系建设的目标是否代表了个体发展的正确方向,判定的标准是什么,这还是一个需要深入探讨的问题。由于历史的原因,大学生社会主义核心价值体系建设与思想政治教育一样,作为党的优良传统,作为一切工作的生命线,引起人们关注的,主要还是其意识形态属性与社会目标。新中国成立前,党在青年学生中开展思想政治教育,呼唤民主与科学,以马克思主义引领青年学生开展救亡图存运动,已经涉及了社会主义价值体系与价值理念教育。但那时的价值观教育的基本取向是救国救民,价值体系教育的个体发展属性在那样一种时代背景下没有、也不可能出现在人们的视野中。新中国成立后,建设社会主义新中国成为时代的主旋律,大学生社会主义核心价值体系建设的意识形态属性得到了进一步的发挥,但在很长一段时间内,其个体发展属性依然未能引起人们的充分注意。直到今天,人们在设置大学生社会主义核心价值体系建设的目标时,主要还是从国家和社会需要的视角去设计,强调"社会主义核心价值体系是社会主义意识形态的本质属性"。

但是,毋庸置疑,和平年代大学生社会主义核心价值体系建设工作所面对的问题,同战争年代相比有了许多重大的变化。社会的发展步入正常轨道之后,个体的发展问题越来越引起人们的关注。例如,青年学生如何看待人与人之间的竞争与合作,实现交往中的人际和谐;如何排解学习、工作、生活与恋爱中的各种压力,实现自身的心灵和谐;如何合理调度有限的时间、精力与财力,促进自身的全面、协调、可持续发展;等等,这一系列与个体发展紧密相连的问题,逐渐进入人们的视野,成为大学生社会主义核心价值体系建设不可回避的现实问题。大学生社会主义核心价值体系建设除了继续保持其社会性目标,还必须明确其个体发展目标,充分发挥其促进个体发展的功能,认真研究并妥善解决青年学生普遍关心的上述一系列问题。只有既与社会发展的正确方向相一致,又与青年学生个体发展的正确方向相一致,大学生社会主义核心价值体系建设的目标在青年学生心目中才是"合法的存在",才会赢得青年学生的普遍认可、受到青年学生的普遍欢迎,才能在实施过程中落到实处、见到实效。

(二)"合规律性"原则

大学生社会主义核心价值体系建设的目标是否合乎规律,决定着自身的合理性。这里的"合理性",是指是否合乎真理,也就是大学生社会主义核心价值体系建设的社会性目标是否契合社会发展的基本规律,大学生社会主义核心价值体系建设的个体性目标是否契合青年学生个体成长的基本规律。既契合社会发展的基本规律,又契合青年学生个体成长的基本规律,大学生社会主义核心价值体系建设目标的实现就有了内在的逻辑基础。

大学生社会主义核心价值体系建设的目标是否符合社会发展的基本规律,决定了这些目标能否为年轻学生所接受以及接受的程度。政治化倾向是传统的大学生价值观建设目标的重要特点。如果这种政治化倾向是经过历史实践反复检验过的,具有真理性,那么在向青年学生讲授这些目标时,教师容易讲清楚,学生也容易理解;学生即使一时不理解,也会随着实践经验的增加,慢慢地理解这些道理。如果这种政治化倾向仅仅是一时的意识形态需要,经不住历史的检验,或者当下就与实践相矛盾,那么,教师要想在课堂上讲清楚这些目标,就是一件困难的事情;学生即使一时接受了这些貌似"自圆其说"的目标,也会随着实践经验的增加,慢慢地抛弃这些目标。所以,与社会发展规律相一致,是确立大学生社会主义核心价值体系建设目标的一条重要原则。违背这一原则,目标的合理性就值得怀疑,也难以实现。

大学生社会主义核心价值体系建设的目标是否契合青年学生个体成长的基本规律,决定了这些目标是否具有针对性、能否取得实际效果。青少年在不同的年龄阶段,心理特点、认识能力与接受水平有所不同,价值体系教育的目标也应当有所区别。遵循青少年思想发展规律,循序渐进地设定小学、中学与大学阶段的社会主义核心价值体系教育目标,才能既避免三个阶段教育目标的严重重复,又能避免三个阶段教育目标的严重脱节。同时,在大学生中,不同的学生既有的思想水平也是不同的,以同一个目标要求所有的学生,以基础性教育目标代替先进性教育目标,或者以先进性教育目标代替基础性教育目标,显然都是不科学的。因此,应遵循"有区别的共同进步"原则,对不同思想水平的学生提出不同的教育目标,处理好基础性教育目标与先进性教育目标的关系,既善于以基础性教育目标推进先进性教育目标,也善于以先进性教育目标引领基础性教育目标。总之,要把握青少年思想发展的基本规律,因年龄施教、因对象施教,科学地设定大学生社会主义核心价值体系建设工作的个体发展目标。

二、社会目标与个体目标

长期以来,人们对大学生社会主义核心价值体系建设的社会目标认识比较到位;对大学生社会主义核心价值体系建设的个体发展目标重视不够。当人们片面地以大学生社会主义核心价值体系建设的社会目标取代其个体发展目标时,青年学生认可并接受核心价值观建设工作的可能性就大大降低。长期以来,大学生社会主义核心价值体系建设效率不高,很大程度上是由于人们对目标定位不准确造成的。因此,要提高大学生社会主义核心价值体系建设的效率,就必须完善大学生社会主义核心价值体系的社会目标和个体目标。①

(一)社会目标

社会目标是大学生社会主义核心价值体系建设的基本目标,也是人们最熟悉的目标。大学生社会主义核心价值体系建设的社会目标是由其自身的意识形态属性决定的,体现着鲜明的工具性。在我国现阶段,引领思想、宣传政策、凝聚精神、稳定社会是大学生社会主义核心价值体系建设主要的社会目标。这些目标具有自身存在的合理性,要完善大学生社会主义核心价值体系建设的目标,首先要坚持并发挥好这些目标。

引领思想。引领青年学生的思想,是大学生社会主义核心价值体系建设的重要社会目标。在青年学生中牢固树立社会主义核心价值体系,是构建社会主义和谐社会的重要内容,也是大学生社会主义核心价值体系建设的基本目标。社会主义核心价值体系包括四个方面的内涵,分别构成了自身的灵魂、动力、精神支柱与道德基础。在大学生社会主义核心价值体系建设中,我们要旗帜鲜明地坚持马克思主义理论的指导,高举中国特色社会主义旗帜,大力弘扬以爱国主义为核心的民族精神和以改革开放为核心的时代精神,牢固树立社会主义荣辱观,充分发挥灵魂、动力、精神支柱与道德基础的作用,以社会主义核心价值体系引领青年学生的思想发展。我们要把社会主义核心价值体系融入大学生思想政治教育的

---

① 张福记、李纪岩:《高校思想政治教育研究》,四川教育出版社2009年版,第148页。

全过程,使其成为青年学生奋发向上的精神力量,成为他们努力进取、锐意创新、团结和睦的精神纽带,成为他们形成正确的世界观、人生观、价值观的基础。

宣传政策。党在每一个历史阶段,都会为了完成特定阶段的历史任务,针对这一历史阶段的特点,制定一系列的路线方针政策。这些路线方针政策首先要深入人心,然后才能落到实处。在党的路线方针政策普及化过程中,大学生社会主义核心价值体系建设发挥着重要作用。要善于把握形势,关注党的路线方针政策,随时把党的路线方针政策化为大学生社会主义核心价值体系建设的鲜活内容,以青年学生乐于接受的形式,将其渗入青年学生的头脑中去,使青年学生成为党的路线方针政策的理解者、拥护者、实践者、宣传者。当前,大学生社会主义核心价值体系建设要发挥好自身宣传政策的社会目标,就要高举中国特色社会主义伟大旗帜,以邓小平理论和"三个代表"重要思想为指导,在青年学生中深入贯彻落实科学发展观,努力使党的一系列路线、方针、政策深入青年学生内心深处,把他们培养成为建设社会主义和谐社会、全面实现小康社会的中坚力量。

凝聚精神。社会的发展、民族的振兴、国家的繁荣,都需要凝聚全体人民的精神力量,这种精神力量我们称为民族精神。江泽民同志认为,民族精神,是一个民族赖以生存和发展的精神支撑。一个民族,没有振奋的民族精神和高尚的品格,不可能自立于世界民族之林。民族精神是人们积极向上的动力源泉,民族精神的培养有利于强化人们的民族自尊心和自信心,激发民族的凝聚力和向心力,形成国家稳定和发展的基础。大学生社会主义核心价值体系建设即是弘扬和建设民族精神、凝聚人民精神力量的重要途径。大学生是实现中华民族伟大复兴的重要力量,他们的精神状况如何,直接关系到党和国家的命运和前途,关系到社会主义事业的成败。面对当今复杂的国内外形势,在青年学生中弘扬和建设民族精神显得尤其重要。在大学生社会主义核心价值体系建设中,要把民族精神教育与以改革创新为核心的时代精神教育结合起来,引导大学生在中国特色社会主义事业的伟大实践中,培养爱国情怀,提高创新能力,始终保持积极进取、昂扬向上的精神风貌。

稳定社会。改革的目的是为了提高社会的效率,但也势必涉及利益的调整,而利益的调整一般都蕴涵着冲突的萌芽。同时,在社会转型期,各种灰色的思想与行为都有可能出现,社会的道德风险、和谐风险也随之加大。此外,在全球化时代,国际政治生活中的一些变化,也会在国内产生回响,对国内的社会秩序产生冲击。在改革开放的过程中,要将国内外社会变动带来的震荡降到最低,在稳定的环境中实现社会发展的各项目标,就需要依托大学生社会主义核心价值体系建设来疏通思想、化解矛盾、理顺关系、阐明事理。大学生社会主义核心价值体系建设面对的是大学生群体,他们对社会变革最为敏感,对社会上的一些灰色现象最不能容忍,对涉及国家利益、民族尊严的国际政治事件最为关注,也最容易做出一些过激的反应。面对这样一个忧国忧民、激情澎湃的群体,在大学生社会主义核心价值体系建设中,要善于帮助他们理性分析各类现象,深刻认识各类现象发生的根源,引导他们通过合情合理合法的途径表达意见,力争把青年学生培养成为和谐社会的建设者、维护者。

大学阶段是青年学生走向社会的重要过渡期。他们能否用科学的理论武装头脑,能否理解并拥护党和国家的路线方针政策,能否正确认识社会生活中的各种现象,以及他们用什么样的眼光观察世界、以什么样的心态迎接挑战,将直接关系到社会能否稳定、国家的建设目标能否完成、和谐社会能否建立、持久发展的目的能否实现。按照党和国家的要求,帮助大学生树立正确的人生观、价值观、世界观,是大学生社会主义核心价值体系建设社会目标的重要体现。大学生社会主义核心价值体系建设实现这方面的目标,对于建设一个健康运行的社会、持久增长的社会、和谐发展的社会具有十分重要的意义。

(二)个体目标

长期以来,对大学生社会主义核心价值体系建设,人们习惯于遵循革命年代重社会目标的传统,对其个体发展目标认识不足、强调不够,其实际效能发挥得不够理想,从而影响了大学生社会主义核心价值体系建设整体目标的实现。事实上,在和平建设年代,青年学生虽然继续关注国家的前途、民族的命运,但同时也更关注自身的发展。如何净化心灵、提升人格,使自己成为心灵和谐、道德高尚的人;如何树立理想、改善形象,使自己成为社会接受、大众欢迎的人,诸如此类的问题都成为青年学生关注的新热点。大学生社会主义核心价值体系建设只有正视这些问题,把这些问题纳入教育目标,才能走入青年学生的内心世界,在被青年学生认可与接收的基础上,充分实现自身的价值。

净化心灵。和谐社会建设,人的心灵和谐是出发点,也是归宿。如何才能引导青年学生控制自己的情绪,正确认识自己,解决个人的思想困惑、心理矛盾、情感冲突? 大学生社会主义核心价值体系建设大有可为。马克思主义理论是科学的世界观和方法论,可以为青年学生认识自然、社会与人生提供科学的思维方式,避免他们因思维的偏差误入心理的歧途。中国特色社会主义共同理想犹如人生的灯塔,照亮青年学生人生的道路,使其在挫折中看到希望,减轻心理上的焦虑。而以爱国主义为核心的民族精神和以改革开放为核心的时代精神有助于青年学生保持昂扬的精神、不屈的斗志、进步的雄心,为他们擎起精神支柱。社会主义荣辱观则有助于青年学生在处理与他人、与家庭、与社会、与自然的关系时,以高尚的身心参与文明社会的构建,并收获和谐的人伦。由此可见,社会主义核心价值体系本身具有净化心灵的功能,开展社会主义核心价值体系教育,应当主动把"净化心灵"列为个体发展目标之一,充分发挥社会主义核心价值体系的这种功能。要净化青年学生的心灵,就要与心理健康教育相结合,注意发现影响青年学生心理发展的各种因素,随时调整大学生社会主义核心价值体系建设的个体目标,努力将负面事件、负面现象对青年学生的心灵冲击降到最低,以正面事件、正面人物激励青年学生,引导他们求真、向善、为美。

塑造人格。随着社会环境和各种关系的改变,当代大学生面对着各种不同的压力和挑战。学习、生活与就业中的不适应,人际交往中的不协调,情感困惑和恋爱危机带来的压力,自我封闭和遭受挫折后的心理障碍,这些问题都会使青年学生形成有缺陷的价值判断,甚至导致他们人格的异化。帮助青年学生更好的认识社会、认识自己,促进他们个性的发展和人格的完善,是大学生社会主义核心价值体系建设的重要任务。培养青年学生的健康人格,应着眼于他们自身的特点。大学生已经进入了青年时期,掌握了一定程度的科学文化知识,但还没有广泛地接触社会和参与各种社会活动,人生阅历并不丰富,对人生的体验和思考也并不深刻。在应试教育体制下,一些中小学忽视对学生健康人格的培养,其毕业生进入高校后,虽然知识丰富,但精神世界苍白,存在着人格缺陷。大学生社会主义核心价值体系建设不能只停留在知识的灌输上,而应注重提高青年学生的人格自我塑造能力。这种能力包括两个方面:一是价值观念的判断评价能力与选择能力,它相当于人体的免疫功能;二是价值观念的内化能力,它好比人体的造血功能。有了免疫功能,才能正确判断是非,并将其作为人生道路上的航行定位;有了造血能力,才能不断提升自己的人格。

树立理想。理想信念教育是大学生思想政治教育的核心,当然也是大学生社会主义核心价值体系建设的核心。对青年学生个人而言,理想是其人生的航向,也是其前进的动力。有了正确的理想,青年学生才会凝聚自己的精力、挖掘自身的潜力、增强自身的毅力,才能最大限度地实现自身的价值。以社会主义核心价值体系教育引导大学生树立坚定的理想信念,一是要加强中国特色社会主义理想信念教育,引导大学生正确认识国家的前途和命运,树立为建设中国特色社会主义而奋斗的崇高理想。二是要组织青年学生认真学习马克思主义理论,掌握辩证唯物主义和历史唯物主义的立场、观点和方法,用科学的理论武装头脑,正确认识人类社会发展的历史规律。三是要帮助青年学生正确处理社会理想和个人理想的关系,引导他们认识自己的社会责任。大学生是祖国的未来,民族的希望,他们对未来抱有美好的憧憬,富有追求和理想。在大学生理想信念教育中,只有引导青年学生把社会理想与个人理想结合起来,把个人的成长进步同中国特色社会主义伟大事业、同祖国的繁荣富强紧密联系在一起,才能使他们在实现社会理想的过程中实现个人理想,在实现个人理想的过程中推动整个社会理想的实现。脱离个人理想谈社会理想,就会使理想教育流于形式主义;脱离社会理想谈个人理想,就会使理想教育偏离正确方向。

改善形象。形象问题至关重要。就青年学生个体而言,是否具备良好的形象,是其能否为社会、为集体、为他人所接受的关键。而一个人能否为社会、为集体、为他人所接受,又在很大程度上影响着他的思想状况、心理状况。一个人如果形象不佳,长期不为社会、为集体、为他人所接受,其思想心理就容易发生扭曲,甚至会走上极端。在改革开放的新环境中,有的大学生政治信仰迷茫、理想信念模糊、价值观念扭曲、诚信意识淡薄、社会责任感缺乏、艰苦奋斗精神淡化、团结协作观念较差、荣辱观念淡薄,他们个人形象不佳,心理问题多发,成为大学生群体中的问题青年。帮助这些大学生在人群中改善自身的形象、树立自身的形象,是新形势下大学生社会主义核心价值体系建设工作的重要目标。帮助青年学生改善与树立个人形象,首先,要向青年学生强调形象的重要性,使他们重视自身形象、维护自身形象;其次,要提升他们的内涵,使他们具备良好的文化素质、心理素质与政治素质。再次,要注重培养他们的荣辱观念,引导他们树立社会主义荣辱观,主动维护个人和集体的荣誉。最后,要引导他们积极参加形式多样的社会实践活动和校园文化活动,使他们在与他人的交往中改善自身形象,获得社会、集体和他人的认可。

(三)社会目标与个体目标的统一

大学生社会主义核心价值体系建设既应有社会目标,又应有个体发展目标,两者内在地统一于培养有理想、有道德、有文化、有纪律的社会主义合格建设者和接班人的过程中。提高大学生社会主义核心价值体系建设的实效性,必须主动实现其双重目标的有机统一。

　　大学生社会主义核心价值体系建设的社会目标体现了党和国家的意志以及主流意识形态观念。意识形态是关于社会制度和生活方式的系统化思想观念体系，旨在解释世界和改造世界。它是一个观念体系，但不是一般性的，而是系统化了的观念体系，是指向某种目标和理想的、把一种特定的社会立场合理化或正当化的思想观念体系。意识形态对于维护政治体系稳定具有重要作用。历史经验表明，一个社会的稳定和发展，既要靠坚强的政治领导，雄厚的经济基础，完备的制度和法治，同时也要靠社会成员在思想观念上的统一和稳定。意识形态的大众化有两个重要的渠道，一是学校教育，一个是媒体宣传。大学生社会主义核心价值体系建设正是在青年学生中普及国家主流意识形态的过程。大学生社会主义核心价值体系建设的这一社会目标，过度强调固然不合适，全盘否定也不是科学的态度。

　　然而，大学生社会主义核心价值体系建设不仅是意识形态大众化的过程，也是青年学生根据个人需要，把社会价值体系个体化，促进自身发展的过程。就大学生社会主义核心价值体系建设、社会和个体之间的本质联系来看，个人需要与社会要求之间是通过大学生社会主义核心价值体系建设这个纽带辩证统一在一起的。一方面，青年学生期望成为社会所要求的人，这是他们接受大学生社会主义核心价值体系建设的内在动力；另一方面，社会按照自身所需要的标准，通过大学生社会主义核心价值体系建设对青年学生进行培养，这是社会对大学生社会主义核心价值体系建设提出的要求。同时，在大学生社会主义核心价值体系建设中，青年学生具有双重性。他们既作为大学生社会主义核心价值体系建设的对象，是教育内容的接受者；又作为接受过程的主体，具有主观能动性。这就决定了大学生社会主义核心价值体系建设只有通过青年学生的主动选择与积极参与，不断把外部影响加以"内化"，才会取得实际效果。因此，在大学生社会主义核心价值体系建设中，必须树立明确的个体培养目标，才能为青年学生所认可与接受。如果只是片面强调大学生社会主义核心价值体系建设的社会目标，忽视其个体目标，往往会在青年学生的无声排斥中降低实际效果。

　　社会目标与个体目标的有机统一是大学生社会主义核心价值体系建设的鲜明特色。在大学生社会主义核心价值体系建设中,一方面要向青年学生传导和灌输社会主流意识形态,使他们沿着党和国家所需要的方向发展;另一方面要尊重青年学生的个性需求,促进青年学生全面协调可持续发展。这两者相辅相成,缺一不可。

三、基础性目标与先进性目标

　　如上所述,大学生社会主义核心价值体系建设目标,在横向上,可以分为社会目标与个体目标。在纵向上,也就是从个体价值观念发展的角度看,由于个体既有价值观念之间存在差异,如果在教育培养上采取一刀切的方式,用同一个目标要求青年学生,在教育效果上常常会适得其反。因此,应尊重差异性,按照"有区别的共同进步原则",对不同基础的学生提出不同的教育目标,引导学生循序渐进。

(一)目标的层次性

　　大学生社会主义核心价值体系建设的目标内涵丰富,在实践中应当把不同层次的目标有机结合起来,纵向贯穿,形成有机整体。在设计大学生社会主义核心价值体系建设的目标时,既要着眼于大学生的主体,设定基础性建设目标;又要提升层次,着眼于大学生中的先进分子,设定先进性建设目标。

　　对于大学生的主体,应当把培养有理想、有道德、有文化、有纪律的社会主义事业的合格建设者和可靠接班人作为根本目标,实现德、智、体、美全面发展;应当引导他们树立正确的世界观、人生观、价值观,增强他们辨别是非、善恶、美丑的能力,增强抵制错误思潮和腐朽思想的能力,使他们能够正确认识世界、正确对待人生、正确选择生活道路、正确把握生活准则;应当根据形势需要,对他们适当实施爱国主义、集体主义、社会主义教育,加强唯物论和无神论教育,加强形势政策、民主法制和维护社会主义稳定的教育,加强以为人民服务为核心、以集体主义为原则、以诚实守信为重点的社会主义道德教育。这些都是大学生社会主义核心价值体系建设的最基本目标。要坚持把爱国主义教育、理想信念教育、文明修养教育和文化素质教育作为基本架构和重要支撑,以爱国主义教育为入手点,以理想信念教育为着力点,以文明修养教育为立足点,以文化素质教育为基点,带动大学生社会主义核心价值体系建设工作基础性目标的全面落实,推进基础性目标的顺利实现。对于大学生中的先进分子,则要教育他们确立共产党人的任务目标,在加强基础性建设的同时,适时展开先进性建设。应当坚持用马克思主义科学理论武装人,不断增强他们对马克思主义的信仰、对共产主义的信念、对社会主义的信心和对共产党的信任。大学生社会主义核心价值体系建设工作的先进性目标具体体现为在进步大学生中发展党员,引导大学生中的先进分子加入党组织。要以党建工作引领对大学生先进分子的教育与培养,对他们加强马克思主义理论教育,党的基本理论、基本路线、基本纲领和基本经验的教育,着力把他们培养成具有共产主义远大理想和中国特色社会主义坚定信念,脚踏实地为实现党的基本纲领而奋斗的优秀共产党员。

在大学生社会主义核心价值体系建设过程中,既要确立基础性目标,又要确立先进性目标,是唯物辩证法的根本要求。以唯物辩证法的思维方式考察和分析大学生社会主义核心价值体系建设,我们应当承认这样一个基本事实:大学生个体的价值观念之间存在差异,呈现出多元多层的复杂状态,且彼此之间相互影响。承认这一基本事实,就意味着大学生社会主义核心价值体系建设的目标也应当呈现出层次性。对于大学生的主体来说,社会主义价值观还不是很完善,针对他们确立的核心价值观建设工作的目标处于一个层次;对于大学生中的先进分子,社会主义价值观已初步形成,针对他们确立的建设目标应在基础性目标的基础上,提出更高的要求。因此,开展大学生社会主义核心价值体系建设,既要针对大学生的主体,确立基础性建设目标;又要针对大学生中的先进分子,确立先进性建设目标。在某种意义上,基础性目标是大学生社会主义核心价值体系建设的推动力,先进性目标是大学生社会主义核心价值体系建设的牵引力。既要以基础性目标夯实大学生社会主义核心价值体系建设的基础,又要以先进性目标引领大学生社会主义核心价值体系建设的前进方向。基础性目标实现了,大学生社会主义核心价值体系建设就实现了基本的目标;先进性目标实现了,就会把大学生社会主义核心价值体系建设引领到更高的层次。两者相互影响、相互促进,统一于培养高素质人才的实践中。

(二)基础性目标

大学生社会主义核心价值体系建设是在中、小学社会主义核心价值体系教育基础上的延伸与发展,其目标在根本上是一致的。大学生社会主义核心价值体系建设的目标在于完善青年学生从小学到初中、高中逐步形成的价值观念,达到国家、社会和个体发展对大学生价值观念的基本要求。在新的历史条件下,爱国主义、理想信念、文明修养和文化素质构成了大学生社会主义核心价值体系建设基础性目标的主要内容。[①]

爱国主义是大学生社会主义核心价值体系建设基础性目标的重点。爱国是中华民族的传统美德,爱国主义是一面光辉的旗帜,是中华民族生生不息的强大精神支柱。作为几千年来凝结和积淀起来的一种对祖国最纯洁、最高尚、最神圣的感情,爱国主义在今天具有特别巨大的凝聚力、感召力和生命力,是推动我国社会前进的巨大力量,也是增强经济实力、国防实力、民族凝聚力的强大精神支柱和力量源泉。爱国主义最能贴近大学生的思想实际,最能走进大学生的心灵深处,最能激发大学生的真实情感,最能得到大学生的理解与共鸣。爱国主义的目标落到实处,就同时能够使理想信念、文明修养和综合素质成为大学生的自发需要。爱国主义

---

① 宫志峰:《主题·主线·主渠道——关于大学思想政治教育问题》,《山东师大学报》2004 年第 5 期,第 5 页。

目标必须与理想信念目标紧密结合,用理想信念目标提升爱国主义目标,使大学生的爱国主义精神在意识、信念和行为上统一起来;必须与文明修养目标相结合,从大处着眼,从小处着手,把爱国主义融汇于大学生的日常学习和生活中;必须与文化素质目标相结合,以文化素质为爱国主义提供行动能力,以爱国主义确保文化素质在正确的政治方向和价值取向下发挥作用。① 爱国主义目标以弘扬民族精神为核心。民族精神是爱国主义的集中表现。在五千年的历史长河中,中华民族形成了自己的民族精神,这就是:天下为公,忧国忧民的爱国精神;刚健有为,自强不息的进取精神;厚德载物,合而不同的宽容精神;穷则思变,变法图治的创新精神;崇德重义,修身为本的重德精神。革命战争年代的井冈山精神、延安精神、西柏坡精神,新中国成立以来的抗美援朝精神、“两弹一星”精神、雷锋精神、焦裕禄精神、女排精神、抗洪精神和载人航天精神,等等,都是民族精神在特定时期的具体体现。在新世纪,民族精神具体体现为解放思想、实事求是的精神,紧跟时代、勇于创新的精神,知难而进、一往无前的精神,艰苦奋斗、务求实效的精神和淡泊名利、无私奉献的精神。这五种精神是对中华民族优秀精神和中国共产党人不懈奋斗精神的新概括、新发展,抓住了当代中国民族精神的本质和核心,应当成为当代爱国主义的核心。

理想信念是爱国主义精神的升华,是大学生社会主义核心价值体系建设基础性目标的核心。理想信念是人生的精神支柱和动力源泉,坚定理想信念,树立正确的世界观、人生观和价值观,是大学生社会主义核心价值体系建设的重要基础性目标,是建设“四有”新人的基本出发点和关键所在。每个青年都有自己的理想和抱负。只有在党的领导下,同人民紧密结合,为祖国奉献青春,才能大有作为。高校必须把引导青年学生坚定理想信念纳入大学生社会主义核心价值体系建设的基础性目标中,充

---

① 宫志峰:《让爱国主义在创新方式提高层次中增实效》,《中国高等教育》2005 年第24 期,第25 页。

分利用爱国主义精神本身所特有的教育和凝聚功能,强化青年学生的理想信念,铸造青年学生的民族精神。要引导青年学生把树立远大理想与进行艰苦奋斗、实现自身价值有机结合起来,把爱国同爱社会主义统一起来,把报国同走社会主义道路统一起来,把个人的奋斗和祖国的前途命运紧密地联结在一起,自觉地承担实现中华民族伟大复兴的历史使命。理想信念是高度自主的精神选择,理想信念目标的实现应该建立在主体自身理解和自行选择的基础上。面对纷繁复杂的社会现象,高校应帮助大学生提高鉴别力、增强免疫力,引导他们通过独立思考,在多种思想意识和价值观念中做出正确的选择,树立正确的理想信念。

　　文明修养是大学生社会主义核心价值体系建设基础性目标的重要内容,是爱国主义和理想信念的基础。"一屋不扫,何以扫天下",一个人并不是每天都要面对重大是非的抉择,相反却会面临大量涉及文明行为范畴的琐事和小事。细微之处见真情。正是通过对这些小事的处理方式和态度,折射出一个人的精神素养和文明程度。古人崇尚"修身,齐家,治国,平天下"的人生理想,在这个层层递进的逻辑关系中,如果没有"修身"这个与日常文明行为高度关联的基础,寄托爱国之心、报国之志的"治国"与"平天下"自然就成了一句空话。同样,在当代中国,爱国主义更多的不是表现为赴汤蹈火、壮怀激烈,而是要求人们从小事做起,从点滴做起。一个不懂得做人的基本道理和基本要求的学生,很难成为社会的有用之才;在一个缺乏基本文明素养的人身上,爱国也只能是空洞的口号。形成良好道德情操和道德修养,能够自觉遵守道德规范,进行道德自律,是一名合格人才和公民必须具备的基本素质。越是高层次人才,越应该具备道德自律能力。大学时期是人的价值观念形成的重要阶段,在这个时期形成的价值观念对他们的一生影响很大。提高大学生的文明素养,是大学生社会主义核心价值体系建设基础性目标的重要内容。在大学生社会主义核心价值体系建设中,应该把帮助和促进大学生形成良好的文明修养摆在重要位置,引导大学生自觉遵守"爱国守法、明礼诚信、团结友善、勤俭自强、敬业奉献"的基本道德规范。要坚持弘扬传统美德与倡导时代精神相结合、讲究文明与严守纪律相结合、加强规范管理与推进学生自律相结合,逐步建立健全与社会主义市场经济相适应、与社会主义法律规范相协调、与中华民族传统美德相承接的思想道德体系,以青年学生良好的文明修养和道德实践,为爱国主义和理想信念目标的实现打下坚实基础,努力把青年大学生培养成胸怀祖国、志存高远、脚踏实地、品行高尚的人,培养成有理想、有道德、有文化、有纪律的社会主义事业建设者和接班人。

文化素质与大学生社会主义核心价值体系建设的基础性目标密不可分。人才素质包括思想政治素质、文化素质、业务素质和身心素质。其中包含爱国主义、理想信念、文明修养等内容的思想政治素质是根本、是灵魂,主导着其他素质的发展。文化素质则是基础,为大学生其他素质的形成提供条件。文化素质与思想政治素质密不可分,共同统一于大学生全面素质之中。强调文化素质与思想政治素质的结合,就是要重视文化素质的基础性作用。就个体而言,离开文化素质,其思想政治素质就失去了根基;反之,离开了思想政治素质,文化素质也就失去了方向和价值。在大学生成长中,文化素质与思想政治素质缺一不可,两者均应成为核心价值观建设工作的基础性目标。文化素质目标的确立,能为提高大学生思想政治素质奠定坚实的基础,体现社会主义核心价值体系"人的自由全面发展"的理念;思想政治素质目标的确立,为文化素质的发展提供了正确的政治方向和价值取向。实现两者的有机结合,就能形成促进大学生综合素质全面协调发展的核心推动力。因此,确立文化素质目标,不是取代思想政治素质目标,而是要为实现思想政治素质目标奠定坚实基础,更好地实施大学生社会主义核心价值体系建设。文化素质除了表现为丰富的知识,还有更广泛的内涵。广义上的文化素质与知识素养、人文素养、科学精神、心理素质相联系,是以全面发展为指向的综合素质。把文化素质纳入大学生社会主义核心价值体系建设的基础性目标,也就是以大学生全面发展为目标,促进大学生各项素质协调发展,德才并进。

总之,爱国主义是中华民族生生不息的强大精神支柱,理想信念是人生的精神支柱和动力源泉,文明修养是现代国家合格公民的必备素质,文化素质是当代大学生核心价值观形成的基础。确立以爱国主义、理想信念、文明修养和文化素质为内容的基础性目标,就能够夯实大学生社会主义核心价值体系建设的根基,增强大学生社会主义核心价值体系建设的推动力。

(三)先进性目标,提高层次

大学生社会主义核心价值体系建设除了要使大学生的主体达到基础性目标,还应当有更高的目标,培养一批品德高尚、具有崇高共产主义理想和坚定的社会主义信念、能够在各个方面起模范带头作用的先进分子和骨干力量。这就需要在确立基础性目标的同时,针对大学生中的先进分子和骨干力量确立先进性目标,提升大学生社会主义核心价值体系建设的层次。大学生社会主义核心价值体系建设的先进性目标,指向大学生入党积极分子培养与党员发展工作。确立这样的先进性建设目标意义深远。

首先,加强在大学生中发展党员工作,以先进性目标要求大学生中的先进分子和骨干力量,是中华民族的伟大复兴的迫切需要。大学生中的先进分子和骨干力量拥有较高素质、富有发展潜力,是未来中国党政领导人才、专业技术人才、经营管理人才的主要来源,中国的现代化、中华民族的伟大复兴的历史进程将来要掌握在他们手中。加强对大学生先进分子和骨干力量的培养,造就一大批优秀后备人才,是党和人民交给高校的光荣任务。为了培养好国家和民族的接班人,高校必须加强对大学生先进分子和骨干力量的培养,对他们提出更高的要求,进行更严格的训练。要积极引导大学生先进分子和骨干力量加入党组织,通过持续的党员先进性教育,不断提高学生党员的党性修养,把他们培养成具有较高的马克思主义理论水平、崇高的共产主义理想、强烈的民族精神与时代精神以及鲜明的社会主义荣辱观念的优秀党员,培养成青年学生中实践社会主义核心价值体系的典范。

其次,加强在大学生中发展党员工作,以先进性目标要求大学生中的先进分子和骨干力量,是增强党的阶级基础和扩大党的群众基础,不断提高党在全社会的影响力和凝聚力的需要。高校是高素质的社会主义建设者的最主要来源,大学生毕业后会成为社会各个领域的中坚力量。以先进性目标要求大学生中的先进分子和骨干力量,抓好在大学生中发展党员工作,可以使一大批符合条件的优秀学生及早充实到党内来。他们毕业后进入各种经济社会组织,有利于改善党员队伍的构成和分布,可以影响和带动其他人员更好地为全面建设小康社会服务,从而扩大党的工作覆盖面,提高党在全社会的影响力和凝聚力。积极把大学生中的先进分子和骨干力量吸收到党组织中来,是党的建设的一条基本经验。在新世纪新阶段,社会经济成分和经济利益多样化、社会生活方式多样化、社会组织形式多样化、就业岗位和就业方式多样化日趋明显。这"四个多样化"给党的建设特别是党的思想建设带来了大量新情况、新问题,对人们的思想观念、行为方式等各个方面都产生了很大影响。在大学生社会主义核心价值体系建设中突出先进性目标,积极把大学生中的先进分子和骨干力量吸收入党,显得更加重要和紧迫。

其三,加强在大学生中发展党员工作,以先进性目标要求大学生中的先进分子和骨干力量,是以党建为核心、全面加强大学生社会主义核心价值体系建设的有效途径。对青年学生的成长而言,加入党组织的过程就是一个进行深入的价值观建设工作的过程。通过入党前系统的马克思主义理论教育,党的基本理论、基本路线、基本纲领、基本经验的教育,以及建设中国特色社会主义丰富实践的锻炼,使入党积极分子坚信中国共产党的领导,进一步端正入党动机;通过入党的严格程序和仪式,使入党积极分子受到一次集中教育,充分体验入党这一时刻的庄严和神圣,思想得到进一步升华;通过入党后严格的组织生活和党的优良作风的熏陶,使他们更加坚定对马克思主义的信仰,政治上和思想上更加成熟,成为具有崇高共产主义理想、坚定社会主义信念,自觉实践"三个代表"重要思想和科学发展观,愿意为党和人民的事业长期艰苦奋斗的合格的共产党员。

发展一名合格的党员,对参与发展工作的党员同样是一次再教育和再学习的机会,对周围的同学也会产生积极的影响和带动作用。积极做好大学生党员发展工作,有助于在大学校园营造和形成崇尚先进、学习先进、争当先进的氛围,达到"发展一个,带动一片"的效果。

近年来,大学生党员发展呈现出良好的态势,学生党员总数不断上升,质量不断提高,党员发展制度不断完善。但是也存在一些新问题。一是大学生党员占大学生总数的比例依然较低,各地大学生党员发展工作不平衡,高职高专院校大学生党员比例更低,民办高校党的工作还较为薄弱。二是大学生的价值取向呈现多样化趋势,一些学生入党态度不够端正,入党动机存在偏差。三是个别高校在大学生党员发展工作中存在一些薄弱环节,中学、高校与社会在入党积极分子培养以及党员管理的衔接方面也存在一些亟待解决的问题。与此同时,国际国内形势的深刻变化对大学生党员发展工作也不可避免地产生着直接或间接的影响。一是政治多极化和经济全球化的国际趋势在曲折中发展,各种思想文化相互激荡,对大学生党员发展工作提出了新挑战。二是人们思想的独立性、选择性、多变性、差异性明显增强,使大学生党员发展工作面临着新任务。三是信息网络技术及传播手段发生重大革新,互联网已经成为大学生获取知识和信息的重要渠道和表达思想、交流感情的重要场所,大学生党员发展工作面临着新课题。四是在高等教育实现跨越式发展后,如何准确把握学生思想、生活、学习的特点,创新工作机制和方法,对大学生党员发展工作提出了新要求。面对新形势、新情况、新问题,大学生社会主义核心价值体系建设的先进性目标只能加强,不能削弱,必须以更为积极、更为慎重的态度做好在大学生中发展党员工作。

四、基本任务

确定大学生社会主义核心价值体系建设的目标后,如何实现这些目标,就成了一个重要的任务。在人们通常的理解中,任务与目标常常是联系在一起的,譬如有人说"某项工作的任务目标",在这里,任务与目标是在同一个层次上而言的。但严格来讲,两者还是有区别的。在《现代汉语词典》中,"目标"指"想要达到的境地或标准","任务"则是"指定担任的工作;指定担负的责任"。由此可见,任务与目标虽然有联系,但任务又不同于目标,任务是为目标服务的,或者说任务是为达到目标而应当去做的那些工作。在这个意义上,我们认为,大学生社会主义核心价值体系建设的任务,就是为达到大学生社会主义核心价值体系建设的目标而应当去做的工作。显然,作为一项系统工程,为达到既定的目标,大学生社会主义核心价值体系建设的任务是纷繁复杂的。但是,从宏观上看,大学生社会主义核心价值体系建设的任务一是引领大学生思想政治教育,二是引领当代社会思潮。完成这两大基本任务,也就能完成蕴涵其中的一些具体任务,达到大学生社会主义核心价值体系建设的目标。

(一)引领当代大学生思想政治教育

从宽泛度上看,大学生社会主义核心价值体系建设工作是大学生思想政治教育的一部分。但是,从层次性来看,大学生社会主义核心价值体系建设工作又不同于一般的大学生思想政治教育。在一定意义上,前者犹如后者的大脑,支配着后者的性质、内容、思路甚至行动方向;而后者犹如前者的四肢,决定着前者的目标能否落到实处。推进大学生社会主义核心价值体系建设,必然要求借助于大学生思想政治教育这一平台去实施;而要确保大学生思想政治教育沿着正确的方向发展,则必然要求以核心价值观建设工作来引领。因此,引领大学生思想政治教育是大学生社会主义核心价值体系建设的天然任务。我们可以从以下几个方面来认识这个任务。①

首先,要以核心价值观建设工作凸显大学生思想政治教育的使命。

---

① 朱瑛、王荣:《论社会主义核心价值体系与大学生思想政治教育的关系》,人教网:http://www.pep.com.cn/xgjy/gdjy/gjyj/gdjyx/200812/t20081208_534182.htm。

大学生思想政治教育的使命主要是由社会发展的客观需要、党和国家的奋斗目标以及大学生个体发展的需求所决定的。当前我国提出要构建社会主义和谐社会,构建和谐社会的重要任务是建设和谐文化,建设和谐文化的根本是社会主义核心价值体系大众化,因而加强核心价值观建设工作就成为当前大学生思想政治教育的重要使命。要提高青年学生的思想道德素质,提高他们认识世界和改造世界的能力,引导他们为中国特色的社会主义、共产主义而努力奋斗,就要以核心价值观建设工作引领大学生思想政治教育。在我国现阶段,以核心价值观建设工作为指向的大学生思想政治教育,目标就是要使大学生接受党的政治主张和政治信仰,树立中国特色社会主义共同理想,弘扬民族精神与时代精神,践行社会主义荣辱观,成为身心和谐的和谐社会建设者。核心价值观建设工作的引领,使得大学生思想政治教育使命更加明确、更加具有时代特色。用马克思列宁主义、毛泽东思想、邓小平理论、"三个代表"重要思想和科学发展观教育广大学生,建设和造就有理想、有道德、有文化、有纪律的社会主义新人,既是大学生思想政治教育的根本使命,也是大学生社会主义核心价值体系建设的根本要求。大学生思想政治教育使命的履行需要核心价值观建设工作来推动,将社会主义核心价值体系融入大学生思想政治教育过程中,更有利于建设和造就有理想、有道德、有文化、有纪律的社会主义新人。从发展的角度看,随着时代的不同、环境的变化,大学生的思想不断发展,大学生思想政治教育的使命也要发生变化。社会主义核心价值体系体现了时代性,为大学生思想政治教育任务的与时俱进指明了方向。经由核心价值观建设工作,青年学生对共产党执政规律、社会主义建设规律和人类社会发展规律的认识得以深化,大学生理想信念教育与道德教育得到深化,大学生思想政治教育才能与时俱进。

其次,要以核心价值观建设工作引领大学生思想政治教育的内容。包括世界观教育、人生观教育、政治观教育、道德观教育和价值观教育等多方面内容的大学生思想政治教育需要核心价值观建设工作来引领。世界观教育和人生观教育是大学生思想政治教育的核心内容,而世界观教

育和人生观教育的指导思想就是马克思主义理论。只有坚持用发展着的
马克思主义武装全党,教育广大青年学生,才能真正发挥马克思主义认识
世界和改造世界的思想武器的作用,使其真正成为大学生的行动指南。
政治观教育是大学生思想政治教育的基本内容,其中最经常性的内容是
以民族精神教育为核心的爱国主义教育。爱国是大学生最基本的政治素
质,弘扬爱国主义和民族精神是大学生思想政治教育担负的重任。只有
建设出真正热爱祖国、富有民族精神的人才,国家富强、民族振兴才会具
有坚定的人才基础。道德观教育与价值观教育是大学生思想政治教育的
基础内容。从大的方面看,道德观念与价值观念是民族的灵魂和支柱;从
小的方面看,道德观念与价值观念是评价个人素质高低的重要标准。社
会主义核心价值体系中以"八荣八耻"为内容的社会主义荣辱观是这一
标准的最明确的尺度,通过这一尺度,我们可以及时做出肯定与否定、赞
扬与批评等评价,这样就能规范大学生的行为,提高大学生的道德修养,
影响大学生的价值选择。总之,大学生思想政治教育的内容极为丰富,但
重点必然是核心价值观建设工作的内容;抓住了核心价值观建设工作的
内容,也就抓住了大学生思想政治教育的内容。此外,从理想信念教育的
角度看,大学生思想政治教育也需要核心价值观建设工作来引领。大学
阶段是人们确立理想、设计人生的关键时期,引导大学生充分认识中国特
色社会主义共同理想的科学性,使他们不仅在情感上,更能从世界观的角
度,理性接受和认同中国特色社会主义的价值目标,从而在建设中国特色
社会主义历史进程中奋发有为、建功立业,是大学生思想政治教育的重要
任务。在这个意义上,大学生社会主义核心价值体系建设中的中国特色
社会主义共同理想教育,构成了当代大学生思想政治教育的灵魂和基础,
决定着大学生思想政治教育的基本性质。

再次,要以核心价值观建设工作为大学生思想政治教育注入动力。
大学生社会主义核心价值体系建设兼顾社会目标与个体目标的思维方式
为大学生思想政治教育注入了新的生命力。传统的大学生思想政治教育
带有浓厚的意识形态色彩,是政治社会化的工具。不可否认,这种意识形

态定位在特定历史阶段对社会存在和发展发挥了不可估量的作用。但经历过20世纪六七十年代极"左"思潮冲击之后,新时期又面临着"四个多样化"、"四个如何认识"、大学生主体意识觉醒等现实问题,这种工具性传统已面临着深刻的危机。直面现实、与时俱进,实现由传统思想政治教育向现代思想政治教育的转变,是大学生思想政治教育焕发生命力的必由之路。大学生社会主义核心价值体系建设,作为近年来才提出的一个新课题,在注重建设工作的社会目标的同时,更加关注青年学生健康人格的塑造、身心素质的发展与伦理道德的养成。其兼顾社会目标与个体目标的思维方式,有助于推动传统大学生思想政治教育的转型。秉承这种思维方式,当代大学生思想政治教育在引导大学生政治方向、激发大学生精神动力、规范大学生思想行为、塑造大学生健全人格的同时,也必将为自身的发展注入强劲的动力。此外,大学生社会主义核心价值体系建设强调弘扬改革创新的时代精神,也将直接推动大学生思想政治教育的改革创新。改革创新是社会主义核心价值体系中时代精神的核心,在这里,改革强调与时俱进,研究新情况、解决新问题;创新强调开拓创造,以新思路、新方法、新技术、新发明深化改革。加强大学生社会主义核心价值体系建设,弘扬以改革创新为核心的时代精神,不仅要建设青年学生的改革创新精神,而且也要求大学生思想政治教育自身改革创新。以改革创新的时代精神解决和回答一系列新问题,创造当代大学生思想政治教育的新内容、新途径、新方法,推动当代大学生思想政治教育内容体系和教学模式的创新,促进大学生政治理论素养和思想道德水平的提高,才能不断增强大学生思想政治教育的实效性,实现大学生思想政治教育的价值。

最后,要以核心价值观建设工作应对大学生思想政治教育面临的挑战。在改革开放过程中,大学生思想政治教育面临着一系列严峻的挑战,更加凸显核心价值观建设工作的重要性和紧迫性。从价值取向来看,当代大学生总体上健康积极,但是在各种不良思潮的冲击下,也有一些大学生崇尚金钱、权力,价值观念趋向功利化。因而,深入开展核心价值观建设工作,可以引领和整合多样化的价值观,使当代大学生积极践行社会主义核心价值体系。从理想信念来看,当代大学生总体上有理想、有信仰,但也有不少大学生对马克思列宁主义、毛泽东思想、邓小平理论产生怀疑,对社会主义的信念产生动摇,对我国改革开放进行社会主义现代化建设缺少信心,对共产党的信任度下降。深入开展核心价值观建设工作,才能使他们树立社会主义理想、坚定社会主义信念,不断增强广大学生对党的领导、社会主义制度、改革开放事业、全面建设小康社会目标的信念和信心。从诚信意识来看,在社会急剧变化时期,一些大学生在诚信认知方面出现了偏差,诚信度不高,契约观念不强。因此,有必要通过核心价值观建设工作,帮助青年学生澄清和纠正认知上的误区,在思想意识深处真正意识到诚信的重要性,形成道德自律意识,实现自我教育、自我完善、自我发展。从道德信念来看,改革开放以来,一些大学生与社会接触的过程中,伦理道德观念受到巨大冲击,对善恶不能正确区分,心中没有道德判断标准,道德信念十分迷茫。因此,有必要通过核心价值观建设工作,增强大学生的道德信念,明确他们在推进社会发展中应负的责任。总之,只有以核心价值观建设工作引领大学生思想政治教育,才能应对现实的严峻挑战。

(二)引领当代社会思潮

十六届六中全会决议与十七大报告都强调要"以社会主义核心价值体系引领社会思潮"。20 世纪 80 年代以来,除了执政党中国共产党提出的日益完善的中国特色社会主义理论之外,各种社会思潮此起彼伏,令人目不暇接。尤其是自由主义、人道主义、新自由主义、新左派、民族主义、民主社会主义等思潮,深刻地影响了人们的思想,影响了大学生价值观念的发展。在此背景下,以核心价值观建设工作引领当代社会思潮,促进当代社会思潮的健康发展,加强党在意识形态领域的执政能力,为中华民族伟大复兴构筑良好的社会氛围,有助于从根本上消除各种社会思潮对青年学生的消极影响,建设青年学生健康的价值观念。

首先,要以核心价值观建设工作引领当代社会思潮,促进当代社会思潮健康发展。在文化全球化背景下,多样化社会思潮需要核心价值观建设工作引领。社会思潮通过潜移默化的方式对人们的价值观产生渐进性影响,过程复杂、可控性低。因此,对社会思潮不能采取行政或暴力措施来压制发展,只能采用疏导的办法,找出人们思想认识上的根源,用科学的理论或价值体系来引领。从实践看,改革开放三十多年来,中外文化交流日益频繁。全球化进程的加快,使多元文化的对话、冲突与碰撞成为常态。当代中国多样化的社会思潮在一定意义上是文化全球化的产物,是多元文化相互激荡、渗透的结果,背后隐藏着多元文化的竞争与交锋。这些思潮流派尽管在各自的拥护者那里都有一定的合理性,但是比较而言仍然有先进与落后之分、健康与腐朽之别,并且善恶之间、美丑之间、是非之间并非泾渭分明,而是相互交织、错综复杂,彼此之间的渗透、斗争、碰撞与吞噬也异常激烈。"它们之间往往处在无序的混沌状态,迫切需要一个领路人以维持'秩序'和引导方向,引领多样化思潮朝着更加理性、健康的方向发展。"①社会思潮自身的这种"需要",呼唤着社会主义核心价值体系的引领。对于青年学生而言,对社会主义核心价值体系的认识越深刻,对各种社会思潮的辨识能力就越强。而从社会思潮的流变规律看,大学生是受当代社会思潮影响最大的群体,各种社会思潮在青年学生中的影响程度,是其在整个社会影响程度的风向标。一定意义上,社会主义核心价值体系掌握了青年学生,也就掌握了引领各种社会思潮的阵地。因此,在青年学生中深入建设社会主义核心价值体系,客观上就会起到以社会主义核心价值体系引领当代社会思潮的作用,有助于驾驭和统筹引领当代社会思潮的全局。

其次,要以核心价值观建设工作引领当代社会思潮,加强党在意识形态领域的执政能力。社会思潮反映着党在政治、经济、文化诸领域的执政能力、执政效果,又反过来影响党在各个领域的执政能力、执政效果。社

---

① 邱仁福:《社会主义核心价值体系引领社会思潮探析》,《湖南科技学院学报》2008年第9期,第94页。

会思潮的有序发展,会为党的执政提供精神动力、政策源泉与良性监督。社会思潮的失控,则会造成民族精神的涣散、社会凝聚力的缺失,极大地干扰党的执政过程、影响党的执政效果。新世纪新阶段,我国要想在复杂多变的国际形势中站稳脚跟,集中全民力量建设中国特色社会主义,就必须高度重视以社会主义核心价值体系引领社会思潮的工作,深入把握社会大众的思想与心理,及时消除人们思想中的不平衡因素,进一步提高中国共产党在意识形态领域的执政能力,进而提高党在政治、经济、文化诸领域的执政能力。坚持以社会主义核心价值体系引领当代社会思潮,还要发现并正视矛盾,在努力从经济基础、社会结构与思想观念上消除矛盾根源的同时,通过纠正错误的社会思潮、整合有益或无害的社会思潮,减少人们思想中各类不和谐的因素。在以社会主义核心价值体系引领社会思潮的过程中,高校是桥头堡、主阵地,大学生是最为重要的群体之一。大学生对社会意识、社会心理的反应最为敏感,他们的思想观念是社会意识、社会心理的"晴雨表",是社情、民情、舆情的集中反映;同时,大学生群体的思想观念一旦偏离党和政府所主导的意识形态,在社会上膨胀、发酵、引起"共鸣",就极有可能发展成为社会的不稳定因素,影响到党的执政地位。从国际范围来看,20世纪90年代的"苏东剧变"、21世纪初的"颜色革命",都是从各种势力影响社会思潮、搞乱大学生的思想开始的。我国20世纪90年代前后一度出现的学潮、动乱,也带有这个特点。总结历史的经验、教训,要加强党的执政能力,就必须高度重视以核心价值观建设工作引领当代社会思潮。

最后,要以核心价值观建设工作引领当代社会思潮,为民族复兴构筑良好的社会氛围。实现民族复兴是中华民族的百年宏愿,也是当代大学生的历史担当,但是如何实现民族复兴? 首要的是选择什么样的发展路径,除此之外,还有三大重要问题需要解决:一是以什么作为指导思想;二是以什么作为精神动力;三是以什么作为社会大众的伦理规范。能不能科学回答并切实解决这些问题,将在很大程度上影响着民族复兴的历史进程。改革开放以来,这四个问题一直受到各种社会思潮的挑战。自由主义思潮、新老"左派"思潮、民主社会主义思潮、殖民主义文化思潮、历史虚无主义思潮、民族分裂主义思潮、极端民族主义思潮、反民族主义思潮纷纷提出了自己的主张,使关注民族复兴的青年学生眼花缭乱、无所适从,也困扰着中华民族伟大复兴的历史进程。新世纪以来,中央在多年来意识形态工作的基础上,对这四个问题做出了正面的回应,即:在社会道路上,要高举中国特色社会主义这面旗帜,坚定不移地走中国特色社会主义道路;在指导思想上,坚持马克思主义的指导地位,以马克思主义中国化的最新成果——中国特色社会主义理论体系来指导新的实践;在精神动力上,用以爱国主义为核心的民族精神和以改革创新为核心的时代精神来鼓舞人们的斗志;在伦理规范上,要树立以"八荣八耻"为主要内容的社会主义荣辱观。中央对这四个问题的回应,完成了意识形态的重构,形成了社会主义核心价值体系的基本内容。所谓"深入建设当代大学生的核心价值观",就是要以对这四个问题的科学回答,消解青年学生在这四个方面的困惑,引导他们透过各种社会思潮的迷雾,理解并认同中国特色社会主义道路、中国特色社会主义理论体系、民族精神与时代精神以及社会主义荣辱观,从而凝聚人心、汇聚人力,为中华民族的伟大复兴共同奋斗。正是在这个意义上,我们说以核心价值观建设工作引领当代社会思潮,是坚定走中国特色社会主义道路,实现中华民族伟大复兴的需要。

第六章　大学生社会主义核心价值体系建设的思路

　　大学生社会主义核心价值体系建设是一项十分复杂的系统工程。在系统工程中,构成整体的各个部分相互联系,并共同作用于整体。构成系统的各个部分往往是参差不齐的,而劣势部分往往决定整个系统的水平,此为"木桶理论"①。对于任何一个系统,如果不统筹兼顾,就很难对系统整体发挥实质性的影响。就大学生社会主义核心价值体系建设这个复杂系统而言,它涉及学校教育、家庭教育与社会教育等多个部分,每个部分又有各自的构成要素。在这个系统中,无论哪个部分、哪个要素成为"短板",都会影响到其他部分、其他要素的作用,并进而影响到整体的效果。因此,推进大学生社会主义核心价值体系建设,必须综合考虑各种影响因素,全面分析,统筹兼顾,全面把握,整体推进,才能取得实效,实现目标与任务。在总体上,应当坚持以科学发展观为指导,以科学的理论武装人、以正确的舆论引导人、以高尚的精神塑造人、以优秀的作品鼓舞人;在具体渠道上,应当坚持"四个统筹"。

一、方略与原则

　　推进大学生社会主义核心价值体系建设,总体上应坚持以科学发展

---

　　① "木桶理论":又称为水桶原理或短板理论,该理论认为,由多块木板构成的水桶,价值在于其盛水量的多少,但决定水桶盛水量多少的关键因素不是其最长的板块,而是其最短的板块。

观为指导,以科学的理论武装人、以正确的舆论引导人、以高尚的精神塑造人、以优秀的作品鼓舞人。

(一)整体推进的方略

科学发展观是党和国家在新世纪新阶段提出的统领经济社会发展的重大战略思想。加强和改进大学生社会主义核心价值体系建设,既是科学发展观的根本要求,也是践行科学发展观的重要基础;既是以人为本理念的生动体现,也是践行科学发展观的根本举措。科学发展观在方法论层面上对大学生社会主义核心价值体系建设具有重要的指导意义。科学发展观在方法上突出体现为统筹兼顾。在大学生社会主义核心价值体系建设中,"统筹"就是要统揽全局、科学筹划;"兼顾"则是要协调方方面面的关系,防止顾此失彼。遵循科学发展观所蕴涵的方法论原则,就是要把大学生社会主义核心价值体系建设看做一个由各部分、各要素构成的统一整体,全面分析,统筹兼顾,全面把握,整体推进,努力使大学生社会主义核心价值体系建设更科学、更协调、更务实、更富有实效。要在科学发展观的指导下,在理论上整体架构,在实践上整体推进,同时着力解决好认识、思路、方法、渠道和队伍等方面的问题。应立足于大学生的全面发展,审视大学生社会主义核心价值体系建设的功能和定位,提升对大学生社会主义核心价值体系建设重要性的认识层面;应对大学生社会主义核心价值体系建设的思路进行更加合乎逻辑、更加贴近实践要求的整合与规范;应对大学生社会主义核心价值体系建设的方法进行全方位、立体式的归纳与概括;应从宏观到微观,既层层递进,又横向展开,对大学生社会主义核心价值体系建设的多层次、多渠道进行深入剖析;应从落实科学发展观的高度,强化大学生社会主义核心价值体系建设的人才队伍建设。

从科学发展观的角度审视大学生社会主义核心价值体系建设,我们认为,解决认识问题是前提。认识有了高度,行动才有力度,不断提高对大学生社会主义核心价值体系建设重要性的认识,反复加深认识,全面强化认识,是做好工作的前提。理清大学生社会主义核心价值体系建设的思路是基础。思路决定着出路,只有思路清晰、脉络分明,才能方向明确、效果明显。找到大学生社会主义核心价值体系建设的正确方法是根本,方法对头,事半功倍,工作才能富有效率。畅通大学生社会主义核心价值体系建设的渠道是关键,多层次、多元化的渠道畅通无阻,社会主义核心价值体系教育的系统工程才能健康运行。队伍建设是保障,建立起科学的大学生社会主义核心价值体系建设工作人才保障机制,才能保证现实的工作有人落实,今后的事业有人继承与发展。认识到位、思路清晰、方法科学、渠道畅通、队伍健全,大学生社会主义核心价值体系建设才能更好地落实以人为本的理念,更好地贯彻全面、协调、可持续的发展思路,更好地促进当代大学生的健康成长、全面成才。本书后面的研究,将在审视大学生社会主义核心价值体系建设现状基础上,抓住一些薄弱环节,提出相关的对策。

(二)科学引导的原则

江泽民同志曾经强调指出:我们的宣传思想工作,要以科学的理论武装人,以正确的舆论引导人,以高尚的精神塑造人,以优秀的作品鼓舞人,不断培养和造就一代又一代有理想、有道德、有文化、有纪律的社会主义新人,在建设有中国特色社会主义的伟大事业中发挥有力的思想保证和舆论支持作用。这虽然是对宣传思想工作提出的要求,但对大学生社会主义核心价值体系建设同样具有普遍的指导意义。推进大学生社会主义核心价值体系建设,同样需要"以科学的理论武装人,以正确的舆论引导人,以高尚的精神塑造人,以优秀的作品鼓舞人"。

1. 以科学的理论武装当代大学生

科学的理论武装是根本。建设当代大学生核心价值观,理论上的清醒和坚定是前提。做好当代大学生的理论武装工作,是中国特色社会主义事业长远发展的战略要求,是党赢得青年、培养青年的根本途径,是大学生自身健康成长的根本要求。以科学的理论武装人,就是要以马克思主义理论,包括马克思主义基本原理与中国化的马克思主义理论,来引导青年学生树立正确的人生观、世界观、价值观。马克思主义基本原理是由马克思主义哲学、马克思主义政治经济学、科学社会主义构成的科学理论体系。其中马克思主义哲学即辩证唯物主义与历史唯物主义是关于自然、社会与思维发展的普遍规律的科学，为人们认识世界和改造世界提供了科学的世界观与方法论；马克思主义政治经济学揭示了资本主义社会经济基础与上层建筑之间的内在矛盾，发现了资本主义社会运行的内在规律，为人们改造资本主义社会、走向社会主义提供了有力的"工具"；科学社会主义描绘了人类社会发展的未来趋势，揭示了无产阶级革命所要达到的理想社会目标。马克思基本原理与中国实际相结合，诞生了毛泽东思想、邓小平理论、"三个代表"重要思想与科学发展观。其中毛泽东思想是关于中国新民主主义革命的社会主义革命的理论；邓小平理论回答了"什么是社会主义、怎样建设社会主义"的问题；"三个代表"重要思想回答了在当今世界"建设什么样的党，怎样建设党"的问题；科学发展观回答了新世纪新阶段中国面临的"为什么发展"、"为谁发展"、"靠谁发展"和"怎样发展"等一系列重大问题，深刻揭示了中国现代化建设的发展道路、发展模式、发展战略、发展目标和发展手段等。如果说毛泽东思想是中国特色的革命理论，那么邓小平理论、"三个代表"重要思想与科学发展观则构成了中国特色的社会主义建设理论，二者都是中国化的马克思主义。以马克思主义基本原理与中国化的马克思主义理论武装人，要找准理论武装与大学生成长进步的结合点，采取大学生喜闻乐见的形式，把我们要说的同大学生想听的结合起来，把理论的穿透力同情感的震撼力结合起来，把透彻的说理同鲜活的语言结合起来，有针对性地回答大学生关心的热点问题，真正使青年学生成为科学理论的坚定信仰者、自觉实践者和积极宣传者。

2. 以正确的舆论引导当代大学生

舆论作为意识形态、上层建筑的一部分，是由经济基础所决定的，同时又服从、服务于一定的经济基础。任何一个国家，任何一个阶级，任何一个政党都非常重视新闻舆论，都千方百计地要控制舆论。美国政治学家哈洛德·拉斯韦尔对"媒介权力"进行了深入研究,提出了"万能媒介理论",认为"传播媒介对个人及社会的影响是直接的、巨大的,具有塑造人的信念和行为的力量。"①我们党和国家历来非常重视舆论工作,始终强调坚持正确的舆论导向。毛泽东指出,报纸的作用和力量,就在它能使党的纲领路线,方针政策,工作任务和工作方法,最迅速、最广泛地同群众见面。邓小平强调,要使党报成为全国安定团结思想上的中心,思想文化部门要以社会效益为一切活动的唯一准则,要多出好的精神产品。江泽民认为,党的新闻事业与党休戚与共,是党的生命的一部分。可以说,舆论工作就是思想政治工作,是党和国家的前途和命运所系的工作,舆论导向正确,是党和人民之福;舆论导向错误,是党和人民之祸。胡锦涛也指出:"舆论引导正确,利党利国利民;舆论引导错误,误党误国误民",因此,"新形势下,新闻宣传工作要高举旗帜、围绕大局、服务人民、改革创新,坚持正确舆论导向,提高舆论引导能力,营造良好舆论环境,更好地发挥宣传党的主张、弘扬社会正气、通达社情民意、引导社会热点、疏导公众情绪、搞好舆论监督的重要作用。"②改革开放以来,各类舆论机构贯彻中央的方针和决策,坚持正确的舆论导向,凝聚了人心,鼓舞了斗志,保障了改革的顺利进行。但20世纪80年代后期,也有过舆论导向出问题、给党和人民造成损失的教训。正反两方面的经验教训告诉我们,任何时候各级党委和政府都必须高度重视舆论工作,牢牢把握舆论工作的主导权,切实提高舆论宣传工作的实效性。在当代中国,报纸、广播、电视等新闻媒体是党、政府和人民的喉舌,互联网是新兴的重要舆论阵地,都在宣传科学理论、传播先进文化、弘扬社会正气、塑造美好心灵、倡导科学精神等方面起着导向性、基础性作用。实践证明,这些舆论阵地导向正确,大学生人心凝聚、精神振奋,大学生社会主义核心价值体系建设就好做;舆论导向错误,大学生社会主义核心价值体系建设就会受到很大影响,甚至被

① 转引自龙新民《以邓小平理论为指导 牢牢把握正确的新闻舆论导向》,《前线》1999年第2期,第4页。
② 胡锦涛:《在人民日报社考察工作时的讲话》,《人民日报》2008年6月21日。

颠覆。

3. 以高尚的精神塑造当代大学生

弘扬高尚的精神,塑造高尚的人格,是大学生社会主义核心价值体系建设的关键。早在解放战争时期,毛泽东就提出,人是要有一点精神的。这里的"精神",是一种崇高的理想,坚定的信念,顽强的斗志,高尚的情操,自觉的组织性、纪律性,以及大公无私的集体主义精神和艰苦奋斗的创业精神。这里的"精神",也是一种情怀,一种境界,一种超越,一种不甘平庸、不甘屈从、不甘得过且过的血性和品节。人无精神不立,国无精神不强。一个民族要有点精神,否则就会失去脊梁骨,不能自强自立;一个家庭要有点精神,否则就会家业衰败,一代不如一代;一个人如果没有一种昂扬向上的精神,没有使命般的激情,不思进取,生命就失去了存在的价值和意义。因此,古今中外成大事者,无不重视精神支撑,无不有一种精神支撑。正如恩格斯所说,在社会历史领域内进行活动的,全是具有意识的、经过思虑或凭激情行动的、追求某种目的的人。可见,人的生产活动和社会活动与人的精神是息息相关的。人类的各种活动过程,无不渗透着人们的精神因素,同时人的精神因素也无时不在影响着人的生产活动和社会活动。在当代中国,以高尚的精神塑造人,要格外重视民族精神和时代精神的作用。民族精神是一个民族赖以生存和发展的精神支撑。中华民族精神是以爱国主义为核心,以团结统一、爱好和平、勤劳勇敢、自强不息等为基本内容的精神。它不仅使中华民族创造了灿烂的文明,而且使中华民族生生不息、连绵不绝,表现出强大的生命力。时代精神是每一个时代特有的普遍精神实质,是一种超脱个人的共同的集体意识,是激励一个民族奋发图强、振兴祖国的强大精神动力。当代中国的时代精神突出表现为改革创新的精神。当前,以高尚的精神塑造人,就应当把弘扬和建设民族精神和时代精神作为大学生社会主义核心价值体系建设的重要任务,纳入国民教育全过程、纳入精神文明建设全过程,使青年学生始终保持昂扬向上的精神状态。要充分运用民族历史中凝结成的各种宝贵精神资源教育引导青年学生,要及时运用现代化建设中不断涌现出的先进人物先进事迹激励感化青年学生,在青年学生中大力倡导一切有利于发扬爱国主义、集体主义、社会主义的思想和精神,一切有利于改革开放和现代化建设的思想和精神,一切有利于民族团结、社会进步、人民幸福的思想和精神,一切用诚实劳动争取美好生活的思想和精神。

4. 以优秀的作品鼓舞当代大学生

用优秀的作品鼓舞青年学生是大学生社会主义核心价值体系建设的重点。优秀的作品承载着民族的血液与精髓,是一个国家、一个时代精神文化水平的集中反映。好的作品可以哺育和影响一个民族,可以影响人的一生。正如江泽民所说:文艺是民族精神的火炬,是人民奋进的号角。在建设和弘扬民族精神方面,文艺可以发挥独特的重要作用。中国共产党一直十分重视文艺的社会作用。早在 20 世纪 20 年代就提出了"革命文学"的主张。30 年代,党成功地组织了左翼作家联盟,在国统区开展了革命文艺活动,团结了一大批进步文艺家,开始了领导文艺事业的实践。1942 年正值抗日战争进入艰苦的相持阶段,在敌人封锁、战事频繁的非常时期,党中央召开延安文艺座谈会,专门研究讨论文艺问题。毛泽东同志发表了著名的《在延安文艺座谈会上的讲话》(以下简称《讲话》),总结了新文化运动以来的历史经验,指出了革命文艺的发展方向。新中国成立以后,《讲话》所代表的社会主义文艺思想继续发挥着指导作用,并在新的历史条件下得到丰富和发展。毛泽东同志在1956 年提出了"百花齐放、百家争鸣"的方针,文艺创作出现了繁荣的局面。进入新时期以后,新的领导集体继承《讲话》的理论精髓,与时俱进,拨乱反正,矫正"文化大革命"给文艺工作带来的偏差,文艺创作有了新的发展。关于文艺"为人民服务,为社会主义服务"的方向,关于"弘扬主旋律,提倡多样化",关于"以优秀的作品鼓舞人",以培养"四有"新人为目标、提高全民道德精神素质,关于代表先进文化前进方向的思想,等等,为有中国特色马克思主义文艺理论增添了鲜活的时代内容。① 在新世纪,用优秀的作

---

① 　陈晓光:《坚持以优秀作品鼓舞人》,《人民日报》2002 年 5 月 23 日。

品鼓舞人,是大学生社会主义核心价值体系建设的客观要求。高校要理直气壮地向青年学生推荐优秀的文艺作品,引导他们多读书,读好书,多看影视精品,学会全面分析各类作品。文艺战线要坚持为人民服务、为社会主义服务的方向,坚持"双百"方针,弘扬主旋律,多出优秀作品,满足青年学生不断变化的精神需求,引导青年学生培养正确的价值观念。努力创造优秀的文艺作品,既是推动大学生社会主义核心价值体系建设的需要,也是文艺事业自身繁荣的需要。优秀的文艺作品,不仅思想内容要健康向上,艺术表现也应多种多样、生动活泼、精益求精,具有强烈的吸引力和感染力,只有这样,才能赢得青年、赢得读者、赢得生存的机会。

总之,社会生活的多样化,决定了大学生社会主义核心价值体系建设总体上要坚持以科学发展观为指导,以科学的理论武装人、以正确的舆论引导人、以高尚的精神塑造人、以优秀的作品鼓舞人。在实践中,大学生社会主义核心价值体系建设应该眼界更宽广一些、方式更多样一些,运行机制也应该是全方位的、开放式的。要充分考虑社会、家庭、学校对大学生的综合性影响,统筹社会教育、家庭教育和学校教育,形成合力。在学校教育中,要遵循人的思想品德形成的客观规律,统筹未成年人教育与大学生教育,实现层次推进。在高等教育中,要根据高校人才培养模式的特点,统筹课堂教育、校园文化活动和社会实践,实现各个培养环节的横向结合。就课堂教育而言,则要统筹专业教育、人文教育和社会主义核心价值体系教育,三者有机结合,实现全面渗透。①

二、统筹社会教育、家庭教育和学校教育

大学生的价值观不是在孤立的空间里养成的。学校是大学生多年来成长成才的主要环境,与此相对应的另一个重要场所是家庭,两者之间是

---

① 宫志峰:《思与行——当代大学生思想政治教育创新研究》,山东人民出版社 2008 年版,第 120 页。

具有无限广延性的社会。社会教育、家庭教育和学校教育交互作用、相互制约,各自有着不同的特点和功能,都对大学生价值观的形成产生重要的影响。推进大学生社会主义核心价值体系建设,必须在宏观上统筹社会教育、家庭教育和学校教育,使社会、家庭、学校各方面有机结合起来,形成合力。

(一)社会教育

胡锦涛曾经指出:"大学生理想信念的树立、思想品质的建设、道德情操的培养、文明习惯的养成、美好心灵的塑造,需要社会方方面面共同支持,需要营造健康向上的良好社会环境,特别是要大力营造良好的文化环境、舆论环境、校园周边环境"①。这既指出了社会教育的重要性,也指出了开展社会教育的迫切性。要提高大学生社会主义核心价值体系建设的实效性,就必须充分认识社会教育的意义,准确把握社会教育的特点,把社会各方面的积极性调动起来,把社会各方面的力量动员起来,把社会各方面的教育资源整合起来,发挥社会教育的优势,形成大学生社会主义核心价值体系建设的合力与整体效应。

1. 社会教育的意义和特点

社会教育有广义和狭义之分。广义的社会教育,是指社会环境对人的思想观念发生的作用;狭义的社会教育,是指学校和家庭以外的社会文化机构以及有关的社会团体或组织,对社会成员所进行的教育。本书中的社会教育,根据语境的不同,有时是指广义的社会教育,有时是指狭义的社会教育。教育史上最早的教育是广义的社会教育。在原始社会,家庭尚未形成,学校更未诞生,年青一代的教育是在氏族成员的共同劳动与日常生活中,以氏族成员言传身教的方式进行的。以后随着家庭和学校的产生,广义的社会教育开始逐步地分化为学校教育、家庭教育和狭义的

---

① 中共山东省委高校工委:《加强和改进大学生社会主义核心价值体系教育工作文件汇编》(2005 年 3 月),第 18 页。

社会教育三种形态。近代狭义的社会教育大约产生在 16—18 世纪。法国的社会教育在 1533 年前后开始,美国的社会教育酝酿于 1600 年前后,英国的社会教育萌芽于 1860 年前后,日本的社会教育始于明治二年(1868 年)。我国提出社会教育是在 20 世纪初,早在 1912 年,孙中山先生建立的临时政府中就有了社会教育司这个机构。但"社会教育"这个概念被广泛提及,还是近年来的事情。20 世纪 80 年代中期以来,社会教育问题在我国逐渐受到重视,相关研究成果开始出现。

广义的社会教育具有自然性、渗透性等特点,对大学生具有潜移默化的教育功能。所谓自然性,是指社会环境本身未必设定过教育目标,但是社会环境的存在,或者社会上特定事件的自然发生,本身就会自发地对大学生的思想观念产生影响,这种影响可能是积极的,也可能是消极的。所谓渗透性,是指在阶级社会中,社会环境本身渗透着统治阶级的意识形态属性,这种渗透在社会环境中的意识形态属性,会在大学生意识不到的情况下,对大学生的思想观念发生作用。20 世纪 80 年代以来,随着人类交往程度的加深与信息传播技术的发展,广义的社会教育的作用暨社会环境对大学生的价值观念发展的影响也越来越突出。如果说课堂教育构成了大学生价值观念发展的第一个"场"、校园环境构成了大学生价值观念发展的第二个"场",那么社会文化环境、社会舆论与校园周边环境则构成了大学生价值观念发展的第三个"场",大学生的生活空间由第一个"场"向第三个"场"扩展的过程中,其价值观念也不断得到"矫正",这种"矫正"未必使大学生更为高尚,但却更为适应社会生存的需要。在某种意义上,社会生存需要什么样的思想观念,第三个"场"就会带给大学生什么样的价值观念。在第一个"场"中,是系统的理论教育发生作用;在第三个"场"中,经常是单一的社会事件就会刺激大学生改变原来的价值观念,形成某种新的价值观念。在这个意义上,广义的社会教育,对大学生的价值观念具有一定的"颠覆性"。

狭义的社会教育则具有开放性、群众性、多样性、补偿性、融合性等特点。一是开放性。社会教育没有年龄、时间、地点等局限,可随时随地开展教育。同时,社会教育同各种社会生活沟通起来,打破了学校教育那种封闭式的教育体系,具有极大的开放性。二是群众性。社会教育对各个年龄阶段、各行各业人员都适用。除了满足未成年人和大学生群体的需要外,成年人的职业技术教育、老年人的老年大学等也满足了社会各年龄阶段、各职业系统人员的学习要求。三是多样性。从时间上说有脱产式、半脱产式、业余式,等等;就形式来说有培训班式、讲座式、函授式、媒体传播式、展馆式、自学式,等等;就内容来说有文化知识、科学技术、政治法律、伦理道德、文学、体育卫生,以及生活常识等多方面的教育。四是补偿性。在校所学知识有些容易过时,跟不上时代需要;许多新的知识不断涌现,需要新的学习;更有些日常生活知识学校不传授。这些都需要社会教育予以补充。五是融合性。现代社会教育日益渗入社会生活的方方面面,越来越表现出同社会的政治活动、生产劳动、社会生活、娱乐活动,甚至同宗教活动密切结合、融为一体,处处都可以发挥作用。狭义的社会教育直接面向全社会,又以社会政治经济为背景,比学校教育、家庭教育有更广阔的活动余地、影响面更广、更能有效地对整个社会发生积极作用。狭义的社会教育不仅面对学校、面对青少年,更面对社会的成人劳动者。不仅可以弥补学校教育的不足,满足成年人继续学习的要求,还可以通过政治、道德教育,促进社会安定与进步。狭义的社会教育形式灵活多样,没有制度化教育的严格约束性。它很少受阶级、地位、年龄资历限制,能很好体现教育的民主性。狭义的社会教育同社会实践相结合,更有利于人的社会化。由此可见,在现代社会里,社会教育已经成为教育体系中不可忽略的部分。

2. 社会教育的实施方式

对大学生社会主义核心价值体系建设而言,无论是狭义的社会教育,还是广义的社会教育,都发挥着学校教育、家庭教育不可替代的作用。尤其是广义的社会教育,也就是社会环境对人的价值观念发生的作用,由于具有自然性、渗透性甚至"颠覆性"等特点,在大学生社会主义核心价值体系建设中显得尤为重要。因此,必须大力营造良好的文化环境、舆论环境、校园周边环境,为大学生社会主义核心价值体系建设营造健康向上的良好社会环境。一是必须准确把握先进文化的前进方向,坚持"二为"方向和"双百"方针,着眼于提高中华民族的基本素质,充分发挥文化的社会教育功能。要大力发展文化事业和文化产业,为大学生提供更多更好的文化产品和文化服务;要充分利用博物馆、纪念馆、展览馆、烈士陵园等爱国主义教育基地,加强大学生的爱国主义和民族精神的教育;要充分发挥各种群众性活动中心的作用,开展面向大学生的公益性文化活动。二是必须坚持党对宣传、理论、新闻、文艺、出版等舆论阵地的领导权,把舆论阵地的领导权牢牢掌握在忠于马克思主义、忠于党、忠于人民的人手里;必须坚持团结、稳定、鼓劲和正面宣传为主的方针,牢牢把握正确的舆论导向;必须增强舆论阵地的吸引力、感染力和说服力,提高质量和效果;必须大力弘扬正气,并对各种错误思潮和丑恶现象及时给予有力的揭露和批判。三是必须把净化社会环境和优化校园周边环境作为精神文明建设的重要任务,依法加强对学校周边文化、娱乐、商业经营活动的管理,及时处理侵害学生合法权益、身心健康的事件和影响学校稳定、社会稳定的事端,确保学校正常教学和生活秩序不受干扰,为大学生的健康成长提供有力保障。要为大学生提供社会实践的广阔舞台,让大学生在实践中了解国情、经受锻炼,在与广大人民群众的共同奋斗中锤炼意志品质、培养创新精神、提高全面素质。社会教育具有导向性、多样性、普遍性的特点,无论学校教育还是家庭教育,都离不开社会这个大环境。总之,只有各有关部门密切配合、分工负责、堵住漏洞、不留死角,才能构筑良好的社会环境,为大学生社会主义核心价值体系建设保驾护航。

(二)家庭教育

家庭是社会不可分割的组成部分,是构成社会的细胞。家庭教育是一个人最早接受的教育,也伴随着一个人成长的全过程。家庭教育的好坏,不仅攸关个体的成败和家庭的兴衰,也关系着国家和社会的稳定和发展。中国古人讲:"苟家人之正,则天下之无邪","家之正则国之定",都揭示了家庭教育对于治国安邦的基础性作用。家庭教育具有学校教育、社会教育不可替代的作用,必须深入把握家庭教育的特点与规律,从当代中国特殊的家庭结构出发抓好家庭教育,奠定大学生社会主义核心价值体系建设的基础。

1. 家庭教育的特点与规律

我们经常所说的家庭教育,是指"家庭成员之间的相互教育,通常多指父母或其他年长者对儿女辈进行的教育。家庭教育是社会整个教育事业的重要组成部分,具有不可替代的特点和作用。"[①]家庭教育在古今中外都受到高度重视。在中国历史上,家庭教育的内涵十分丰富,包括治家之道、教子之道、修身、涉务之道等。传统家庭教育文化的特征之一,是在内容上主要反映了儒家文化精神;特征之二,是形式简明,语言通俗,容易为广大社会成员所把握;特征之三,是以血亲伦常为基础,既有家规强制,也有亲情感化,是一种行之有效的教育形式。[②] 在日本,自古以来就有重视家庭教育的传统。第二次世界大战前的日本家庭教育特别注重传授以父亲为中心的"忠孝"、"诚实"等理念。第二次世界大战后,日本家庭教育的责任主要由母亲承担,一些母亲自发组成了"母亲读书会",通过读书、交流以提高培养孩子的能力。日本政府高度重视家庭教育,文部省多次向地方当局发出通知,指出"家庭是教育的场所,父母的自觉教育是确立国民道义的源泉"。在西方国家,家庭被认为是价值观教育的起点,在政治社会化中起着基础性的作用。因此,一些西方国家的领导非常重视家庭教育及其作用。例如,美国前总统克林顿在其著作《希望与历史之间》就指出,家庭代表的价值观,家庭传授给自己孩子的经验教训,家庭为塑造自己的未来而担负的责任,以及家庭试图实现的梦想,在很大程度上决定着我们将是一个什么样的民族,以及我们能成为什么样的国家。他强调:"家庭是构成我们这个国家大社区的基础。巩

---

① 顾明远:《教育大辞典》第 1 卷,上海教育出版社 1990 年版,第 11 页。
② 王瑞荪:《比较思想政治教育学》,高等教育出版社 2001 年版,第 194 页。

固家庭的问题与美国利害攸关,美国对此负有责任。反过来说,美国的家庭也与美国的稳固利害攸关,也负有责任。这种巩固的过程、担负责任的过程,始于家庭,扩展到邻里,再发展到社区,最终创造出更加美好的美国。"①

家庭教育之所以在古今中外都受到高度重视,是因为它具有社会教育与学校教育不可替代的独特之处。家庭教育更具有连续性和持久性。家庭教育是终身教育,它开始于孩子出生之日(甚至可上溯到胎儿期),婴幼儿时期的家庭教育是"人之初"的教育,在人的一生中起着奠基的作用。孩子上了小学、中学、大学后,家庭教育既是学校教育的基础,又是学校教育的补充和延伸。对大学生而言,虽然在空间上已经以高校生活为主,日常生活中与家庭联系相对减少,但家庭教育在大学生成长中仍然起着不可替代的重要作用。家庭教育更全面、更广泛。家长对学生的潜移默化、言传身教随时可见。家庭成员之间的关系、家庭文化氛围、家庭生活习俗、家庭对外交往方式以及家长的个人爱好等都会耳濡目染地渗透到大学生的心灵中去。特别是父母的思想言行对大学生的影响更为深刻。即使不太重视家庭教育的父母,对其子女的影响也是客观存在的。家长对子女择业、待人处世、社会交往、恋爱婚姻等方面都有十分重要的影响。家庭教育具有权威性。由于存在着天生的血缘伦理关系,家庭教育天然地带有亲情色彩,有着强大的人格感化作用;由于存在着经济与生活的依赖关系,家庭对子女具有一定的支配作用,会产生一种无形的教育力量。家庭教育具有继承性。大学生在家庭里接受了祖辈、父辈对自己的教育,大学毕业成家立业后,也会用类似的教育内容、教育方式和教育方法去教育自己的后代,用从祖辈、父辈那里接受影响和教育所形成的思想观点、行为习惯,去影响教育自己的后代。鉴于家庭教育的这些特点,在大学生社会主义核心价值体系建设中,家庭的培养、家长的参与就显得特别重要。

---

① 转引自王瑞荪:《比较思想政治教育学》,高等教育出版社2001年版,第198页。

2. 当代中国家庭结构及其影响

所谓家庭结构,是以家庭中夫妻对数和代数为依据来划分的家庭组织形式。① 关于家庭结构的类型,社会学家王跃生认为有以下几种:(一)核心家庭。指夫妇及其子女组成的家庭。可细分为:1. 夫妇核心家庭,指只有夫妻二人组成的家庭。2. 一般核心家庭,或称标准核心家庭,指一对夫妇和其子女组成的家庭,或称户主与配偶及其子女组成的家庭。未婚子女为户主,与其父母及未婚兄弟姐妹组成的家庭,也属标准核心家庭。3. 缺损核心家庭,或称单亲家庭,指夫妇一方和子女组成的家庭,或称户主与子女组成的家庭。未婚户主与父母一方组成的家庭也是残缺核心家庭。4. 扩大核心家庭,指夫妇及子女之外加上未婚兄弟姐妹组成的家庭,或称户主与配偶、子女及未婚兄弟姐妹组成的家庭。(二)直系家庭。可细分为:1. 二代直系家庭,指夫妇同一个已婚儿子及儿媳组成的家庭,或称户主夫妇同儿子儿媳组成的家庭。2. 三代直系家庭,指夫妇同一个已婚子女及孙子女组成的家庭。从与户主关系上看,户主夫妇与父母及其子女组成的家庭也是直系家庭。3. 四代直系家庭可有多种表达。户主夫妇与父母、儿子儿媳及孙子女组成的家庭是四代直系家庭,户主夫妇与父母、祖父母、曾祖父母也是四代直系家庭。4. 隔代直系家庭。三代以上直系家庭缺中间一代可称为隔代直系家庭。(三)复合家庭。复合家庭是指父母和两个及以上已婚儿子及其孙子女组成的家庭。可分为:1. 三代复合家庭,主要是父母、儿子儿媳和孙子女组成的家庭。2. 二代复合家庭,指父母和儿子儿媳或两个以上已婚兄弟和其子侄组成的家庭。(四)单人家庭。只有户主一人独立生活所形成的家庭。(五)残缺家庭。可分为:1. 没有父母只有两个以上兄弟姐妹组成的家庭。2. 兄弟姐妹之外再加上其他有血缘、无血缘关系成员组成的家庭。(六)其他,指户主与其他关系不明确成员组成的家庭。

---

① 　王跃生:《当代中国家庭结构变动分析》,《中国社会科学》2006 年第 1 期,第 97 页。

　　家庭结构的变化是社会生产方式变革的必然结果。恩格斯认为："被共同的婚姻纽带所连结的范围,起初是很广泛的,后来越来越缩小,直到最后只留下现在占主要地位的成对配偶为止。"[①]20 世纪 80 年代以来,伴随着独生子女政策的实施,我国的家庭结构出现了明显的转变,形成了家庭教育的特殊背景。早在 20 世纪 90 年代初,我国家庭的家庭架构就出现了核心化、小型化、隔代化等特点,单亲家庭也在增多。一是家庭类型以核心家庭为主。1990 年,我国的一对夫妇户(无子女一起居住)占总户数的比例为 6.45%,夫妇与子女一起居住的核心家庭户占 65.77%,两种核心家庭加在一起占总户数的 72.22%,较 1982 年提高了 4.92%。其他联合大家庭占 20.895%,较 1982 年下降了 1.535%。另外,单身户占 4.87%。二是家庭规模趋小。1990 年城乡家庭平均规模,城市为 3.67 人,乡镇为 4.02 人,农村为 4.4 人,总平均数为 3.97 人,较 1982 年下降了 0.46 人。三是隔代户比例有所增加。祖父母与未婚子女一起居住,但父母不在一起居住的隔代、二代家庭户占总户数的比例为 0.7%,较以前高。这是因为父母外出打工而使其未婚子女与爷爷奶奶在一起居住,从而导致了隔代家庭的出现。四是单亲家庭日益增多。近年来我国遭遇了新中国成立以来的第三次离婚高潮,离婚指数以每年 35% 的速度递增,每年逾百万人离婚,产生了数以万计的残缺家庭。[②] 2000 年第五次全国人口普查结果显示,在全国样本家庭总数中,核心家庭占 68.15%,单人家庭占 8.57%,直系家庭占 21.73%,残缺家庭占 0.73%,复合家庭占 0.56%,其他家庭占 0.26%。[③]

　　新世纪前十年,中国家庭的核心化、小型化、隔代化以及单亲家庭增多的趋势仍在继续。从总体上看,核心家庭、直系家庭和单人家庭为基本结构的状态将持续下去,呈现出核心家庭为主、直系家庭居次、单人家庭

---

　　①　《马克思恩格斯选集》第 4 卷,人民出版社 1995 年版,第 26 页。

　　②　汪慧:《当代中国家庭结构转变与家教定位》,《当代青年研究》1997 年第 3 期,第 31 页。

　　③　王跃生:《当代中国家庭结构变动分析》,《中国社会科学》2006 年第 1 期,第 98 页。

作为补充的格局。当代中国家庭结构的变化对整个社会都产生了影响。从对大学生社会主义核心价值体系建设工作的影响看,既有积极的一面,也有消极的一面。其积极影响主要表现在:一是家庭规模趋于小型化,特别是在城市,三口之家占有相当大比例。因为只有一个子女,家长的时间资源没有被其他孩子分担,所以他们更有条件享受到来自父母的教育。二是一些父母的文化程度在提高,能更清楚地认识到教育的作用,也具备一定的教育能力,懂得使用科学的教育方法,能和大学生进行深层次的交流,有利于大学生家庭教育的开展。其消极影响主要表现在:一是当代大学生中独生子女占了较大比例,他们多半在读大学前没离开过家庭,大部分没经历过完整意义上的劳动锻炼,独立生活、独立学习的能力较差,独立处理同学、师生关系能力不足,独立判断、独立思考的能力严重欠缺。他们进入大学后,面对自由宽舒的条件和新的环境,无论是心理上、精神上,还是实际生活上,常常难以适应。二是一些家长格外关注孩子的升学问题,使孩子不堪重负、疲于应试。家庭教育的内容本应涵盖生活能力、思想品德、身体健康、心理健康、知识教育、审美能力等诸多方面。片面追求智育的结果往往是把本来健全的一些孩子加工成为能力及素质等都有缺陷的"残品",即使送入大学也难以成才。在高校,一些大学生价值观念错乱,心理问题涌现,成长过程中家长重智育轻德育的后遗症逐渐显现。三是有特殊家庭结构背景的大学生,由于家庭结构不健全,缺乏父爱或(和)母爱,没有良好的心理成长环境及父母的教育引导,很容易出现心理偏差。一些重组家庭和寄养家庭的子女,在较复杂的家庭关系中,过早承受过多的家庭压力,同时遭受一些社会上的偏见和歧视。与普通学生相比,这类学生易形成孤僻、自卑、厌世、敏感、多疑、偏激等灰暗心理。此外,直系家庭中常见的隔辈亲现象,父母双双外出打工造成的空巢家庭中的隔代抚养现象,都不利于大学生正确的价值观念的形成。

3. 家庭教育的对策

当代中国大学生的家庭教育深受家庭结构变迁的影响,很多时候是在不健康的教育观念支配下进行的。这种教育观念是特殊的家庭结构自然促成的,其支配作用也往往不易觉察。要改变当前家庭教育存在的问题,高校、家长和大学生都应认识到家庭教育的重要意义,在思想上重视起来。必须认识到,学校无法独立支撑教育的大厦,高校与家庭充分配合,才能更有力地促进大学生全面健康地发展。充分发挥家庭教育的优势,一定程度上能克服学校教育在大学生性格、精神、思想道德培养等方面的缺陷。因为家长们更熟悉子女的个性特点,更便于通过日常生活及情感纽带对学生施加积极的影响,展开有针对性的个别教育。当前,高校教育与家庭教育还存在一些错位。学校教育与家庭教育的目标都是培养合格的人才,但在具体内容和职能上,本应各有侧重。学校教育应以智育为主,家庭教育则应侧重于德育。但从现实情况看,一些家庭重视孩子的智育,却忽视了自身在子女道德教育、习惯培养、个性养成等方面的作用,舍弃了自己的主要任务和职能;而高校面对大学生这些方面的缺陷,不得不承担一些家庭教育应该承担的责任,在学校教育中进行弥补。要纠正这种状况,理顺高校教育与家庭教育的关系,需要从两个方面入手。

从高校的角度看,应主动加强与大学生家庭的联系。在内容上,学校应主动向家长介绍大学生在校期间思想、学习、工作、生活、人际交往等方面的表现。凡涉及学生奖惩,都应及时与家长联系沟通,让学校与家庭共同感受学生取得的成绩和进步带来的喜悦,共同分析学生出现问题的深层次原因,并积极寻找解决办法,共同帮助他们改过自新。在方式上,学校应充分运用书信、电话、电子邮件等媒介。书信交流的目的比较明确,在语言表达上可以委婉含蓄,有很强的感染力,易于打动人心,学校可以借助书信就有关问题与家长进行细致的交流。电话交流具有便捷性,通过电话,学校可以让家长随时了解子女学习、生活和思想情况,及时发现他们一些细微的心理变化,做出适当的反映。电子邮件具有应用广泛、操作方便、传输快捷、安全可靠、不受时空限制等诸多优点。随着电脑的普及,老师也可以通过电子邮件将学生在校期间的表现及时通知家长。在机制上,高校应成立由辅导员、班主任、学生家长代表参加的大学生家庭教育协调指导委员会,统一负责家庭教育的组织、指导、协调工作;应鼓励学生管理工作者深入研究大学生家庭教育理论,并通过建构有效的沟通机制,对大学生家庭教育进行科学的理论指导;还应在舆论宣传基础上成立家庭教育指导中心,激发家长的热情,逐步提高家长的家庭教育素质。

从家庭的角度看,应摈弃"重智轻德"的倾向,重视大学生的全面教育。家长不应在子女上大学后就认为他们已成才,放松家庭教育,特别是完全忽略道德教育,也不能"重智轻德",而应在重视子女学习的同时更注重其思想品德,实行全面的家庭教育。一是要更加重视德育。孩子上大学后,家长更要教育子女遵守家庭和社会中的伦理道德规范,帮助其树立正确的人生观、价值观。青春期是一个人道德品质的第二个主要形成时期,大学生在生活道路上接受高尚的道德情操的教育和影响,便可形成高尚的道德品质,反之则形成不良的道德品质。道德品质的形成并非朝夕之事,必须通过行为主体的反复实践才渐渐得以内化并得到巩固。家庭教育具有的终身性和反复性恰恰显示出它在塑造人的道德品质方面得天独厚的优势,大学生家长应该充分利用这一优势教育资源。优秀的道德品质形成后,将会使大学生在以后的学习、生活过程中受益终生。二是要继续关注智育。家长应该主动配合高校的教育教学,引导子女在大学完成知识学习的任务,激发他们的学习兴趣,调动孩子的学习积极性,并不断开阔视野,使他们不仅能掌握所学文化知识,而且能够在实践中灵活运用,提高自身综合素质和创新能力。三是要高度重视身心健康教育。在身体方面,家长要关心大学生的饮食和睡眠,教给他们科学的营养保健知识、自我保护能力、卫生常识,养成良好的卫生和体育锻炼习惯。在心理方面,家长要帮助大学生养成良好的情绪状态和积极向上的情感,顽强拼搏、自信自强的意志,调控自我、适应环境的能力,培养他们广博的兴趣和正当的爱好,以及认真负责、虚心好学、热情待人的性格,指导他们正确的恋爱婚姻态度,培养其健全的人格和良好的个性心理品质。四是要及时开展美育。家长要给大学生及时、正确的审美引导,在他们分不清美丑,甚至颠倒黑白以丑为美的时候,及时引导他们纠正错误的审美观,并帮助他们抵制不良的社会影响,使他们养成正确的审美观和感受美、鉴赏美、享受美、表达美、创造美的能力,陶冶其高尚的情操。①

(三)学校教育

学校是建立在一定社会关系基础上的社会组织机构,学校教育拥有一整套从教育内容、教育环节到教育方法的严格规范,这是学校教育以外的任何教育都难以做到的。因此,在学生价值观念和思想品德形成的过程中,学校教育具有独特的地位和作用。推进大学生社会主义核心价值体系建设,必须充分认识学校教育的特点,把握学校教育的规律,巩固这一主阵地。

1. 学校教育的内涵及特点

当今世界,无论是资本主义国家还是社会主义国家,都把学校当做价值观教育的主要阵地。由于学校在确立一个人的政治价值观念、培养其政治态度和政治情感方面起着十分关键的作用,所以常常被统治集团用作向学生灌输它所需要的政治价值观和政治态度的场所。在我国,学校作为价值观教育的主要阵地也深受重视。我国学校按照社会发展对青少年身心发展的要求,以社会主义主导价值观为核心内容,在活动与实践的基础上,通过合作与交往、宽容与理解,促进学生个体在观念和活动上都获得发展。② 从形态上看,我国的学校价值观教育有观念教育和活动教育形态两种。其中观念教育指对爱国主义、集体主义、社会主义等体现党和国家方针政策的特定价值观的宣传与推广,这些价值观在一定程度上代表着历史发展的方向、人民群众的根本利益以及政府运作的根本目标。活动教育指制度教育和行为教育,它们对民众的影响更广泛持久。如果制度设计和公众行为与政府倡导的价值观相去甚远,就会影响观念形态价值观教育的效力,甚至使价值观教育流于形式而无效。如果社会生活中经常发生着不良现象,那么无论进行怎样的价值观宣传与教育,这种教

---

① 庄薇:《试论当代大学生家庭教育的缺失及对策》,《黑龙江教育》2006 年第 3 期,第 30 页。

② 裴娣娜:《中小学生生存的文化环境与价值观教育》,《中国教育学刊》2005 年第 6 期,第 22—24 页。

育都会在无声之中被冲淡、被消解,甚至会在一定程度上形成青少年对政府主导价值观的不信任和逆反心理。① 当前,我国学校的价值观教育具有三个鲜明的特点。一是具有明确的方向性。贯彻党的教育方针,是我国学校价值观教育的一贯要求。新中国成立以来,我国教育方针作过多次修订,但用马列主义、毛泽东思想、邓小平理论和"三个代表"重要思想教育学生,把坚定正确的政治方向摆在首位,培养有理想、有道德、有文化、有纪律的社会主义新人,一直是学校德育即思想政治和品德教育的根本任务。二是具有持续性。从基础教育到高等教育,各级各类学校价值观教育的侧重点可能有所不同,但一名学生从小到大在学校所受到的价值观教育则具有连续性,其思想观念、道德观念、政治观念一直得到不断的强化。三是具有系统性。社会教育、家庭教育的效果一般是在潜移默化中实现的,学校价值观教育则是按照系统的教育方案实施的。学校中的价值观教育有明确的理论指导,有系统的教授方案,有具体的培养目标,有专门的实施人员。党和国家的价值观教育任务目标主要靠学校教育来实现。

2. 当前我国学校教育存在的问题

新中国向来非常重视学校在学生价值观念和思想品德形成中的作用,把学校看做实施价值观教育的主渠道、主阵地。我国学校主要通过系统的思想理论教育、"三育人"活动(教书育人、管理育人、服务育人)、各种课外活动以及营造班风、院风、校风等途径来培养学生良好的价值观念。多年来,我国学校价值观教育既积累了丰富的经验,也存在着一些突出的问题,主要体现在四个方面:一是教育内容与现实生活脱节。在信息化和多元化的环境中,大学生具有强烈的主体意识和一定的道德判断能力。学校价值观教育忽视青年学生的这些特点,回避多元、复杂的社会现实,在内容上一味地追求"净化"、追求"正面效果",客观上造成了大学生的困惑和迷茫。他们常常感到书本的空泛和不真实,从而本能地倒向社

---

① 余保华:《我国学校价值观教育:内涵、目标与原则》,《天津市教科院学报》2007年第5期,第5页。

会生活中的价值观念。他们虽然在考卷上顺应教材内容与教师意旨去组织答案,内心深处却不会将这些"答案"纳入自己的价值体系,更不会将其转化为行为。二是方法上过分诉诸"灌输",缺乏情感性。"灌输"忽略学生的主体需求和创造性,强调顺从和接受,排斥对话和民主。这严重偏离青年学生本身渴望民主、平等、互动、参与和沟通等心理特点,因而难以产生"亲和性",也无法解答他们的各种价值困惑。方法上缺乏情感性,也难以触摸到学生心灵,与学生的心理世界产生距离,导致青少年价值情感的淡漠和麻木。三是忽视学生身心发展规律。价值观的形成有一个由低到高的发展进程,价值观教育应遵从青少年不同发展阶段的特殊身心发展状况和接受特征。但实际情况却是我们对小学生大讲共产主义理论,到中学阶段讲道德教育,而到大学阶段却还在讲基本的社会公德,学校价值观教育与学生的身心发展规律相脱节。四是缺乏人文性与人性化。人是在特定的人文精神或人文激情下行动的,人性化与人文精神是价值观教育的灵魂。然而,我国教育长期存在着功利主义、科学主义的倾向,忽视学生情感、态度、意志和兴趣的培养,导致学生知识结构单一,情感、志趣、眼界狭窄,对课本以外的社会、伦理、生态、文化传统和人类未来等问题缺乏应有的认识和关怀。

3. 学校教育的对策和措施

学校价值观教育是学校德育工作的中心环节,是整个价值观教育体系中的主体部分,也是价值观教育能否取得实效的关键部分。针对我国学校价值观教育存在的问题,推进大学生社会主义核心价值体系建设,需要采取以下对策:一是应尊重学生的主体性,促进价值观教育生活化。当代大学生成长的起点、他们的视野和所接受的信息量都远胜以往任何时代,教育者不能把他们仅仅当做被教育的对象,而且要充分肯定他们的主体作用。价值观教育实际上是一个促使学生的内在需要与社会规范对话的过程,只有体现学生的主体性,才能实现知、情、意、行的统一和学生的自我教育。二是应由单向灌输转向引导和对话。教育是人与人的精神契合,是主体间的精神交流。作为引导青少年价值观念和建设青少年价值心理的活动,价值观教育应更多地关涉学生的精神世界与心灵感悟。它不应是教师掌握话语权力的单向灌输,而应以引导和对话实现教育者和受教育者的互动。教育者应具备平等的对话意识,学会倾听、尊重学生的表达权和自主性,用平等对话来实现最大限度地良性沟通,用更富于人性化的对话和引导来培养学生的价值情感、价值思维和价值行为能力。三是应富有时代性,加强情感性。信息化时代,学校一味追求净化价值观教育的环境已难以完全奏效。如果不回应迅速变化的社会生活,只会给青少年留下许多认识上的空白,使其被校园外的种种价值取向所吸引。因此,学校应围绕社会生活引导青少年进行讨论和分析,使青少年在对社会生活的思考中形成正确的价值观念。此外,价值观教育的真义在于对真善美情感的呼唤,学校应该为学生创设感悟和培养珍贵情感的机会,引导学生去感悟世界,体验人生,理解人与世界的关联。四是应加强渗透性和人文性。价值观教育的渗透性体现为对各种学科课程的渗透、对青少年活动的渗透以及在此过程中对人文性的加强。应改变课程教学过于注重知识传授的倾向,使学生在学习知识与技能的过程中学会学习、形成正确的价值观。这就需要把价值观教育作为基础性教育目标渗透于每一门具体的课程中,改变长期以来的知性价值观教育。价值观教育的人文性主要通过活动课程来实现。可以通过游历活动让学生感受自然风光,感受人与自然界的关系,形成他们和谐的世界观和自然的爱国情感;通过考察历史名胜和德育基地,激发学生的历史厚重感、崇高感和使命感,形成他们科学的历史观;通过开展志愿者服务等社会实践活动,培养学生良好的人际情感和公民意识;通过组织观影活动,让学生开拓人文视野、孕育人文精神,使他们的世界观、人生观、生命观、道德观、审美观和历史观等价值观念在潜移默化中受到洗礼和感染。①

　　综上所述,在大学生社会主义核心价值体系建设工作中,社会教育、家

---

　　①　梅平乐、刘济良:《迷失与复归:学校价值观教育实效性的反思》,《教育科学研究》2004 年第 11 期,第 47—48 页。

庭教育、学校教育各有侧重、各有特点,是有机衔接、密不可分的统一整体。推进大学生社会主义核心价值体系建设,在宏观把握上,必须把社会教育、家庭教育、学校教育紧密结合起来,相互配合,相互促进。要突出社会教育,巩固家庭教育,加强学校教育,推动大学生社会主义核心价值体系建设逐步深化,切实增强大学生社会主义核心价值体系建设的生机和活力。

三、统筹未成年人教育与大学生教育

　　学校教育是一个庞大复杂的系统,各级各类学校的具体培养方向、教学内容千差万别,但它们都服从和服务于培养德智体全面发展的社会主义事业的建设者和接班人这个总的目标。建设学生的核心价值观,是各级各类学校的共同任务,是他们不可分离的内在联系所在。人的价值观有一个由低到高的发展进程,即由最低限度的人际关系和日常行为开始进到社会价值观、人类理想价值观的进程,这个进程与个体从未成年人阶段到大学生阶段的发展基本一致。从发展的角度看,未成年人价值观教育是大学生价值观教育的基础。推进大学生社会主义核心价值体系建设,应当注意与未成年人价值观教育结合起来,连成一条线,使他们成为一个彼此衔接、互为补充、各具特色、共同发展的有机整体。在这方面迫切需要解决的一个问题,就是要根据不同年龄阶段、不同教育层次学生的心智特点、知识储备和培养目标,设置建设内容,建立一种层层递进,能够有效贯通未成年人和大学生价值观建设全过程的新机制,从而更好地发挥学校教育在学生核心价值观建设工作中的系统优势。

(一)未成年人教育

　　邓小平同志曾经说过:"革命的理想,共产主义的品德,要从小开始培养。"①未成年人心智活跃,可塑性很强,容易吸收正确的积极的价值观

---

　　①　《邓小平文选》(第2卷),人民出版社1994年版,第105页。

念,也容易接受错误的、消极的价值观念。帮助未成年人树立理想,提高思想道德素质,养成科学的价值观念,是学校在青少年核心价值观建设工作中应当肩负的重要责任。

1. 未成年人价值观形成的规律

胡锦涛强调,要遵循未成年人思想道德形成的规律,加强和改进未成年人思想道德建设。只有把握并运用未成年人价值观形成规律,未成年人价值观教育才能体现时代性、增强实效性。从教育心理学的角度来看,未成年人价值观的形成有三个规律。一是未成年人价值观的形成,离不开相关的价值观知识。只有被真正理解并纳入人的认知结构的价值观知识,才属于个体的知识。只有在自己直接经验参与下建构起来的、已经属于个体的价值观知识,才能被主体运用于指导自己形成一定的价值观念。二是未成年人价值观的形成,离不开社会生活实践的体验和经验。未成年人只有在一定的社会生活实践基础上,才能产生相应心理感受和经验。促使未成年人在实践活动中积累情境经验,既有助于主体价值观念顺利形成,又有助于锻炼其迁移能力,助其将来应对复杂多变的真实世界。三是未成年人价值观的形成,还离不开个体的情感和心理因素的参与。未成年人的情感需要及其变化既是客观的,也是有一定规律的。所谓"动之以情",即是在调动和激发主体情感的基础上,通过主体的深层感受产生触动心灵的教育效果。贴近学生情感,在情感交融的境界中,才能促进学生高尚道德情操的形成。价值观念形成中个体心理因素的积极参与极为重要。主体在价值认知时,是通过一定的心理活动操作,有选择性地接受某些价值观念,并融入自己的认知体系,从而构成他的价值观念。可见,未成年人价值观的形成,需要个体的价值观知识、实践性情境的体验与经验、个体的情感参与及心理操作等因素。实施未成年人社会主义核心价值体系教育,必须深入把握这些规律,在这三个维度上有机结合。

2. 当代中国未成年人价值观的基本状况

世纪之交,中国未成年人价值观总体上健康积极,符合社会发展方向。与 20 世纪 90 年代的未成年人相比,其价值观既有同一性,也有差异性。同一性主要体现在:都有着继承优良传统的情结;都有着很少或根本不考虑后果的幼稚性;辨析能力都较差,对一些问题没有明确的评判标准;都在价值目标上具有相对稳定性,同时在情感、情绪、心态上具有不稳定性。差异性主要表现在:世纪之交的中国未成年人,价值取向更趋于实际,价值认知的不确定性更为明显,价值行为的成人化更为凸显、独立性更强,价值选择趋向多元化。同时,世纪之交,个别未成年人的价值观也出现了偏移现象,例如:过度以自我为中心,逃离教育、规避监护,漠视社会、藐视成人、集体主义淡漠、个人主义浓烈,道德虚无、功利实在,态度暧昧、观点隐晦、趋向中庸,等等。当代中国未成年人价值观状况具体表现如下:①

一方面,当代未成年人价值观的总体状况基本符合社会预期。当代未成年人的价值行为既有传统成分,又有现代成分,还包含两者融合后产生的成分。他们既重行孝道,又勇于竞争、追逐时尚,同时还乐于宽容他人、见义勇为。当代未成年人在人生目标选择上,把"实现自己的远大理想"摆在第一位;在人生设计上,把做一个"有道德的人"放在第一位;当"看到升国旗或听到奏国歌时",73.87%的未成年人感到很激动;对社会主义荣辱观,75.52%的未成年人持赞成态度,并表示要努力践行;对社会上"不讲诚信"和"忘恩负义"的人,71.89%的未成年人表现出鄙视的态度;有54.82%的未成年人认为"学习雷锋""不过时",72.76%的未成年人表示愿意"助人为乐";同时,对拾金不昧、同情心、感恩都有积极的认识;在学习和生活上,表现出乐观的态度。尽管未成年人还摆脱不了对成年人的依赖,但是其独立性正在悄然增长。当代未成年人的独立意识不断觉醒,他们对世界、对社会、对他人的看法逐渐趋于理性;他们注意保护自己的"隐私",有时会对父母"阳奉阴违",对朋友、同学存在"退避""戒备"的迹象。此外,当代未成年人价值选择多元且实际。不少未成年人

---

① 叶松庆:《当代未成年人价值观的基本状况与原因分析》,《中国教育学刊》2007 年第 8 期,第 36—37 页。

对同一个事物可以采取多种多样的选择且心安理得；不少未成年人的价值取向趋于实际。

另一方面，当代未成年人价值观也呈现出若干消极特征。一是不成熟。这集中表现为对生命的漠视，如未成年人自杀、弑亲、杀人等。特别是对自杀，有些未成年人觉得不过是到外边走一遭，过两天再回来，毫无畏惧感。对别人的生命也毫不珍惜，缺乏同情心。二是不稳定。由于生理与心理欠成熟，当代未成年人的辨析能力较差，对一些问题缺乏明确的评判标准，人云亦云，随大流；对一些问题，既不赞成也不反对，态度含混，观点隐晦；看问题的角度偏窄，视野不广。他们的价值认知不像成年人那样具有相对稳定性。同时，也有不少未成年人虽然价值目标相对稳定，但情感、情绪不稳定，具有较强的易变性。三是受到拜金主义影响。人的行为是其价值观的反映。当代未成年人的价值观受到拜金主义的影响，一些未成年人满脑子钱多钱少，一张嘴官大官小，想当班级干部就拉选票，有点权力就开始"行贿受贿"，甚至出现未成年人雇人参加学校劳动的情况。四是以自我为中心。一些未成年人"自我"过于张扬甚至膨胀，这是未成年人以自我为中心的表现。五是集体主义观念淡漠。一些未成年人不讲究团队意识，集体荣誉感不强，突出个人奋斗和个人作用，过于计较个人得失。

3. 未成年人价值观教育的思路

基于未成年人阶段学生的心智特点、未成年人阶段学生价值观形成规律以及世纪之交中国未成年人价值观的基本状况，今后推进未成年人阶段的社会主义核心价值体系教育，需要着重做好以下两个方面的工作。

首先，要进一步明确未成年学生核心价值观建设工作的指导思想。中央国务院2004年颁布的《关于进一步加强和改进未成年人思想道德建设的若干意见》为未成年人价值体系教育提供了基本依据。根据《意见》要求，推进社会主义核心价值体系教育，总体上需要做好三个方面的工作。一是要按照党的教育方针，把德育工作摆在素质教育的首要位置，贯穿于教育教学的各个环节。要把弘扬和建设民族精神作为社会主义核心价值体系教育的重要任务,纳入未成年人教育的全过程。二是要依据不同年龄段学生的特点,修订和完善中小学生《守则》和日常行为规范。对小学生重点是规范其基本言行,培养良好习惯。对中学生重点是加强爱祖国、爱人民、爱劳动、爱科学、爱社会主义教育,引导他们树立正确的理想信念和世界观、人生观、价值观。制定和推行行为规范,要以促进学生全面发展为出发点和落脚点,反映时代和社会进步的要求,体现对学生的尊重与信任,引导学生自觉遵纪守法。三是要切实加强教师职业道德建设。中小学教师要树立育人为本的思想,认真贯彻《中华人民共和国教育法》、《中华人民共和国教师法》和《中小学教师职业道德规范》,热爱学生,言传身教,为人师表,教书育人,以高尚的情操引导学生德、智、体、美全面发展。

其次,在未成年学生核心价值观建设工作中,要采取适当的策略。① 一是要以未成年人易于接受的方式开展教育。未成年人是独立的个体,拥有自己的发展空间,因此一定要选择未成年人能接受的方式展开教育。比如,针对未成年人自尊心强的特点,在尊重他们的前提下与他们交流;重视未成年人价值观变异的前兆,及时做预防性的引导;掌握矫正未成年人价值观变异的最佳时机,把变异解决在初始阶段;正向发挥"同伴效应",强化同伴之间的大集体意识,培养团队精神和协作习惯;从未成年人身边寻找感动他们的源泉,或者创设价值体验的平台,引导他们亲身体悟,引起他们内心的价值共鸣;以心理学的教育方式达到提升价值观的目的;等等。二是要重视言传身教。行动和榜样的力量胜过所有说教,未成年人会自觉不自觉地模仿老师在日常生活中的言行。因此,要想让未成年人有一个正确的价值观,老师首先要使自己的言行符合基本价值规则。三是要注意寻找未成年人情绪变化的闸门。人的情绪变化对心理和行为具有重要的影响,并可能导致价值观的变化。未成年人正处于心理"多

---

①   叶松庆:《当代未成年人价值观的演变与教育》,安徽人民出版社 2007 年版,第 290 页。

变"期,具有较强的反抗情绪。这种情绪变化应当成为我们观察、引导未成年人价值观念的线索。四是要关注未成年人成长环境的改善。未成年人成长环境的优劣关系到未成年人价值观形成和发展的结果,学校应与家庭、社会配合,大力改善未成年人的成长环境。五是要综合运用多种手段。未成年人价值观教育涉及思想教育、诚信教育、感恩教育、生命教育、体验教育、惩戒教育、赏识教育、社会教育等要素。充分运用这些手段,并紧密配合世界观、人生观教育,才能收到更好的效果,为未成年人形成正确的价值观打下坚实的基础。

(二)大学生教育

大学是学校教育的高级阶段。大学生在十几年的成长过程中,经历过中小学阶段的教育和培养,经历过家庭和社会的熏陶,一些基础的价值观念已经形成。大学阶段要适应大学生由未成年人向成年人转变的特点,进一步巩固未成年人阶段核心价值观建设工作的成果;同时要适应大学生由学校人向社会人过渡的特点,进一步扩展核心价值观建设工作的内涵;此外,还要格外关注研究生的核心价值观建设工作。

1. 适应未成年人到成年人的转变

大学生从中学到大学的跨越阶段,也是从未成年人到成年人的转变时期。从大中小学统筹的角度审视,大学生社会主义核心价值体系建设应当与个体从未成年人到大学生的成长历程相适应,应当是未成年人核心价值观建设工作的延伸与发展。从个体的成长历程来看,从幼儿园、小学到中学再到大学,基本上是人的基础性价值观念、发展性价值观念和理想性价值观念依次形成的过程。所谓基础性价值观念,主要是指作为一个公民应该具有的良好的公德意识。公德意识是公民对自己在一定的社会公共生活中应当遵守的最基本、最简单的生活准则和行为规范的自觉意识。良好的公德意识要求青少年,在人与人之间的关系上,要举止文明,要自尊与尊重他人,要诚实守信;在人与社会的关系上,要遵守公共秩序;在人与自然关系上,要保护自然环境和人化自然环境,要维护人类的生态环境、合理利用自然资源、保护珍稀动物等。所谓发展性价值观念，主要是指爱国主义、集体主义、社会主义等价值观念。这些价值观念是社会主义核心价值体系的直接体现，反映出国家和社会对广大青少年的期望与要求。在具体要求上，一是要培养青少年学生具有强烈的爱国主义精神，二是要培养青少年学生具有高尚的集体主义精神，三是要培养青少年学生具有坚定的社会主义信念。所谓理想性价值观念，主要是指共产主义价值观。共产主义价值观是对社会发展规律的深刻揭示和未来美好社会价值设想的统一。它既具有明确生动完美的形象勾勒，同时也符合社会发展的必然规律，具备着现实可能性和条件依据，因而具有巨大的吸引力、凝聚力和鼓舞力。共产主义理想是现时代人类最高层次的价值观，对社会主义社会中的其他较低层次价值观起着统帅引导作用，其基本要求有：坚定共产主义信念，忠于共产主义事业，全心全意为人民服务，一切从最广大人民群众的根本利益出发，大公无私，公而忘私，对工作极端负责，对同志极端热忱，等等，我们可以将其概括为全心全意为人民服务的公仆精神、大公无私的奉献精神以及严于律己的自律精神。① 在大学生从未成年人到成年人的成长历程中，如果说幼儿园、小学阶段最适合形成基础性价值观念，中学阶段最适合形成发展性价值观念，那么大学阶段则最适合形成理想性价值观念。在巩固未成年人时期的基础性价值观念与发展性价值观念的基础上，建设大学生的理想性价值观念，是大学阶段社会主义核心价值体系教育的根本任务。

2. 适应"学校人"向"社会人"的过渡

大学阶段不仅是大学生从未成年人向成年人过渡的阶段，也是大学生由"学校人"向"社会人"过渡的阶段。一般情况下，如果不进一步攻读硕士、博士学位，那么大学生毕业后，就会直接走入社会，成为"社会人"。硕士生与博士生虽然多在高校学习几年，也早晚会离开学校，成为"社会

① 余保华：《我国学校价值观教育：内涵、目标与原则》，《天津市教科院学报》2007 年第 5 期，第 5—6 页。

人"。与"学校人"相比,"社会人"日常生活由以学习为主变为以工作为主,交往上由以同学为主变为以同事为主,经济来源上由以家庭供给为主变为以自力更生为主,知识技能的养成上由以书本与课堂为主变为以工作实践与社会实践为主,生活空间由以学校为主变为以社会为主。伴随着生活范围的迅速扩展,"社会人"的视野会大大开阔,思想观念也会经历着一次洗礼。如果"学校人"与"社会人"思想观念上存在巨大的落差,大学生面对毕业后的生活环境就会极度不适应,工作、生活与思想都会出现严重的问题。因此,在大学教育的条件下,有意识地引导大学生由"学校人"向"社会人"过渡,是大学生社会主义核心价值体系建设的重要任务。大学生由"学校人"向"社会人"过渡的过程,也就是大学生社会化的过程。大学生的社会化,需要经历三个连续的阶段而实现:一是在学校教育条件下,学习知识、技能、规范;二是在学校教育条件和社会教育条件共同作用下,适应社会的现实物质生活条件、精神生活条件和价值观念、社会规范、社会行为及各种社会关系;三是在社会生产条件下,确立在复杂的社会关系网络中自身的落脚点,从而取得社会成员的资格。贯通这三个阶段,促成大学生社会化,最有效的途径就是学校有目的、有计划地组织大学生介入社会实际、介入社会生活中去。这种"有组织地"介入社会,要求高校务必在学校教育条件下,适当、合理、因地制宜地将教育的外延在一定限度内向三大实践渗透或延伸。大学生有组织地介入社会,参与社会的生产实践、社会工作、科学实验,并非强调大学生为社会服务,而是更好地发展自己、造就自己,发展自己的个性,健全自己的人格,调适自己的价值观念,使之更适应社会生活的需要。①

3. 特别注意研究生价值观建设

在大学教育中,研究生的核心价值观建设工作具有特殊的重要地位。研究生教育是我国教育结构中最高层次的教育,肩负着为国家培养高素

---

① 夏国英:《大学生成为"社会人"的途径》,《嘉兴学院学报》2002 年第 1 期,第 97—99 页。

质、高层次创造性人才的重任。在专业知识丰富、科研能力较强的情况下,研究生的价值观念就成为决定其毕业后社会价值的关键因素。价值观念科学的研究生会成为社会的贤才与国家的栋梁,价值观念错误的研究生则可能比一般人产生更大的消极影响。在大学内部,研究生在言谈举止中显示出来的价值观也会在无形中对在校的本专科生产生示范效应。因此研究生核心价值观建设工作间接地也会对本专科生产生影响。此外,由于研究生的称谓在公众心目中有德才兼备的内涵,在社会上被认为是一个可以效仿的群体,研究生群体的示范效应也必然会延伸到社会上去。因此,在校研究生的核心价值观建设工作对全社会的精神文明建设也具有十分重要的意义。针对当前研究生价值观念的现状,高校应注意从三个方面加强研究生的核心价值观建设工作,做好研究生教育与本专科生教育的衔接。一是在内容上,要突出把学术道德、竞争道德、社会公德与家庭道德作为研究生核心价值观建设工作的四个着力点。学术道德与竞争道德是研究生职业道德的最集中体现,社会公德是研究生安身立命的基本道德品质,家庭道德是所有研究生都无法回避的问题,四者都应成为研究生核心价值观建设工作的着力点,任何时候都不能放松。二是在环节上,应当做到研究生党团组织、研究生所在院系、研究生导师三管齐下,紧密配合,共同做好研究生的核心价值观建设工作。研究生核心价值观建设工作中,研究生党团组织担负着集中开展教育的重任,是教育的主渠道;研究生所在院系是研究生日常学习的场所,是教育的主阵地;研究生导师是研究生学业上的指导者,也应是研究生价值观念培养的领路人。只有主渠道畅通,主阵地坚固,领路人负责,才能够培养出德才兼备的研究生。三是在方法上,要坚持批评与研究生自我批评相统一、教育与研究生自我教育相统一、说服教育与渗透教育相统一。只有批评才能使研究生注意到自身价值观的缺陷所在,只有自我批评才能使研究生对问题认识的更深刻。核心价值观建设工作是教育者向被教育者传授道德的过程,所传授的价值观念只有"内化",才能成为研究生自觉遵守的行为规范。研究生具有较强的独立意识和逆反心理,单纯的说服教育有时会遭遇研究生心理上的拒斥,渗透教育却能达到"润物细无声"的效果,因此,又要坚持说服教育与渗透教育相统一。

四、统筹课堂教学、校园文化活动和社会实践

大学阶段的核心价值观建设工作体现在高校育人工作的各个环节。课堂教学是高校的基本实践活动,校园文化活动是大学生的第二课堂,社会实践活动是高校课堂在社会的延伸,只有把三者充分结合,全方位育人,才能从根本上推进大学生社会主义核心价值体系建设。

(一)课堂教学

加强和改进大学生社会主义核心价值体系建设,首要的是加强和改进高校课堂教育。所谓加强,是指要进一步深刻认识到,马克思主义理论课、思想品德和法律基础课、形势政策教育课、哲学人文社会科学课和各门专业课是一个整体,都具有核心价值观建设工作功能,在课堂教学中都要强化这一功能。所谓改进,是指在马克思主义理论课、思想品德和法律基础课、形势政策教育课、哲学人文社会科学课和各门专业课课堂教学中要相互配合、相互促进,结合新形势,形成新体系;针对新特点,提高实效性。

1. 高校课堂教学的特点①

课堂教学在大学生社会主义核心价值体系建设工作中的地位是由自身的特点决定的。课堂教学是一种系统的教育。课堂教学由明确的教学目标、具体的教学内容、完整的教材、灵活机动的教学手段和客观的教学评估环节组成,教育内容是系统的,教育方法是科学的,教育时间是有保证的,教师也是专业的,因而在价值观念的形成过程中,尤其是接受价值

---

① 张坤:《浅析课堂教学在大学生思想政治教育中的主导作用》,《思想政治教育研究》2005 年第 1 期,第 30—31 页。

观念的基本知识上,效率是最高的。实践证明,通过课堂教学,教师可以较快地把核心价值观建设的内容传授给大学生,是大学生比较认同的一种教学模式。课堂教学具有较强的可控性。课堂中的核心价值观建设以正面灌输为主,以一定的社会环境、学生的实际生活学习情况、国家政治导向为基础,有利于抵制西方腐朽的意识形态、封建落后的意识形态等错误的观念对大学生的消极影响。课堂教学可以最好地利用集体教育的氛围。人们形成知、情、意、信、行的过程是在活动和交往的基础上进行的,大学生虽然已经有了一定的成人意识,但政治、思想、心理仍然处于形成时期的不稳定状态,受周围思想政治环境影响较大,尤其容易受熟悉的同龄人的影响。课堂中学生和学生、学生和教师之间的交流,构成了大学生可以信赖的良好氛围,有利于形成健康的价值观念。课堂教学是一个长期的、反复的过程,可以不断地巩固和提升教育的效果。人的价值观念在不断地变化,而且有的观念会反复出现,往往通过循环往复的发展过程,才能最后形成较为稳定的价值观念。核心价值观建设渗透在各科课堂教学中,课堂教学又贯穿于大学生四年的学习中,因此课堂教学中的核心价值观建设是长期的、反复的,有利于不断地巩固和提升建设工作的效果。

2. 课堂教学所面临的问题

多年来,作为大学生社会主义核心价值体系建设工作的主渠道,课堂教学受到高校的高度重视,取得了明显的效果。同时,课堂教学仍然存在着一些问题,面临着许多挑战。一是在社会环境上存在一些不利课堂教学的因素。改革开放以来,经济迅速发展的同时社会上也出现了拜金主义、利己主义和享乐主义等观念,西方资产阶级的价值观念和社会思潮的渗透,也使大学生社会主义核心价值体系建设受到较大的负面影响。再加上极"左"时代思想政治教育一度被异化为政治斗争的工具,给人们留下了非科学化印象,因而思想政治工作在社会上普遍受到职业歧视,思想政治工作者的社会认可程度很低,甚至在高校中思想政治教育专业也受到学科歧视,教师的自我认同也很低。高校一遇到缩减课程就直接缩减思想政治教育课,在课程安排上思想政治课程也总是被安排成几十人甚至上百人的大课。这些都会影响大学生社会主义核心价值体系建设工作的课堂教学效果。二是课堂教学的教育主体素质参差不齐。一些教师缺乏正确的政治素质、坚定的政治信仰和良好的思想道德素质、爱岗敬业的精神,不能做学生的榜样。一些教师存在着教学能力和方式上的不足,虽然工作刻苦,但不能驾驭课堂气氛。还有一些高校缺少专职思想政治教育教师,兼职教师又缺乏必要的专业素质和理论功底,讲课内容空洞,方式单一,敷衍了事。这些都会造成学生对教师的反感,因而失去了对课堂教学的兴趣。三是课堂教学的教育客体对思想政治教育课的态度不端正。在应试教育的惯性下,一些大学生对思想政治教育持一种应付的态度,缺乏兴趣。尤其是在就业压力增大的情况下,一些大学生只重视专业的学习,认为没有必要学习思想政治理论课。社会上反政治化的倾向,更加大了大学生对思想政治课的反感心理。在某些学校,思想政治教育课成了学生补习外语和休息的地方,逃课现象严重。四是课堂教学的内容和方法陈旧。在内容上,思想政治教育教材理论性太强、内容太松散、重复率太高、脱离大学生实际。在方法上,大部分教师仍采用老师讲学生听的灌输方法,只有考试一种考核方式。这样的内容与方法,显然会影响核心价值观建设的实际效果。

3. 课堂教学的创新思路

大学生社会主义核心价值体系建设工作不仅仅是学校、教师和学生面临的问题,更是一个关系到国民素质教育、事关社会主义现代化建设兴衰成败的问题。有关方面应积极采取措施,把课堂教育作为提高大学生素质的关键重视起来。一是要建设有利于大学生社会主义核心价值体系建设的社会环境。由于历史的原因,人们普遍反感政治,对政治生活不热情。社会上普遍存在着"价值观建设工作就是搞政治"的认识误区。针对这种状况,政府要营造良好的社会舆论,使全社会认识到大学生社会主义核心价值体系建设工作既具有意识形态属性,又是哲学、人文素质教育的重要内容,对人的全面发展具有重要的意义。二是要全面加强教师队伍建设。高校要优化教师结构,选拔聘用优秀专职教师,提高学历和学位层次,提高教师队伍的整体素质;要加强师资培训,组织学术交流,促进思想政治学科建设;要提高思想政治教师的社会地位,保证教师的福利待遇;要加强所有教师的思想政治素质,增强教师的社会责任感和历史使命感,确实把大学生社会主义核心价值体系建设工作渗透到各门学科的课堂教学中去。三是要切实改进教学内容和方法。要坚持和巩固马克思主义在意识形态领域的指导地位,在哲学、社会科学教学中充分体现马克思主义中国化的最新成果,进一步加强邓小平理论、"三个代表"重要思想和科学发展观进教材、进课堂、进大学生头脑工作。要联系改革开放和社会主义现代化建设的实际,联系大学生的思想实际,改变单方面灌输的教学方式,增强教师与学生的互动,利用网络和科技,采用多媒体教学,根据不同的课程要求,采用专题讲座法、案例分析法,等等,增强教学的时效性、感染力和吸引力。每一位教师都应把核心价值观建设工作渗透到各门专业课程中,寓情于景,把大学生真正培养成为合格的社会主义建设者。

总之,在课堂教学中,思想政治理论课是大学生的必修课,是帮助大学生树立正确的世界观、人生观、价值观的重要途径,是大学生社会主义核心价值体系建设工作的主渠道;形势政策课反映国际国内形势的新变化,集中讲授与现实紧密结合的社会热点问题,容易引起大学生的关注与共鸣,是大学生社会主义核心价值体系建设工作的重要途径;高校哲学社会科学课的大部分学科都有鲜明的意识形态属性,对于帮助大学生坚定正确的政治方向,正确认识和分析复杂的社会现象,提高思想道德修养和精神境界具有重要的作用;各门文化课也都具有育人功能,是大学生社会主义核心价值体系建设工作的良好载体。要深入把握高校课堂教学的特点与规律,针对当前课堂教学存在的问题,改进课堂教学的思路,提高各种课程课堂教学的效率。

(二)校园文化活动

校园文化活动是大学生社会主义核心价值体系建设的"第二课堂",

是实施德育工作的有效载体和提高德育效果的有效途径,在大学生价值
观念形成的过程中发挥着重要的作用。理论武装、舆论引导、精神塑造和
作品鼓舞等价值观念形成的重要影响因素都与校园文化建设有着密切联
系。高校要大力加强校风、学风和校园人文环境建设,通过校园文化活动
创造一个具有时代精神、优良传统、良好学风和崇高理想的文化氛围,构
建大学生社会主义核心价值体系建设的良好校园环境。

1. 校园文化活动的功能

校园文化活动是传播先进文化的场所,是建设大学生社会主义核心
价值体系的重要途径。加强大学生社会主义核心价值体系建设,必须充
分挖掘和发挥校园文化活动的价值建设功能。第一,校园文化活动具有
认知导向功能。校园文化活动渗透着高校师生共同的价值观念、价值追
求和价值目标,具有内在的感召力。一个良好的校园环境总是以其特有
的"象征符号"向学生潜在地传导某种思想、规范和价值标准。它能绕开
强制甚至意识的障碍,在潜移默化中影响和规范大学生的价值取向。各
种丰富多彩的校园文化活动不但可以提高学生评判是非、美丑、善恶、真
假的能力,还有利于他们确立奋发进取的人生态度。第二,校园文化活动
具有熏陶感染功能。校园文化活动作为大学生长期生活于其中的、可知
可感的、具体生动的微观社会环境,在大学生道德情感和道德行为的形成
中起着重要作用。它可以陶冶学生的情操,净化学生的心灵,养成他们良
好的行为习惯,并使其人格和品德都得到升华和提高。优秀的校园文化
活动可以使身处其中的大学生时刻受到优秀价值观念的熏陶和洗礼,达
到"入芝兰之室,久而自芳"、"蓬生麻中,不扶自直"的育人效果。第三,
校园文化活动具有心理调节功能。校园文化活动可以丰富学生的精神生
活,使他们在紧张的学习之余,体验到放松和喜悦,使自己的心情愉快、精
力旺盛、情绪高涨;可以消弱甚至消除学生心理上和情绪上的自我干扰和
相互摩擦,从而减轻心理压力;还可以调节学生因竞争受挫、生活枯燥、学
习紧张等带来的不良情绪,化消极因素为积极因素,变悲伤状态为乐观状
态。第四,校园文化活动具有人格塑造功能。校园文化活动所营造的氛

围能使学生在不知不觉中受到启发,从而上升为情感和意志,长此以往便形成了品格。通过参加各种校园文化活动,大学生可以展现天赋,增强信心,锻炼心理承受能力以及交往能力,找准发展自己、完善自己的坐标,不断健全自己的人格。第五,校园文化活动具有约束规范功能。校园文化活动所营造出来的环境氛围及其对人的心理所产生的辐射作用,会使学校的每一个成员都强烈地感受到应该做什么,不应该做什么,以及怎样去做,等等,从而形成良好的行为规范和习惯。第六,校园文化活动还具有辐射功能。校园文化活动对学生个体发挥熏陶作用的同时,还通过学生的学习和生活等日常交往活动向周围扩散。在学生走向社会的过程中,校园文化活动的精神品格会传播和渗透到社会的各个方面。在一定意义上,校园文化活动不但有利于高校"小环境"中大学生价值观念的提高和改善,还有利于社会"大环境"中公民价值观念的更新和塑造。

2. 校园文化活动存在的问题

当前,校园文化活动存在着过分注重功利主义的目的、缺乏校园精神的培养和塑造等问题,应当引起我们的关注和思考。首先,校园文化活动的内涵相对贫乏。一是学生社团的活动品位不高,学生的课余活动单调,许多学生的文化生活仅限于唱流行歌曲、玩电脑游戏、QQ 聊天等,高雅文化活动较少。二是娱乐性内容多、启迪性内容少,科技文化建设、学术活动没有真正成为校园文化活动的支柱。三是局限在学生管理和思想教育的层次上,没有放在整体办学方向和培养目标的大背景下来操作实施。其次,校园文化活动缺少长效机制。一是教育形式陈旧,缺乏应有的更新方式。二是注重校园文化活动的娱乐性或政治性,相对忽视了两者的有机结合。三是注重对外的开放与接纳,相对忽视了自身的管理与调控。四是主体局限于大学生群体和少数几个部门,校园中的其他成员被排斥在外。五是学生在校园文化活动建设中往往处于被动状态,其主动性、积极性和创造性得不到充分发挥。再次,校园文化活动打上了市场经济的烙印,自发性和盲目性逐渐增强。在市场经济的背景下,校园文化活动染上了市场经济的许多色彩,一些学生表现出自私自利、见利忘义、缺乏集体精神、缺乏心理承受力等倾向,同市场经济提倡的竞争机制不相适应。一些学生的是非、真假、善恶等分辨力相对较低,抵御各种错误文化思想渗透和侵蚀的能力较差,易接受、移植、内化不良社会文化,崇尚"跟着感觉走"的非理性主义文化、"潇洒走一回"的享乐主义文化、"有用即真理"的实用主义文化、"金钱万能"的拜物主义文化和"无拘无束"的无政府主义文化,进而出现政治淡漠、道德失范、精神虚无、人格分裂、价值错位、自我膨胀等现象。

3. 校园文化活动的引导

面对存在的种种问题,必须科学引导校园文化活动,构建大学生社会主义核心价值体系建设工作的良好校园环境。当前,需要着重做好五个方面的工作①:一是高校要高度重视校园文化活动对学校发展和人才培养的重要作用,把校园文化活动建设纳入学校发展的总体规划,作为学校发展的重要内容。只有校领导和所有教职员工充分认识到自己在校园文化活动中应负有的责任,校园文化活动才能从整体上摆脱目前存在的问题和困难。二是要建立健全符合网络时代要求的校园文化活动管理体制。在网络时代,只有正确分析和对待网络文化对校园文化活动的冲击与影响,转害为利、引导利用,才能使网络文化对校园文化活动起到正面作用。高校应积极搞好校园网的建设,通过网络进一步激发校园文化活动的凝聚力。三是要加强对校园精神的建设。校园精神对大学生价值观念的形成具有潜移默化的作用。高校应通过校园文化活动,多维渗透校园精神,建设学生的认同感;要以高格调、高品位的"精英"文化,提升大学形象;要运用校报、校刊、校内广播电视和学校出版社等各种载体,结合传统节庆日、重大事件和开学典礼、毕业典礼等活动进行校园精神的建设。四是要全方位推动校园文化活动创新,营造丰富多彩的校园文化活动生活。要引导学生进行观念变革,增强其主体性意识,激发其积极性和

---

① 占永琼:《当前高校校园文化存在问题与对策分析》,《福建工程学院学报》2008 年第 4 期,第 407—408 页。

创造性,实现校园文化活动主体创新;要运用网络、多媒体等载体,创新校园文化活动的内容和形式;要根据学生的年龄、专业、性别的差异,开展多层次、多类型的活动;要坚持社会性原则,增强与社会的密切联系,开展丰富的社会实践活动;要发扬民主观念,发挥个体的积极性,鼓励有助于学生创造能力培养的教育模式;要注重学生主体性的提高及全面发展,维护学生对校园文化活动的组织、发展、选择的主体权利。五是要以文化移植实现校园文化传承。校园文化移植在方式上可以分为直接移植和间接移植,在内容方面分为具体的移植和抽象的移植。对于高校新校区的校园文化建设,可以采取直接移植和间接移植、具体移植和抽象移植相结合的方式,实现校园文化的传承。

(三)社会实践

实践出真知,实践长才干,实践见真情。参与服务于人民群众的社会实践活动是青年学生成长成才的一条正确道路。大学生社会主义核心价值体系建设必须跳出原有的庭院式的工作模式,放开眼界,面向社会,让大学生在实践中了解国情、经受锻炼,在与广大人民群众的共同奋斗中锤炼意志品质、培养创新精神、全面提高素质。

1. 社会实践的价值导向功能

在大学生社会主义核心价值体系建设中,社会实践具有突出的价值导向功能。[①] 首先,社会实践活动有助于提高大学生的思想道德修养。良好的思想道德修养是在多种社会因素的共同作用下,经过“内化—外化—内化”过程的反复践行而形成的。大学生通过参加社会实践活动,协调了认知冲突,搭起了“需要—动机—行为”联系的桥梁,把道德规范“内化”为个体的意识,将个体意识“外化”为行为习惯和思想品德,从而能够树立正确的奋斗目标,建设科学的价值取向,形成良好的思想道德修

---

① 孙宇:《社会实践活动之思想政治教育功能新论》,中国社会学网:http://www.sociology.cass.cn/shxw/qsnyj/t20090813_23046.htm。

养。其次,社会实践活动有助于增强大学生的社会责任意识。通过社会
实践,大学生有更多的机会深入生产、生活第一线,了解国情、获悉民意。
在实践中,大学生不仅能增长见闻,提高服务社会的本领,还能加深对社
会的认识、对民生的了解和对党的路线、方针、政策的领悟,从而进一步明
确自己的历史使命,增强社会责任感,这有助于大学生自觉地把个人的前
途同国家的富强、人民的富裕和民族的复兴紧密结合起来,把个人的远大
理想融入国家和民族的发展大业中,珍惜宝贵时光,勤奋刻苦学习,努力
提高综合素质,为将来报效祖国做好思想、知识和能力上的准备。[①] 再
次,社会实践活动有助于大学生树立艰苦奋斗的精神。社会实践有助于
大学生感受创业的艰辛、竞争的残酷和生活的真谛,有助于他们养成吃苦
耐劳、勤俭节约、珍惜劳动成果的朴素作风,树立艰苦奋斗的思想观念。
在社会实践中,大学生能够亲身感受到国家的面貌,感受到国家建设所面
临的繁重任务,能够形成被祖国与人民需要的成就感和归属感,以及为国
家的和谐、人民的幸福努力工作、奉献青春的崇高理想与奉献精神。同
时,通过社会实践,大学生还能深刻认识到自身的缺点与不足,找到社会
发展和个人成长间的最佳结合点,并把个人成长和祖国繁荣紧密结合起
来,把爱自己同爱他人、爱社会有机统一起来,使个人的爱国之情、报国之
志和效国之心得到升华。除了以上三个方面的价值导向功能外,社会实
践还具有素质拓展、心理锤炼、激励强化等方面的思想政治教育功能,这
些功能的发挥,都有助于增强大学生社会主义核心价值体系建设工作的
实效性,有利于进一步完善高校的育人机制。

2. 社会实践存在的问题

20 世纪 80 年代后期以来,我国广泛开展大学生社会实践活动,取得
了卓有成效的成绩,但也存在一些亟须解决的问题。第一,有关方面对大
学生社会实践的重视程度不够。一是社会对大学生社会实践的重视程度
不够。大学生社会实践需要社会为未来的社会成员提供实习的舞台。但

[①]　王彬:《论大学生社会实践活动》,《思想政治教育研究》2005 年第 4 期,第 25 页。

事实上,一些地方或单位往往把接收大学生社会实践作为一种负担,不能积极主动地提供便利条件。二是学校对社会实践活动的重视程度不高。当前,一些高校在指导大学生社会实践方面,没有认真付诸实际行动。有的学校很少组织大学生参加社会实践活动,即便组织,也只有少数选拔出来的优秀同学有机会参与。三是大学生对社会实践活动的认识不够。有的学生认为社会实践是一种被动的参与,不喜欢参加社会实践活动,还有的学生认为社会实践会耽误自己的学习时间,对理论学习有负面影响。第二,缺乏完善的社会实践运行机制。有的高校对大学生社会实践活动缺乏统一的指导和协调,组织形式不够灵活,存在团委、学生处、院系等多头管理的问题。有的高校对大学生社会实践的指导、监督及评价机制不够完善,指导老师往往无法跟踪指导、监督学生的实践情况。有的高校没有设置专项资金,而是由参加社会实践的学生个人承担一部分甚至全部费用,这大大降低了学生的积极性和主动性。第三,社会实践内容缺乏科学规划。目前高校普遍未能根据大学生专业特点、各学习阶段特点和学生的实际接受情况部署社会实践,缺少对社会实践活动的系统规划和整体策划,层次不清、重点不明。第四,社会实践的效果流于形式。有的高校把组织社会实践活动看做上级下达的任务,缺乏积极性与主动性。有的大学生把社会实践活动看做学校布置的额外作业,应付了事。有的企事业单位把大学生社会实践看做麻烦事,不悉心加以指导。这些现象偏离了大学生社会实践活动的宗旨,使大学生社会实践活动流于形式。第五,社会实践基地建设不足。多数高校只追求社会实践基地的数量,却不重视发挥社会实践基地的作用。在联系社会实践单位时,有的靠大学生的父母亲朋联系,有的靠大学生自己寻找,学校很少予以推荐。目前,社会实践活动存在的这些问题,在很大程度上影响了社会实践活动的实效性。

3. 社会实践活动的创新

在新的形势下,原有的教学实践、课外教育实习和社会调查等实践模式显然已不能适应大学生发展的需要。从原有的实践模式中解脱出来,创新并规范大学生社会实践的组织形式和手段,是时代的需要。第一,要在思想层面上加强对大学生社会实践的支持。高校要充分认识到,社会实践活动是高校实施素质教育的重要途径,是我国高等教育不可缺少的一项重要内容,必须加强领导、认真组织。大学生要充分认识到参与社会实践活动对自身发展的意义,应争取机会、积极参与。社会各界要提高对大学生社会实践的认识,转变观念、积极支持。各级政府应制定支持和吸纳大学生社会实践的政策和措施,调动社会各方面的积极性和主动性,为大学生社会实践提供条件和便利。第二,要建立大学生社会实践的长效机制。一是学校应对社会实践进行宏观管理和调控,面向全体学生而不是少数学生组织实施,使大学生普遍参与社会实践,普遍得到锻炼,普遍得到提高。二是要建立社会实践激励模式,提高大学生社会实践的积极性,扩大社会实践的主体范围。应深入把握当代大学生自我成长、自我发展、自我表现的需求,使之与社会实践活动的激励机制紧密结合。要注意建立面向教师以及各个院系管理部门的激励机制,充分调动教师、管理人员参与社会实践的积极性、主动性,形成有机运作、自我驱动、有轨发展的社会实践动力机制。三是建立经费保障机制。国家要加大对社会实践创新发展的经费支持,划拨专项经费,建立大学生社会实践创新发展基金和创业基金。高校也要根据自身实际情况,辟出专项资金,并利用自身优势积极吸收社会资金,对大学生社会实践给予资金上的支持。第三,要建立与专业培养目标相结合的社会实践模式。应该结合专业培养目标,加强对大学生社会实践的分类指导,探索社会实践的有效性和针对性,使学生发挥专业特长,巩固专业知识,优化和调整专业结构。第四,在社会实践基地建设上,要力促产、学、研的结合。教学、科研、生产建设相结合的社会实践模式有利于增强高等教育的针对性,增强大学生社会主义核心价值体系建设工作的实效性;有利于大学生掌握实际应用技能,促进大学生未来的就业;同时还有利于增强企业的技术创新能力,建设新的经济增长点。总之,社会实践对于促进大学生了解社会、了解国情、增长才干、奉献社会、锻炼毅力、培养品格以及增强社会责任感具有不可替代的作用。高校要认真规划、精心组织大学生社会实践活动,把广泛的社会实践活动与专题实践活动结合起来,把寒暑假集中社会实践活动与平时的社会实践活动结合起来,把社会实践活动与大学生学术科研活动结合起来,不断扩大社会实践的覆盖面,进一步增强社会实践的实效性。

五、统筹专业教育、人文教育和思想政治理论课教育

在高校课堂教育中,专业教育、人文素质教育和思想政治理论课教育各有侧重,彼此渗透,相互贯通,分别实施于高校教育教学实践的不同领域,共同贯穿于大学生社会主义核心价值体系建设和大学生成长成才的全过程。

(一)专业教育

中共中央、国务院在《关于进一步加强和改进大学生思想政治教育的意见》中强调,要深入发掘各类课程的思想政治教育资源,在传授专业知识过程中加强思想政治教育,使学生在学习科学文化知识过程中,自觉加强思想道德修养,提高政治觉悟。专业教育是高等教育的基本形式,不同的教育内容蕴藏着各具特色的思想教育资源。专业课教师认真发掘各门课程中蕴涵的思想政治教育资源,结合该课程的具体特点,针对学生的思想实际进行教学,对学生的思想教育就会收到意想不到的效果。在专业教育实践中,要把专业教育和思想政治教育结合起来,把核心价值观建设工作融入大学生专业学习的各个环节,渗透到教学、科研和社会服务的各个方面,使青年学生在潜移默化中受到影响、接受教育。

1.专业教育的特点

专业课中的核心价值观建设工作具有隐蔽性、随机性、渗透性的特点①,这些特点使其更容易为大学生所接受。首先是隐蔽性。从教育形

---

① 吴琼:《专业课教学中的思想政治教育资源》,《现代教育科学》2006 年第 1 期,第97 页。

式上看,相对于显性的思想政治理论课而言,专业课教学中所进行的核心价值观建设属于"无意识"教育。这种教育作为一种非"标签"式的教育,论道而不说教,述理而不生硬,是不露痕迹、靠学生自身的体验、感受来接受的"润物细无声"的教育。这种"自然而然"的方式能避免"我说你听"的传统说教方式,有助于消除学生的逆反心理,收到良好的教育效果。其次是随机性。专业课中进行的价值观教育往往是非预设的随机教育,当然这并不妨碍教育者在主观上具有一定的自觉性。它要求专业课教师抓住和利用最佳教育时机,结合本专业课的特点,随时随地调动学生的主动性、积极性和创造性,使学生在对知识的兴趣中,透过专业课教学接受爱国主义教育、职业道德教育、创新意识和法制意识的培养。其三是渗透性。专业课中的核心价值观建设不是生硬地加到专业课中去的,而是与专业内容融合在一起、浸润在专业知识中的。但它又不是完全无形的,它使专业课更丰满,显得更富有生机和人性。专业课教学中融入核心价值观,既能使学生学到文化知识和专业技能,培养智力和能力,又能使学生受到良好的思想品德教育。这种"文以载道、文道结合"的教育方式,克服了传统思想政治理论课教学形式的单调,比单纯地采用灌输等教育方式更加自然、和谐,更能收到良好的效果。此外,专业课中的核心价值观建设是通过专业课教师进行的,他们和学生朝夕相处,更了解学生、更能联系学生的实际进行思想渗透,所以专业课教师往往会发挥出思想政治工作者不能发挥的作用。

2. 专业教育的途径

在专业课中推进大学生社会主义核心价值体系建设工作,可以借助以下几个途径。① 第一,要深入挖掘专业课教材的价值观教育资源。专业课教师要树立科学性与思想性相统一的原则,有意识地把专业课中的价值观教育资源在备课时挖出来,讲课时融进去。教师要从思想渗透的

---

① 吴琼:《专业课教学中的思想政治教育资源》,《现代教育科学》2006 年第 1 期,第98 页。

原则出发,从学生的实际情况和教学的实际需要出发,对教材做灵活处理,或随机联系、自然引申,或增减补充、相机拓展,尽可能丰富地挖掘出教材中的价值观教育因素。第二,要结合专业特点推进大学生社会主义核心价值体系建设工作。专业课教师可以通过讲授专业课的发展史,增强学生学习该课程的积极性,激励学生树立终生为真理而奋斗的进取精神;还可以介绍与学科相关的优秀历史人物,介绍所学学科与当前人民利益的密切关系,激发学生的正义感、社会责任感和造福于人类社会的热情。专业课教师在教给学生科学结论时,应说明结论形成的过程,使学生受到科学方法和科学思维的训练,受到艰苦奋斗、不怕挫折的教育,培养独立思考的能力与探索新知的精神,培养热爱科学的感情和实事求是的学风。第三,要结合实践活动推进大学生社会主义核心价值体系建设工作。要充分调动学生的积极性和创造性,引导他们将理论学习与生产实践相互结合,动手操作与动脑思考相结合。要提倡大学生进行创造性学习,建设创造性思维能力。要利用实践教学的优势,建立教学相长的和谐师生关系,形成民主、平等的教学气氛。要引导学生在实践过程中细致地观察、积极地思考、大胆地想象,培养敏锐的观察力、准确的判断力、丰富的想象力。第四,要以教师的人格感染学生。教师的人格对学生成长起着耳濡目染、潜移默化的作用,高尚而富有魅力的教师人格能产生身教重于言教的良好效果。教师应以自己的模范行为启迪、引导大学生的价值观和行为取向,使核心价值观建设工作产生强大的影响力和感召力。第五,在专业教育中要突出科学精神的教育。要结合专业知识的传授,培养大学生探求未知、追求真理的理性精神,实事求是、尊重规律的研究态度,开拓创新、勤奋不懈的进取精神和独立思考、敢于怀疑的批判精神。在专业学习中弘扬科学精神,要避免用科学知识的传授代替科学精神的弘扬。专业教师既要传授知识,又要引导大学生用批判的头脑、理性的思考自由地讨论分析一切、检验一切。总之,专业课教学中蕴涵着丰富的价值观教育资源,是大学生社会主义核心价值体系建设工作的有效载体。在专业课教学中推进大学生社会主义核心价值体系建设工作,既能使专业课程富有生机和灵性,又寻找到了大学生社会主义核心价值体系建设工作的突破口。在大学教育过程中,只有把专业课教育与大学生社会主义核心价值体系建设工作有机统一起来,才能使大学生在获得专业技能的同时思想和人格得到提升。

(二)人文素质教育

《易经》中有"关乎天文,以察时变;关乎人文,以化成天下"的说法,这里的"人文",是指人类创造的文化,是人类实践能力、方式及成果的总称。人文素质是人的文化素质的集中体现和核心内容,人文素质教育就是通过知识传授、环境熏陶,把人类优秀的文化成果内化为大学生的人格、气质、修养,使之成为大学生相对稳定的内在品格。人文素质教育在大学生的人格塑造、文明行为养成等方面发挥着重要作用,切实加强人文素质教育是大学生全面发展的需要,是大学生社会主义核心价值体系建设的重要内容。

1.人文素质教育的作用

在大学生价值观念培养中,人文素质教育发挥着极为重要的作用。首先,人文素质教育引导学生如何"做人"。教育学生如何"做人"是大学生社会主义核心价值体系建设工作的根本任务,而"做人"必须以人文素质为基础。当代社会威胁着人类生存与发展的贫富差别、毒品泛滥、道德滑坡以及人口·资源·环境等问题,从根本上不是科学技术和物质财富所能够解决的,而需要正确处理人与人、人与社会、人与自然的关系。因此,当代世界许多国家都在关注人类的可持续发展问题,关注人的健康人格养成问题,并借助通识教育、养成教育等途径来达到目标。在我国,人文素质教育承担了这些教育功能。通过人文素质教育,可以培养学生开放、自由、理性、宽容的品质和尊重人的价值、关注人的状况与命运的精神;可以引导学生理解人的完整性,把眼光放在比人的物质生存更高的地方;还可以帮助学生打开眼界和心胸,从人类生存的多样性中发现统一性,从差异性中发现属于全人类的经验,从而认识到人类的共同命运,达到超越自我的境界。①　其次,人文素质教育引导学生建立具有历史合理性的价值体系。与动物不同,人的生命存在本质上是以价值为轴心的文化生命的存在。人文素质教育通过探讨人的本质,揭示、确立具有历史合理性的价值取向和理想追求,批判、解构以往的过时的价值体系,建立起与时俱进的价值体系。承担这一任务的主要是文学、史学、哲学等人文学科。自然科学的新发现、新理论、新学说固然会对价值体系产生重要影响,但并不能建立人的价值体系。例如,目前对于"克隆"研究是否要推广到人类的讨论,就极典型地表明自然科学在价值选择上的失灵。社会科学各分支学科固然都涉及价值取向和理想追求问题,但必须依靠人文学科所建立的价值体系才能解决这些问题。例如,经济学所涉及的"公平"与"效率"的关系问题,实际上就是一个市场经济条件下的价值取向问题。在经济学自身范围内,是难以说明"公平"与"效率"的关系的;只有通过哲学的探讨,才能对这一问题做出比较合理的说明。离开了人文教育,现代大学的其他教育是难以独立帮助大学生建立合理的价值体系的。其三,人文素质教育塑造大学生的精神家园。在人的生存和发展的条件中,真正使人的文化生命得到安顿的是其精神世界。在人的精神世界中,起主导作用的主要还是人文学科。人文素质教育依据人文学科的探索与思考,帮助大学生建立起精神世界的"家",使大学生不致在依靠知识和技能获得了物质世界的"家"后,反因价值迷失、思想茫然而找不到精神世界的"家",成为物质世界的富有者和精神世界的流浪者。这一作用,用中国哲学家的话讲,是使人得以"安身立命";用西方哲学家的话讲,是关涉人的"终极关怀";用现代教育家的话讲,是使人成为一个"完善的人"。②

2. 当代大学生人文素质状况

20 世纪 80 年代以来,在由计划经济向市场经济转轨的过程中,大学

---

①　徐涛:《论大学人文素质教育的重要性》,《重庆交通学院学报》2005 年第 1 期,第110 页。

②　李维武:《大学人文教育的失落与复兴》,《高等教育研究》2000 年第 3 期,第 8 页。

生的人文素质总体上呈现弱化的趋势。一是大学生的人文素质普遍偏低。人们把大学教育等同于职业教育,重科技、轻人文,重专业、轻教养。高校中理工科学生人文知识、人文素养普遍低下;文科学生自然科学方面的素养普遍不高。许多学生知识丰富,但情商不足,发展能力、发展潜力及创新能力欠佳。二是一些大学生重功利轻理想,精神追求贫乏。在市场经济浪潮的冲击下,高校中的实用主义氛围浓厚,大学生的价值观呈现出价值主体自我化、价值取向功利化、价值目标短期化的特点,一些大学生在专业选择、获取知识及职业选择等方面存在着急功近利的倾向,只重眼前利益、不顾长远发展。一些大学生过分追求对金钱和物质的享受,缺少社会责任感、集体观念和利他精神,丧失了对理想和信念的追求,出现了精神真空,丧失了人生方向。三是道德滑坡波及大学生,一些高校"人文精神"失落。在我国市场经济体制确定的过程中,道德滑坡现象也波及大学校园。尽管高校中不乏道德素质良好的大学生,但大学生中不道德、不文明的行为也明显增多。如随便旷课、考试作弊、小偷小摸、赌博斗殴、吸毒、同居等。一些大学生集体观念淡漠,只讲个人奋斗,不讲集体协作,缺乏对社会、对他人的关注,缺乏社会责任感。一些高校正在经历着"人文精神"失落的危机。

3. 改进人文素质教育的途径

　　提高大学生人文素质是一个复杂的系统工程。校园文化熏陶、社会实践建设都是提高大学生人文素质的重要途径。但最为关键、最为有效、最经常发挥作用的还是课堂教学。必须从课堂教学的各个环节着手,在人文素质教育中彰显社会主义核心价值体系。第一,要合理安排人文课的教学时间,确保人文课教学的主渠道畅通。第二,要提高教师自身的人文素质。教师是人文教育培养目标和课程建设、课程教学的具体实施者。既要重视人文社会科学师资队伍的建设,又要鼓励非人文学科的专业教师有计划、有目标地提高自身的人文素质修养,以增强教育活动中的人格感染力量。第三,要在各学科教学过程中渗透人文教育。高校可尝试将人文教育内容纳入专业培养目标,落实到教学计划和课程设置之中,以教学文件的形式将人文教育的目标要求固定下来,为人文教育的组织与实施提供明确依据。第四,开设从专业课中分化或延伸出来的专业文化课,借此实施人文教育。任何一门科学的发展历史中都渗透着哲学的思想,体现着杰出科学家和科学工作者的敬业奉献精神。挖掘这些学科古今中外科学家的成就及其治学精神、成才道路、研究方法、哲学思想,以他们为楷模,教育青年一代,也是很好的人文素质教育。第五,在人文素质教育的基础上,要高度重视大学生的人文精神教育。所谓人文精神,是人们对人生的探求和对人世活动的理想、价值追求。在课堂教学中弘扬人文精神,就是要结合相关课程的讲授,引导大学生形成健全的人格和心理,正确对待人生的吉凶、祸福、生死、得失等问题,增进自身的自由和幸福。要避免用单纯的政治教育代替思想教育,无视对个人生活的人文关怀。要正视当代大学生对道德信念、道德人格的看重和追寻,对自由、平等、正义的渴望和呼唤,对人的尊严和主体性的期盼和高扬,对生死、信仰、幸福、生存意义等问题的反思和对人类的终极关怀,做到尊重人、关心人,形成人文关怀的良好氛围。总之,要深化以人文素质教育为主要内容的教育教学改革,调整专业课程体系,加大人文科学课程比例,促进文理交叉渗透,拓宽人文素质教育渠道,通过课堂教学和丰富多彩的教育活动,引导大学生关注社会,关爱人生,学会做人,学会合作,塑造高尚人格,提升思想境界,实现全面发展。

(三)高校思想政治理论课

思想政治理论课是我国高校各专业大学生的公共课、必修课,承担着对大学生进行系统的马克思主义基本原理教育、中国化的马克思主义教育、中国近现代史教育、思想道德修养与法律基础教育和形势政策教育的任务,加强和改进思想政治理论课教育是大学生社会主义核心价值体系建设的当务之急。

1. 高校思想政治理论课的作用

高校思想政治理论课的性质任务、教学宗旨、教学内容,等等,决定了它是大学生社会主义核心价值体系建设工作的主阵地、主课堂、主渠道。首先,高校思想政治理论课是大学生社会主义核心价值体系建设工作的主阵地。高校思想政治理论课反映了我国高等教育的社会主义性质和方向,其任务是引导学生掌握马克思主义的立场、观点和方法,帮助他们树立正确的世界观、人生观和价值观,坚定对马克思主义的信仰,确立中国特色社会主义共同理想。这样的性质与任务,决定了高校思想政治理论课是大学生社会主义核心价值体系建设的主阵地。其次,高校思想政治理论课是大学生社会主义核心价值体系建设的主课堂。思想政治理论课的教学宗旨是引导学生关注新形势下出现的新情况、新问题,提供新信息、新思路,完整、准确地反映马克思主义基本理论教育和思想品德教育的基本原理、基本要求,帮助学生提高理论水平、树立正确的价值观念。这样的教学宗旨决定了高校思想政治理论课是建设当代大学生核心价值观的主要方式。其三,高校思想政治理论课是大学生社会主义核心价值体系建设的主渠道。高校思想政治理论课教学的核心内容是马克思主义理论教育和思想品德教育。其中,马克思主义理论教育主要是关于马克思主义哲学、马克思主义政治经济学、科学社会主义理论以及毛泽东思想、邓小平理论和"三个代表"重要思想、科学发展观等内容的教育;思想品德教育主要是社会主义法制观念和思想道德素质教育。大学生社会主义核心价值体系建设恰恰是围绕着马克思主义理论教育,理想信念教育,民族精神和时代精神教育以及社会主义荣辱观教育展开的,由此可见,高校思想政治理论课在大学生社会主义核心价值体系建设中的主渠道作用是毋庸置疑的。总之,高校思想政治理论课是大学生社会主义核心价值体系建设的主阵地、主课堂、主渠道,积极促进社会主义核心价值体系进教材、进课堂、进学生头脑,解决学生中存在的各种思想问题,引导他们树立正确的价值观念,是高校思想政治理论课的重要任务。

2.高校思想政治理论课的教育原则

在高校思想政治理论课中推进大学生社会主义核心价值体系建设,

应坚持社会主义核心价值体系与科学发展观相结合、坚持专题教育与文化渗透相结合、坚持正面教育与纠正偏差相结合、坚持实践锻炼与情感体验相结合。① 第一，要坚持社会主义核心价值体系与科学发展观相结合。科学发展观属于社会历史观范畴，社会主义核心价值体系则属于价值观范畴，二者都是马克思主义中国化的重要理论成果，都是思想政治理论课教学的重要内容。科学发展观是指导全面推进中国特色社会主义现代化建设的重要指导思想，社会主义核心价值体系则是社会主义制度的内在精神和生命之魂，二者在内容上相互渗透、相互贯通，在功能和作用上相互支撑。只有加强社会主义核心价值体系教育，才能更好地贯彻落实科学发展观；只有深入落实科学发展观，才能为社会主义核心价值体系教育开拓现实途径、提供实践保障。思想政治理论课应将科学发展观与社会主义核心价值体系有机结合起来，讲清二者的逻辑关系和实践要求上的统一性。第二，要坚持专题教育与文化渗透相结合。目前高校实施大学生社会主义核心价值体系建设工作的普遍做法是将核心价值观的内容融入思想政治理论课之中。"融入"的方式尽管保证了价值观内容的"全面性"，但失去了"整体性"。也就是说，虽然核心价值观的各部分内容在教学中能有所反映，但已成为知识的"碎片"，这将直接导致核心价值观本身被忽略。因此，在思想政治理论课中还需要专题性的核心价值观教育，以便使核心价值观的整体内容能够为广大学生所充分感知、认同和内化。第三，要坚持正面教育与纠正偏差相结合。大学生社会主义核心价值体系建设工作本质上是大学生价值认同的过程。基于价值认同的大学生社会主义核心价值体系建设工作，既需要积极的正面教育，又需要及时地纠正偏差。在正面教育方面，思想政治理论课的主要任务是对核心价值观建设的意义、内容及其各部分之间关系作深入的阐释，促进学生准确领会理论内涵，深入把握实践要求。在纠正偏差方面，要求教师充分关注学生

---

① 裴正轩：《在思想政治理论课中加强社会主义核心价值体系》，《思想理论教育导刊》2009 年第 7 期，第 72 页。

的思想、行为实际,及时了解学生的思想问题和情绪潜流,联系核心价值观的内容,及时地逐一加以解决。第四,要坚持实践锻炼与情感体验相结合。"价值观教育的过程就是一个不断参与和体验的过程,是获得一种精神、一种立场的不懈追求的实践过程"①。大学生社会主义核心价值体系建设工作的实际效果既体现为大学生对核心价值观自觉接受、自觉遵循的态度,更体现为大学生在社会实践中能否以核心价值观来引领自己的活动。在思想政治理论课教学中,应当努力预见大学生在实践中可能遇到的选择困境,并尽可能设置实践情境,加强他们行为选择能力的锻炼。同时,还必须在讲清主要内容的基础上,引导大学生对相关的观念、行为产生积极的情感体验,使学生对正确的价值观念产生兴趣和接受意愿,对不正确的价值观念产生鄙视和憎恶,建立起大学生与核心价值观之间的意义联系与情感联系。

3. 高校思想政治理论课的推进路径

在高校思想政治理论课中推进大学生社会主义核心价值体系建设,需要深入落实以人为本的育人理念,加强学科建设,促进内容转化,改进方法途径,不断开拓思路。第一,要落实以人为本的育人理念。在思想政治理论课教学中,只有深入落实"以人为本"的育人理念,尊重大学生的主体地位,贴近学生、贴近实际、贴近时代,关注并解决大学生的思想困惑和人生矛盾,才能增强自身对大学生的吸引力,真正把大学生社会主义核心价值体系建设工作落到实处。② 第二,要加强高校思想政治理论课的学科建设。要做好与中学思想政治理论课内容的衔接,避免课程之间内容的重复。要围绕社会主义核心价值体系,进一步完善课程设置,充实教学内容,加强教材建设,形成结构合理、功能互补、相对稳定的课程体系。马克思主义基本原理课应着重帮助学生从整体上把握马克思主义、认识人类社会发展的基本规律;中国特色社会主义理论课应着重帮助学生系

---

① 刘济良等:《价值观教育》,教育科学出版社 2007 年版,第 146 页。
② 张敬斌:《高校思想政治理论课中的社会主义核心价值体系教育刍议》,《学校党建与思想教育》2008 年第 7 期,第 52 页。

统掌握中国化的马克思主义,坚定学生的中国特色社会主义共同理想;中国近现代史纲要课应着重帮助学生了解国史、国情,深刻领会中国特色社会主义道路的历史必然性;思想道德修养与法律基础课应着重帮助学生增强社会主义法制观念与荣辱观念,解决大学生成长成才过程中遇到的实际问题。第三,要促进理论体系、课程体系与素质体系之间的"转化"。一是要探索社会主义核心价值体系转化为思想政治理论课课程体系的规律性,把社会主义核心价值体系的基本内容渗透到思想政治理论课课程体系中,为大学生学习和掌握核心价值观提供教材依托;二是要探索课程体系转化为教学体系的规律性,通过科学的教学体系促进蕴涵核心价值观的思想政治理论课课程体系的贯彻和落实;三是要探索教学体系转化为素质体系的规律性,运用各种教学要素把核心价值观的教学内容转化为学生的思想道德素质和综合素质。① 第四,要创新思想政治理论课的方法与途径。一是要坚持情理交融,在教学过程中循循善诱,在教学过程之外热爱学生、关心学生、尊重学生。二是要坚持身教与言教相结合,不仅要靠真理的力量、逻辑的力量,更要靠教师人格的力量推进大学生社会主义核心价值体系建设。三是要广泛应用网络、多媒体等教育技术,运用生动的语言、鲜活的事例、新颖的形式,活跃教学气氛,启发学生思考,增强教学效果。四是特别要注重把思想政治理论课教育与形势政策紧密结合起来,紧密结合大学生思想的实际,紧密结合国际国内形势中的热点问题,进行生动活泼的形势政策教育。最后,需要注意的是,在高校思想政治理论课中推进大学生社会主义核心价值体系建设,还应主动把思想政治理论课同校园文化活动、社会实践活动更加紧密地结合在一起,不断从校园文化活动和社会实践中得到启迪;主动用中国化的马克思主义作指导观察社会、研究社会,不断用社会发展的新成就和理论研究的新成果充实思想政治理论课教学内容;主动用经济社会发展的新成绩和理论研究

---

① 郝潞霞:《高校思想政治教育贯彻落实社会主义核心价值体系的路径浅析》,《思想政治教育研究》2008 年第 2 期,第 37 页。

的新成果,有针对性地回答社会变化给青年学生思想上带来的种种新问题,推动当代大学生在学习理论、接触社会和投身实践的过程中建设社会主义核心价值体系。

第七章 大学生社会主义核心价值体系建设的方法

　　方法是人们为达到预期目的需要采用的手段或方式;途径是人们为实现既定目标需要经由的路径。在大学生社会主义核心价值体系建设中,方法与途径是引导青年学生形成核心价值观的过程中采用的方式、手段、形式、工具、程序、路径等的总和,是为实现核心价值观建设目的所必需的工具要素、中介要素和关系要素。在一般意义上,大学生社会主义核心价值体系建设的方法与途径与高校思想政治教育的方法与途径是相通的。在新世纪新阶段,推进大学生社会主义核心价值体系建设,既要继续运用一些实践证明行之有效的思想政治教育传统方法与途径,同时也要结合新情况新问题实现方法与途径的与时俱进。

一、传统方法述评

　　在中外思想政治教育史上,思想政治教育活动丰富多彩,思想政治教育的方法与途径也多种多样。中国共产党成立以来,在实施价值观教育的过程中,积累了丰富的经验,形成了价值观教育方法与途径的宝库。但是,由于当代大学生的成长环境发生了巨大的变化,他们的价值观念及其形成过程带有新的时代特点,所以传统的价值观教育方法与途径有时也突显出自身的不足,需要与时俱进、改革创新。

（一）传统方法举要

中国共产党在长期的思想政治教育实践中所形成的一些方法与途径,在大学生社会主义核心价值体系建设工作中也具有重要的价值。在今后的大学生社会主义核心价值体系建设工作中,既要探索运用新的方法与途径,也要继续发挥一些传统的方法与途径的作用。为了完整地把握大学生社会主义核心价值体系建设的方法与途径,在此对一些有代表性的传统方法与途径择要论述。

1.理论宣教法

理论宣教法又称理论宣传学习法,是思想政治教育的理论灌输法在大学生社会主义核心价值体系建设工作中的运用,是指有目的、有计划地向大学生宣讲马克思主义基本理论、中国特色社会主义共同理想、民族精神和时代精神、社会主义荣辱观等内容及其理念,引导他们掌握科学理论,坚定理想信念,树立科学的世界观、人生观、价值观,成为有理想、有道德、有文化、有纪律的社会主义新人的方法。理论宣教法是大学生社会主义核心价值体系建设工作中最主要的方法。对于思想尚未成熟的青年学生来说,要使他们形成正确的价值观念,首要的就是告诉他们哪些是正确的价值观念,哪些是错误的价值观念。在大学生社会主义核心价值体系建设工作中,核心价值观不会自动在大学生的头脑中产生,必须通过理论的灌输,才能逐步被大学生所认知与接受,成为他们认同并遵循的价值观念。通过理论宣教法从外部向大学生输入核心价值观,是大学生社会主义核心价值体系建设工作最主要的方法。理论宣教法又包括课堂讲授法、会议学习法、媒体宣传法等形式。[1] 课堂讲授法是理论宣教法的最主要方法。高校思想政治理论课程体系包括马克思主义基本理论、中国化的马克思主义、中国近现代历史、思想道德和法制知识四大板块,比较全面地涵盖了大学生社会主义核心价值体系建设工作的相关内容。为了加强课堂讲授的效果,我国专门组织专家编写了通俗易懂、深入浅出的思想

---

[1]　张福记、李纪岩:《高校思想政治教育研究》,四川教育出版社2009年版,第96页。

政治理论课全国通用教材,并在教学方法、教学手段上进行了改革。同时,我国还启动了马克思主义理论建设工程,设立了马克思主义理论一级学科,专门招收高校思想政治理论课教师和辅导员攻读博士、硕士学位,培养了大批优秀的马克思主义理论宣教人才。会议学习法是仅次于课堂讲授的又一理论宣教方法。会议学习的时间机动灵活,形式多种多样,内容丰富多彩,是理论宣教的重要途径。媒体宣传法也是今天高校普遍采用的理论宣教方法。目前,我国许多高校在教室、餐厅甚至学生宿舍安装闭路电视,在校园网上开辟宣传教育网页,学校、院系、班级都订有国家和省级的各类报纸杂志等。这些途径构成了理论宣教的庞大系统,能够及时地、不间断地向大学生提供全面的、高质量的价值观教育内容,为引领学生养成正确的价值观念奠定了坚实的基础。

2. 榜样示范法

榜样示范法,也称典型示范法,是指通过具有典型、榜样意义的人或事(正面的、先进的抑或反面的、落后的人或事)的示范引导或警示警戒作用,教育人们提高思想认识、规范自身行为的方法。[①] 这里的榜样,无论是具体的人或事,还是以文字符号、艺术形象等形式塑造、呈现出来的榜样形象,都应该具有可学习、可借鉴、易辨识、有权威、可信任、有吸引力等基本特征。这些特征很大程度上影响着学习者对榜样的注意过程,决定着榜样的实际示范效果。榜样的行为易于模仿,后果可以借鉴,不超出人们的认识水平和能力范围,才有被学习的可能性;榜样的思想和行为具有清晰易辨的特点,才容易迅速引起人们的注意;榜样的权威性、可信任性、吸引人的程度以及与观察学习者之间的相似程度等个人特征,也都会影响其示范效果。从人的价值观念形成的过程看,榜样是人们生活世界、成长过程中不可缺少的重要因素。从中国革命和现代化建设的历史看,榜样教育作为价值观教育的一种基本方法,在激发人们的积极性、促进物质文明建设与精神文明建设方面发挥了重要的作用。榜样的力量是无穷

---

① 陈万柏、张耀灿:《思想政治教育学原理》,高等教育出版社 2007 年版,第 226 页。

的,在大学生社会主义核心价值体系建设工作中运用榜样示范法,就是要引导大学生通过对典型人物、典型现象的深入了解,受到启发,形成共鸣,提高认识,学习仿效,自觉践行社会主义核心价值体系。要结合社会主义核心价值体系的讲授与宣传,运用历史上与现实中形成的典型案例,以感性的形象触动大学生的心灵,引发他们对人生价值的深入思考,引导他们形成正确的价值观念。在具体工作中,应注意四点。一是必须实事求是地选择、宣传榜样,切忌任意拔高、添枝加叶。二是要尽可能让先进人物现身说法,这样就会产生更强的感染力和说服力,也更能打动人心。三是主动适应现代科学技术的发展与人们思维方式、生活方式、行为方式的变化,大胆采用现代化的教育手段与操作方式,充分利用电视、广播、报刊特别是互联网等传播媒介宣传典型,广泛采用多媒体技术塑造、呈现生动的榜样形象,强化榜样示范的效果。四是既要大力培养、宣传正面典型,发挥先进典型的示范、带动作用,也要善于利用反面典型,发挥其威慑、劝阻与警示的作用。

3. 实践锻炼法

实践锻炼法又称实践塑造法,是指"教育者组织、引导受教育者积极参加各种实践活动,在改造客观世界的过程中改造自己的主观世界,不断提高思想觉悟和认识能力,养成良好思想品德的方法"[1]。实践是人的思想形成发展的源泉,是人的思想发展的动力和目的,也是检验人的思想观念是否正确的唯一标准。接受实践的锻炼,是青年学生形成科学的世界观、人生观、价值观的必由之路。首先,实践锻炼有助于提高青年学生的思想觉悟和认识能力。青年学生经历过实践的检验,学会明辨是非、善恶、美丑、对错,才能更加深刻地体悟、认同社会主义核心价值体系。其次,实践锻炼有助于大学生在价值观上言行一致、身体力行。人的价值观念不仅要经过反复的实践锻炼才能形成,而且最终也要通过实践活动才能得到巩固。在大学生社会主义核心价值体系建设工作中,要达到知行

---

[1]　陈万柏、张耀灿:《思想政治教育学原理》,高等教育出版社2007年版,第224页。

一致的教育效果,单靠理论宣教还不够;还要与社会实践相结合,才能强化理论教育的效果,把社会主义核心价值理念转化为青年学生的价值观念。实践锻炼法的具体形式多种多样,主要的有劳动教育法、服务体验法、社会考察法等。① 劳动教育法,就是让大学生从事一定的生产劳动,使他们在劳动过程中树立劳动观念,建设热爱劳动、亲近人民的感情,养成勤劳节俭、团结协作、艰苦奋斗等优良品质。服务体验法又称社会服务法,就是引导大学生为社会提供力所能及的服务,使大学生在奉献社会的同时,获得对责任关系、道德关系的体验和教育,价值观念得到升华。社会考察法,就是引导大学生带着目的或者问题深入社会生活,在考察过程中研究社会现象,分析社会问题,从而提高自身的思想观念和品德修养。运用实践锻炼法实施大学生社会主义核心价值体系建设工作要注意三个问题。一是要根据大学生的思想实际和教育目的选择合适的实践锻炼方式;二是要持之以恒,使大学生在反复的实践锻炼中不断提高认识,以便最终将核心价值观转化为内心信念;三是要建立实践活动基地,力争实践锻炼系统化、经常化、制度化,为大学生接受实践锻炼创造条件。目前,许多大学生参加假期社会实践活动,了解国情、了解社会,撰写调查报告,这是社会锻炼法在大学生社会主义核心价值体系建设工作中的具体运用。

4. 比较鉴别法

比较鉴别的方法是指通过对不同事物的特点、属性进行分析、对比、鉴别,从中引出正确的价值判断,从而提高人们价值观念的方法。比较是人们认识事物的最基本的方法之一。毛泽东指出:"真的、善的、美的东西总是同假的、恶的、丑的东西相比较而存在,相斗争而发展的。"②有比较才有鉴别,通过不同事物之间的比较,可以帮助大学生分清真善美与假恶丑,明辨是非,鉴别优劣,做出正确的价值判断。比较也是人们自我认识的重要途径。引导大学生把自己同他人,尤其是同先进人物相比较,可

① 刘新庚:《现代思想政治教育方法论》,人民出版社 2006 年版,第 205—211 页。
② 《毛泽东文集》第 7 卷,人民出版社 1996 年版,第 785 页。

以帮助他们找出差距,激励他们奋发向上。运用比较鉴别法还可以帮助大学生准确掌握区分是非的标准,增强分辨是非的能力,从而使他们自觉地坚持真理、修正错误,及时识别和抵制各种错误思潮的影响。比较鉴别法主要有纵向比较与横向比较两种形式。所谓纵向比较,即引导大学生从时间上对事物的过去和现在加以比较,了解其变化,把握其本质和发展趋势。所谓横向比较,即引导大学生在空间上对有一定联系的不同事物加以比较,了解其异同,对其做出正确的认识、判断和结论。在大学生社会主义核心价值体系建设工作中运用比较鉴别法,需要注意三点。一是要注意事物的可比性,即进行比较的事物之间必须具备一定的联系。只有在同一条件、同一标准下,对同类事物或虽然不同类但具有某种联系的事物加以比较,即把具有可比性的事物进行比较,这样的比较才有意义,才能得出正确的结论,起到教育的作用。二是要坚持比较的全面性,即全面地综合地进行比较。任何事物的联系和关系都不是单一的,而是多方面的。只有全面地分析和比较不同事物的各个方面,并加以科学的综合,才能全面地认识事物,得出科学的结论。如果撇开事物的内在联系,单独抽取其中一两项孤立地加以比较,抓住一点,不及其余,那就会犯以偏赅全的错误,导致认识的片面性。三是要做到形式的多样性。比较不只限于口头讲述,还可采用文字、图表、图画、照片、录像、实物展览等形式,做到形象直观、生动活泼、一目了然,从而收到更好的教育效果。①

5. 党团组织与报刊媒体途径

党团组织是中国共产党开展大学生社会主义核心价值体系建设工作的重要途径。中国共产党成立之初,各级党组织就承担了开展思想政治教育的任务,其中就包括价值观教育。党的思想建设、组织建设和作风建设本身就是价值观建设工作的重要途径,党发展新生力量、统一内部思想、宣传党的主张的过程同时也是开展价值观建设工作的过程。中国共产主义青年团自成立之日起就担负起开展向青年学生宣传马克思主义理

---

① 王建华:《现代思想政治教育研究》,黑龙江人民出版社 2004 年版,第 270 页。

论与社会主义思想的重任。中共中央在《关于建立中国新民主主义青年团的决议》中指出："团的基本任务,在于有系统地学习马克思列宁主义,从革命实践中不断地教育自己的团员和青年群众,同时应当以马克思列宁主义的精神组织广大青年群众积极地参加党和人民政府所号召的各种运动。"①新中国成立后,毛泽东又指出,中国共青团在新时期的任务就是在党的领导下,用共产主义精神教育青年一代。20世纪80年代以来,党团组织在高校有了新的发展。目前,我国的高校每个班级都建有共青团组织,在许多高校中国共产党的支部建在班上,因此,通过党团组织开展大学生社会主义核心价值体系建设工作具有了普遍性。中国共产党早期开展价值观建设工作,最早的途径是创办刊物,发表文章,直接向青年学生宣传马克思主义,宣传党的理论与主张,鼓动爱国青年学生参加革命。陈独秀、李大钊等人很早就在《新青年》等杂志上发表文章,介绍、宣传马克思主义,教育青年学生用革命的方式改造中国。中国社会主义青年团成立后,创立了团的机关刊物《先驱》,集中宣传马克思主义思想与党的主张。团中央机关刊物《中国青年》在其八十年的历史发展中,一直为宣传党的主张、教育广大青年学生发挥着重要作用。此外,革命年代,中国共产党还倡导创办进步文学刊物,创作革命文学作品,开展革命文化活动,组织进步文化团体,传播马克思主义,把大批革命青年学生召唤到革命旗帜下。在特定历史时期,街头标语、戏剧演出等都成为向青年学生进行宣传教育的好形式。新中国建立以后,在建设社会主义的和平时代,媒体更是成为党的"喉舌",成为宣传党的基本理论和路线方针政策的阵地,在大学生社会主义核心价值体系建设工作中发挥着重要的作用。

（二）传统方法的不足及其原因

在当代大学生价值观念形成的主客观条件发生重大变化的时代背景下,思想政治教育的一些传统方法与途径在大学生社会主义核心价值体

---

① 郭晓平:《中国共青团史》,华中师范大学出版社1992年版,第160页。

系建设工作中越来越显出局限与不足。正视这些局限与不足及其原因，是推动大学生社会主义核心价值体系建设工作方法与途径创新的前提。

1. 传统方法的不足

近年来，在大学生社会主义核心价值体系建设工作中，一些多年来行之有效的传统方法与途径，有的失去了优势，有的饱受大学生的抨击。方法的僵化、途径的陈旧，已成为制约大学生社会主义核心价值体系建设工作实效性的重要因素。大学生社会主义核心价值体系建设工作传统方法与途径的不足在很多层面都能体现出来，其中比较突出的不足有三点。

首先，理论灌输机械化，大学生主体地位被忽视。在大学生社会主义核心价值体系建设工作中，理论灌输是必不可少的，其作用也不容置疑。但是，当不适当地运用理论灌输的方法时，这一传统的教育方法就呈现出许多不足，产生一些弊端。一是理论灌输的内容与社会现实脱节，与青年学生的生活实际脱节，成为高高在上的空洞口号，致使青年学生对价值观教育的内容不感兴趣，甚至存在厌恶情绪。二是理论灌输的形式相对单调，忽视了其他教育方式在大学生社会主义核心价值体系建设工作中的应有地位和作用。一些教师把学生价值观念的形成过程等同于一般知识的接受与理解，把社会主义核心价值体系作为一般知识去灌输，而没有将其充分渗透到教学、科研中去，渗透到大学生丰富多彩的文化娱乐生活中去，实现寓教于乐、寓教于知、寓教于管理。这种教育者居高临下，"我说你听"的方式，在很大程度上引发了大学生的逆反心理和抵触情绪。三是教师往往把大学生作为核心价值观建设的客体，忽视了其作为接受主体的这一客观事实。从人的价值观念形成的客观规律来看，价值观教育不仅是大学生接收价值观念的过程，也是主动理解、认同价值观念的过程，更是自我改造旧有价值观念、践行新的价值观念的过程。教育者将学生看做能动的主体，从他们的身心特征出发，适应他们的需要和特点进行价值观教育，才能取得实效。

其次，榜样过于高、大、全，缺乏大学生身边的典型。在大学生社会主义核心价值体系建设工作中，典型示范法跨越理论的抽象宣导，以行动影响行动的直接教育,运用得当,会收到事半功倍的效果。在中国共产党思想政治教育史上,无论是革命战争年代,还是和平建设时期,都曾推出了各式各样的英雄人物、模范人物,他们的光辉形象影响了一代又一代人,引导青年学生在人生观、世界观、价值观形成的重要时期做出了正确的选择。但是,也不容否认,我们推出的典型有时候过于高、大、全,让人感到难于模仿而敬而远之,其示范作用打了折扣。在大学生社会主义核心价值体系建设工作中,教育者习惯性地直接运用社会主流媒体宣导的高、大、全的典型人物、典型事迹,大学生由于所处环境与这些典型有很大差异,因此常常对这些典型的言行举止难以理解,就更谈不上认同与践行。事实上,从典型示范的规律看,更具有示范效应的榜样应该是同类生存环境中的榜样,教育对象身边的典型才会更有示范的作用。对大学生来讲,与之朝夕相处的同学、老师和领导中,不乏学习的典型、事业的典型、奉献的典型、爱心的典型、勤俭的典型等各种各样的先进典型,目前,在大学生社会主义核心价值体系建设工作中,还缺少对这些典型的深入挖掘与充分展示,其示范效应未能得到充分的发挥。

其三,重群体价值观教育,轻个体价值观教育。大学生社会主义核心价值体系建设工作需要群体教育,也需要个体教育。每个学生由于生活条件和所受教育不尽相同,知识积累、身心发育和主观努力程度存在差异,在思想觉悟和道德修养方面也就存在着一定的差异,并呈现出一定的层次性。这就要求思想政治教育工作者必须从学生的思想实际出发,根据他们不同层次的思想状况,采用不同的方法区别对待。近年来,大学生价值观念形成中千差万别的困惑的出现,更需要有针对性的个别教育。但事实上,随着高等教育从精英化向大众化的转变,在校大学生数量剧增,而从事大学生社会主义核心价值体系建设工作的教师又相对较少,所以很难像过去那样根据个别学生不同的思想问题,进行单独的辅导教育。在某些高校,思想政治理论课教师采用大合堂的形式上课,辅导员动辄负责数百学生的教育管理工作,很难针对个别学生实施价值观教育,大学生社会主义核心价值体系建设工作无形中沦落为单纯的群体性教育。在沉重的教学或管理压力下,个别教育者忽视学生之间的差异,而只从自身的方便出发,从自身的需要、兴趣和爱好出发实施价值观教育。

2. 传统方法不足的原因

大学生社会主义核心价值体系建设工作的传统方法与途径之所以呈现出诸多不足,既有客观方面的原因,也有主观方面的原因。从客观方面看,主要是社会环境发生了重大变化,青年学生的思想心理发生了重大的变化。从主观方面看,主要是大学生社会主义核心价值体系建设工作的传统方法与途径没有随着社会环境与青年学生思想心理的变化做出适当的调整。而传统的方法与途径之所以没能做出适当的调整,则有更深层次的原因。首先,定式思维使价值观建设的一些传统工作方法与途径呈现出不足。长期以来,显性的灌输教育由于行为与效果具有可见性,成为许多教师的第一选择;而隐性的渗透教育由于需要做艰苦细致的工作,其效果在短期内不可见,因而许多教师运用不够充分。在大学生社会主义核心价值体系建设工作中,一些教育者受定式思维影响,只习惯于使用灌输的方法开展价值观建设工作,而不擅长配合使用各种隐形教育方法,从而影响了"灌输"这一基本的价值观教育方法的功能,使其优势无法发挥、不足日益凸显。其次,传统文化中的消极因素影响着价值观建设工作方法与途径的选择。中华传统文化的价值取向是社会本位的,出发点是为了维护国家统治而不是促进个人发展。反映到大学生社会主义核心价值体系建设工作中,就是突出教育的工具性价值,而忽视教育促进大学生个体发展的功能。另外,中华传统文化中国家层面的皇权专制、微观层面的家长专断,导致青年人在社会上往往只是一个被期望的听话顺从的工具。反映到大学生社会主义核心价值体系建设工作中,个体的需要完全从属于社会的需要,受教育者成为被动接受教育的对象;价值观教育即时的、显性的泛政治功效被突出,其健全人格、完善人性的作用被忽视;一些教育者习惯于高高在上,忽视青年人的应有地位和心理状态,教育的内容、方法与途径往往与大学生的要求脱节,达不到应有的效果。再次,"人学空场"是大学生社会主义核心价值体系建设工作方法与途径僵化的深层次原因。① 在大学生社会主义核心价值体系建设工作中,所谓"人学空场"是指价值观教育不以受教育者为主体。在"人学空场"下,大学生社会主义核心价值体系建设工作是一种无"人"的教育活动,它以物的方式去把握和理解人,以抽象化的方式理解人,从而导致了许多问题。在实际工作中,大学生社会主义核心价值体系建设工作的"建设"职能常常被日常行为和活动的管理工作所代替,"建设"的对象从"人"变成了"事",从尊重人、理解人、关心人转到了对人的行为的规范和约束,由此,大学生被动地成为接受价值观念和伦理规范的容器,其能动性、主动性和差异性被忽视,他们在接受价值观教育过程中本应有的判断、筛选、理解、内化等环节也被忽略,从而造成了大学生社会主义核心价值体系建设工作的"人学空场"。这既是当前大学生社会主义核心价值体系建设工作存在的问题,同时也是造成前面所述问题的根源。

二、方法创新的意义与原则

时代在发展,社会在进步,20 世纪 80 年代以来,大学生的成长环境与思想观念都呈现出新的特点。当前,要推进大学生社会主义核心价值体系建设,就必须与时俱进,实现大学生社会主义核心价值体系建设方法、途径的创新;而要实现方法、途径的创新,就必须充分认识方法、途径创新的重要意义,确立创新的基本原则。

(一)方法创新的意义

当前,适应大学生社会主义核心价值体系建设环境、对象、条件等诸要素的变化,推进方法与途径的创新,对于提高大学生社会主义核心价值体系建设的实效性,推动青年学生形成正确的价值观念,具有十分重要的

---

① 张福记、李纪岩:《高校思想政治教育研究》,四川教育出版社 2009 年版,第 104 页。

意义。

首先,方法与途径的创新有利于完成大学生社会主义核心价值体系建设的目标与任务。教育方法与途径是完成教育任务、实现教育目标的手段。有什么样的教育目标和教育任务,就要求有什么样的方法与途径为之服务。新形势下,大学生社会主义核心价值体系建设与大学生的学习、生活、就业问题结合得更加紧密,教育目标不再局限于基于党和国家视角的社会价值,而是更加关注人的自由而全面发展,更加注重促进大学生思想道德素质、科学文化素质和健康素质协调发展。大学生社会主义核心价值体系建设的内容也因此注入了鲜活的思想、知识和事实材料,在不断地充实。在目标、任务、内容发生变化的情况下,大学生社会主义核心价值体系建设只有与时俱进,创新方法与途径,才能增强实效性。从近年来的实践看,大学生社会主义核心价值体系建设传统的方法与途径有的已经脱离了大学生的生活环境与思想实际,难以解决大学生价值选择中的种种矛盾,难以帮助大学生对社会现象做出独立的、成熟的价值判断,因而也难以完成大学生社会主义核心价值体系建设的目标与任务。站在时代的高度,重新审视传统的方法与途径,创造新方法、开拓新途径,有利于提高大学生社会主义核心价值体系建设的实效性,顺利实现其预定目标、圆满完成其时代重任。如果仍然无视现实,固守传统,忽视对方法与途径的创新,大学生社会主义核心价值体系建设就会停滞不前。

其次,方法与途径的创新有利于推动大学生社会主义核心价值体系建设的科学化。① 要做好大学生社会主义核心价值体系建设,必须掌握大学生价值观念形成和发展的规律,并据此选择适当的方法与途径。大学生社会主义核心价值体系建设是引导大学生形成正确价值观念的工作,而大学生的价值观念作为一种社会意识,在客观外界条件和主观内部因素相互作用中形成,同时又随着社会存在、社会条件的变化而变化。有

① 张福记、李纪岩:《高校思想政治教育研究》,四川教育出版社2009年版,第107页。

什么样的社会存在,就有什么样的价值观念,也就是说,社会存在决定了大学生的价值观念。现代社会科学技术飞速发展,日新月异,社会存在已发生了重大变化,大学生的思想观念、价值判断和道德标准势必发生深刻的变化,客观上要求大学生社会主义核心价值体系建设的方法与途径也随之变化。顺应这种时代要求,创新大学生社会主义核心价值体系建设的方法与途径,是对大学生价值观念形成和发展规律的把握,是大学生社会主义核心价值体系建设科学化的重要环节。在这一创新过程中,许多来自实践、适应现实需要的价值观教育新方法、新途径被广泛运用,丰富和发展了大学生社会主义核心价值体系建设的方法体系。一些思想政治教育工作者把抽象、概括的大方法转化为便于把握与应用的、针对性强的具体措施和小方法,在突出某一方法的同时,综合运用各种方法,提高了大学生社会主义核心价值体系建设方法的系统性和可操作性,增强了大学生社会主义核心价值体系建设的科学性与实效性。

再次,方法与途径的创新有利于开创大学生社会主义核心价值体系建设的新局面。大学生社会主义核心价值体系建设是教育者有意识地建设大学生核心价值观的过程。为了实现这样的目标与任务,教育者必须借助一定的方法与途径,增强教育的自觉性,克服工作的盲目性、片面性和主观随意性。而方法与途径的创新,就是提高教育者综合素质、进而提高其教育水平的重要举措。方法与途径的创新,也有利于开创大学生社会主义核心价值体系建设的新局面。以往的大学生社会主义核心价值体系建设,大量施行以教师为中心、以教材为中心、以课堂为中心进行教学的教育模式,教育活动局限在课堂、教师、书本三个环节,形成了教室、图书馆、食堂、寝室四点一线的大学生活。实践证明,这种模式不适应大学生价值观念发展的基本规律,不能满足大学生的价值观念发展的实际需求。社会环境的变化与大学生思维方式的变化,要求在高校内部,既要注重发挥思想政治理论课的主渠道作用,又要注意发挥其他专业课的渗透作用,同时还要充分发挥高校各部门的育人作用,共同促进大学生价值观念的发展;在高校外部,则要注重与社会、家庭实行多种形式的结合,努力拓展新形势下大学生社会主义核心价值体系建设工作的有效途径,共同营造有利于大学生价值观念发展的环境。总之,只有充分考虑宏观环境与微观环境的影响,不断研究新情况、分析新问题、总结新经验、创造新方法、开拓新途径,才能不断开创大学生社会主义核心价值体系建设的新局面。

(二)方法创新的原则

当前,要实现大学生社会主义核心价值体系建设方法与途径的创新,需要遵循价值观教育与制度建设相结合、价值观教育与人们的思想实际相结合、解决思想问题与解决实际问题相结合、以理服人与以情感人相结合、理论灌输与思想疏导相结合、言教与身教相结合、自律与他律相结合以及社会舆论、群众性精神文明创建活动与各类文化产品、文化活动相结合八大基本原则。

1. 与制度建设相结合

社会主义市场经济条件下,人们的思想具有多变性,价值观趋向多元性,必须发挥教育的优势,用社会主义核心价值体系去占领思想文化阵地。但是,在市场经济条件下,人们思想观念的多变性与价值取向的多元性又决定了仅用狭义的教育一手是不够的。建设当代大学生的核心价值观,除了教育引导的一手外,还必须加强制度建设,把制度建设同大学生社会主义核心价值体系建设结合起来。毛泽东曾指出,光从思想上解决问题不行,还要解决制度问题。人是生活在制度中的,同样是那些人,实行这种制度,人们的积极性提不起来;实行另一种制度,人们就积极了。又说,思想问题常常是在一定情况和制度下产生的,制度搞对头了,思想问题也容易解决。在改革开放条件下,邓小平也指出:"领导制度、组织制度问题更带有根本性、全局性、稳定性和长期性。"①这些思想阐明了思想问题与制度建设的关系,体现了深刻的唯物辩证法。因为,制度是人制定的,人又是生活在制度中的。人在实践中积累了经验,形成了对客观规

①《邓小平文选》第2卷,人民出版社1994年版,第333页。

律的科学认识,制定出来的政策、制度就会是正确的。制度对了头,就会促进人们的积极性和创造性,从而为形成正确的价值观念提供良好的条件。在社会主义市场经济条件下,制度建设与思想教育同等重要,正确的价值观念的形成当然需要价值观教育,但教育的作用只有在科学的制度保障下才能达到。因此,制度更带有根本性,制度建设是大学生社会主义核心价值体系建设中一项十分重要的工作。

2. 与人们的思想实际相结合

大学生社会主义核心价值体系建设要取得实效,必须与大学生的思想动态与心理变化结合起来。"经验说明,要做好宣传思想工作,在明确宗旨和把握正确方向的前提下,还需要深入了解人们的思想和心理,同时要讲究方式方法。"①这个经验,同样适用于大学生社会主义核心价值体系建设。理论和实践都说明,针对性、预见性、前瞻性是大学生社会主义核心价值体系建设成功的关键。大学生社会主义核心价值体系建设讲究针对性。这就要求我们必须深入大学生群体,从大学生学习、生活的实际入手,了解他们的价值取向背后的真实动因,使大学生社会主义核心价值体系建设做到有的放矢。大学生社会主义核心价值体系建设讲究预见性、前瞻性。大学生社会主义核心价值体系建设的重要任务在于消除错误的价值观念对大学生的影响,建设大学生的社会主义核心价值体系。改革开放以来,在复杂的国内外环境中,多样化的社会思潮使大学生的价值观念呈现出多种发展趋势,这是大学生社会主义核心价值体系建设面对的一个重要课题,需要认真研究和妥善解决。要引领多样化社会思潮,把大学生价值观念的发展引导到社会主义核心价值体系上来,就必须深入了解大学生的思想和心理,细致地研究他们的情绪和心理变化,见微知著,把问题解决在萌芽状态。不要等问题成了堆,闹出了许多乱子,再去做所谓的"思想政治工作",那样起不了多大作用,也会降低大学生社会主义核心价值体系建设的威信。

---

① 《毛泽东邓小平江泽民论思想政治工作》,学习出版社2000年版,第172页。

3. 与解决实际问题相结合

把解决思想问题与解决实际问题结合起来,这是新时期思想政治教育的重要经验,也同样适用于大学生社会主义核心价值体系建设。大学生社会主义核心价值体系建设是对大学生价值观念的引导,有"务虚"的特点;但"务虚"必须与务实相结合,把对大学生物质利益的关心纳入价值观教育中来,才能取得实效。江泽民曾经指出:"要把做群众思想工作与帮助群众解决实际问题结合起来,既讲道理又办实事,既以理服人又以情感人,在办实事中贯穿思想教育,通过解决现实问题引导群众提高精神境界。"①这一观点含义深刻,意义深远,对大学生社会主义核心价值体系建设具有重要的指导意义。特别是在当前学费高、就业难的形势下,影响大学生价值选择的许多思想问题、心理问题,是由与大学生切身利益相关的实际问题没解决好或暂时没妥善解决引起的。要解决这样的思想问题或心理问题,空洞的思想说教于事无补,只能通过千方百计地为大学生办实事去解决,通过多做得人心、暖人心、稳人心的工作去解决。如果不分析大学生价值选择的背后动因,不去认真解决大学生的实际困难,只说空话,不办实事,无论如何也起不了多大作用。当然,也要防止那种只注重办实事而忽略了核心价值观建设工作的倾向,要增加办实事的教育含量,注意把解决思想问题与解决实际问题结合好,防止片面性与简单化。

4. 以理服人与以情感人相结合

情理交融是思想政治教育的基本原则,在大学生社会主义核心价值体系建设中贯彻这一原则,就是既要重视大学生的心理体验,也要重视大学生的思维训练;既要注重大学生的情感需求,也要关注大学生的真理追求;既要促进大学生的情感升华,也要促进大学生认识的提高,充分运用以理服人与以情感人相结合的教育方法。首先,要采取说服教育的方法,以理服人。价值观教育是要解决价值选择问题的,解决这样的问题,只能

---

① 新华社:《适应新形势大力加强和改进党的思想政治工作,为改革开放和现代化事业提供强大动力与保证》,《人民日报》2000 年 6 月 29 日。

采用民主的方法,讨论的方法,说服教育的方法,摆事实、讲道理,以理服人。要做到以理服人,一是要因人施教,对不同的学生,应该有不同的教育内容和目标,采取不同的教育方法和途径;二是说理要充分透彻,把自己所讲道理的含义讲准,内容讲清,实质讲透,与此同时,用实践与事实来印证理论,使大学生在事实面前转变思想;三是要防止搞"左"的一套,不能随意上纲上线,认真遵循不抓辫子、不扣帽子、不打棍子的"三不原则"。其次,要关怀体贴大学生,以情感人。实践证明,要使价值观教育取得良好效果,必须做到情真意切,情理结合。否则,即使道理讲得对,也不能打动人心。这就要求我们自觉培养与大学生的深厚感情,实施有效的情感激发。为此,教师要经常深入大学生,熟悉大学生的生活与思想状况,与大学生打成一片,与他们同呼吸、共命运,建立起深厚的个人感情;要主动热情地关心和帮助大学生,在大学生遇到实际问题和困难时,要帮助他们解决;要尊重、信任大学生,寻求与他们在思想上的共鸣点,用大学生自身的积极因素克服其消极因素;无论是宣传真理还是追求真理,都要保持对大学生的深情厚爱。最后,要寓理于情、寓教于乐,促进情与理的充分结合,使大学生对价值观教育的内容能"听进去,看进去,写出来,唱出来"①。"听进去"是指价值观教育要把真理融于真情之中,采取理论讲授、优秀青年报告会、先进青年座谈会以及恳谈会等生动活泼的形式,使教育内容入耳入脑。"看进去"是指既要重视指导大学生阅读相关书报杂志,又要重视运用现代教育技术手段对大学生进行形象化教育,使他们在不知不觉中心灵得到净化,情感得到升华。"写出来"是指在价值观教育中,要注意调动大学生的主动性、创造性,引导他们把受到的教育转化为自己的体验和感受,并以多种形式表达出来,相互启发、相互交流。"唱出来"主要是指针对大学生爱唱、爱舞、爱运动的特点,通过歌咏比赛、革命先辈诗词朗诵会等主题鲜明形式多样的活动,充分发挥校园文化的娱乐功能、育人功能与导向功能,使大学生受到潜移默化的教育。

---

① 宫志峰:《高校思想教育应当情理交触》,《大众日报》1995 年 10 月 25 日。

5. 理论灌输与思想疏导相结合

理论灌输与思想疏导相结合,也是适用于大学生社会主义核心价值体系建设的思想政治教育原则。用社会主义核心价值体系武装大学生,必须采用灌输的办法。因为自发的实践活动催生的价值观念不全是科学的,不可能上升到与社会主义核心价值体系完全吻合的程度。大学生社会主义核心价值体系建设的任务目标是引导大学生树立正确的价值观念,为实现这一目标,就需向大学生讲授社会主义核心价值体系,理论灌输是必要的。但这一灌输工作又必须坚持以人为本,具有人情味,切忌死板、生硬和强迫。因此,开展大学生社会主义核心价值体系建设要尊重人、关心人、理解人、爱护人,注意疏导,注意发扬民主,讲求春风化雨、润物无声、耐心细致、潜移默化;对大学生要善于谆谆教导,耐心诱导,细心引导,疏通开导,因势利导,使核心价值观教育生动活泼,为大学生喜闻乐见。也就是说,在进行灌输的同时,必须注重疏导。疏导,就是疏通和引导,其最大的特点在于,遵循大学生价值观念形成和发展的客观规律,从寻找思想根源入手,通过宣传、教育、引导、启发和各种社会实践活动,扫清各种思想障碍,提高青年的精神境界。运用疏导的方针,首先,应该肯定大学生中正确的价值观念,使之得到巩固和发展,为更多的人所接受。其次,对大学生中不正确甚至错误的思想认识,要及时给以批评和教育,使之得到纠正,绝不能放任自流。再次,要因人因时制宜,对症下药,把大学生社会主义核心价值体系建设做到每个学生的心坎上,及时解决大学生的思想问题,力求收到预期的效果。

6. 言教与身教相结合

坚持言教与身教相结合,是实现大学生社会主义核心价值体系建设科学化的又一重要途径。大量的事实告诉我们,大学生社会主义核心价值体系建设要真正做到说服人、教育人的作用,一靠言教,二靠身教。言教是做好大学生社会主义核心价值体系建设的基础,身教是做好大学生社会主义核心价值体系建设的关键,两者不可分离。所谓言教,就是教师把社会主义核心价值体系说明、说透、说顺,这样,才能获得大学生的信任,使大学生自觉地接受社会主义核心价值体系。如果在言教上搞形式主义、教条主义、照本宣科和生搬硬套,不但不会收到预期的效果,而且容易引起大学生的反感。所谓身教,就是教师必须以身作则,说到做到,带头实践自己倡导的价值标准,以自己的模范行为引导、感化和教育大学生。只有这样,大学生才会心悦诚服,才能增强核心价值观建设工作的效力。现在,改革开放和现代化建设已经进入新的发展时期,要促进大学生社会主义核心价值体系建设的科学化,迫切需要教师更好地坚持言教与身教相结合、身教重于言教的原则,在教育中处处以身作则,事事率先垂范。凡是要求学生做到的,自己首先做到;凡是要求学生不能做的,自己首先坚决不做,坚持以自己的模范行为,影响和教育大学生,不断开创大学生社会主义核心价值体系建设的新局面。

7. 自律与他律相结合

要实现大学生社会主义核心价值体系建设的科学化,还必须坚持自律和他律相结合的原则。自律就是自我教育、自我修养和自我提高。大学生正确的价值观念的养成,归根结底要靠自律,即依靠内心信念来约束。自律是一种内在力量,是人们在长期的社会实践中受教育、熏陶、感染所形成的一种良心、正义感、责任心和荣誉感,是对自己、对他人、对社会负责的内在的自觉意识。这种内在的自觉意识对人的价值取向和行为规范有着决定性的作用。因此,在开展大学生社会主义核心价值体系建设工作时,要注重培养大学生的自律意识,使核心价值观变为大学生内在的需要,自觉形成正确的价值观念和高尚的道德品质,并以此来规范自己的行为。但是,大学生社会主义核心价值体系建设要取得实实在在的成效,仅仅靠大学生的自律是不够的,还必须靠他律手段来约束。他律的约束手段具有强制性、权威性、稳定性,能够从宏观、中观和微观等各个不同层面对大学生的行为进行硬约束,可以使大学生消极的价值观念受到抑制。因此,自律和他律相结合,是做好大学生社会主义核心价值体系建设的有效手段,两者相辅相成,缺一不可。这就需要把自我约束和各种社会调控手段结合起来,把大学生社会主义核心价值体系建设的自我导向融于一些硬性规定之中,以自律的内在自觉性来提高大学生的价值观念,以强制性规范约束大学生的思想和行为,使自律和他律相互补充、共同发挥作用。这样,就能形成扶正祛邪、扬善惩恶的社会氛围,使大学生的价值追求健康向上、行为文明有序,使大学生社会主义核心价值体系建设建立在更为科学的基础之上。

8. 社会舆论、群众性精神文明创建活动与各类文化产品、文化活动相结合

社会舆论、群众性精神文明创建活动与各类文化产品、文化活动构成大学生社会主义核心价值体系建设的外在环境,都对大学生价值观念的形成发挥着重要的作用。报刊、广播、电视等舆论阵地直接面向群众,能够最迅速、最广泛地把党的路线、方针、政策贯彻到群众中去,并变为群众的实际行动;能够广泛地反映群众的意见、呼声、意志和愿望,受到亿万群众的广泛关注;能够及时地传播国际国内的各种信息,直接影响群众的思想、行为和政治方向,引导、激励、动员、组织群众为认识和实现自己的利益而斗争。因此,我们应该高度重视和发挥舆论阵地在大学生社会主义核心价值体系建设中的重要作用。为此,一是必须坚持党对舆论阵地的领导权,坚持政治家办报,坚持党性原则,把新闻舆论的领导权牢牢掌握在忠于马克思主义、忠于党、忠于人民的人手里;二是必须坚持团结、稳定、鼓劲和正面宣传为主的方针,牢牢把握好正确的舆论导向;三是必须增强新闻宣传的吸引力、感染力和说服力,提高新闻宣传的质量和效果;四是必须认真做好典型宣传,大力弘扬正气,并对各种错误思潮和社会丑恶现象及时给予有力的揭露和批判,绝不能给它们提供舆论阵地,绝不能让那些扰乱人心的思潮借着新闻出版四处流传。群众性精神文明创建活动是价值观教育的重要载体。以"讲文明、树新风"为重要内容的精神文明创建活动,是吸引大学生广泛参与、对大学生进行思想教育、提高社会文明程度的有效途径,也是价值观教育的重要载体。群众性精神文明创建活动的一个突出特点,就是大学生在创建精神文明的实践活动中进行自我教育和相互教育。但作为精神文明活动的引导者,应当有意识地把社会主义核心价值体系寓于大学生的活动之中,以便提高他们的价值观念。各类文化产品和文化生活具有重要的社会教育功能。文化泛指知识和精神产品,在这里具体还指文化产业和社会文化生活。文化产业和社会文化生活对大学生的价值观念有着潜移默化的影响,这就是文化的社会教育功能。在新世纪,文化对大学生的社会影响越来越重要,运用文化的社会教育功能促进大学生社会主义核心价值体系建设也越来越重要。应当认真研究在新形势下怎样运用文化的社会教育功能,做好大学生社会主义核心价值体系建设。

三、方法创新的思路

近年来,适应时代发展的新趋势与大学生思想观念的新变化,高校思想政治教育领域形成了一些新的方法和途径。一是激励教育法,就是指运用各种物质的或精神的手段来激发人们的主观动机,鼓励人们朝着正确的方向前进、努力的教育方法。激励教育法又可分为目标激励、奖惩激励和竞争激励。二是启发疏导法,就是针对学生的具体思想认识问题,通过摆事实、讲道理的正面启发和诱导,循序渐进地帮助学生提高认识、取得进步,因势利导地打开学生的心灵之门,解开其思想疙瘩。三是生活指导法,就是重点对学生的个体生活、群体生活、职业生活给予适时的特别的指导,同时训练学生为人处世的日常行为规范。四是自我教育法,即引导学生从自己的思想实际和工作实际出发,严格解剖自己,克服缺点错误,通过不断的自我调节、自我激励、自我管理和自我修养,逐步达到自我完善。五是心理咨询法,即在思想政治教育中运用心理科学的理论和方法,通过解除咨询对象的心理问题,来维护和增进心理健康,促进思想提高、实现潜能开发的过程。① 六是情感陶冶法,就是利用各种情境中的教育因素,特别是教育者自觉创设的教育情境,对人们进行感化和熏陶,潜移默化地培养人们积

---

① 李焕明:《思想政治教育要论》,内蒙古大学出版社 2003 年版,第 344 页。

极健康的思想情感,从而提高人们思想觉悟和品德水平的方法。① 情感陶冶法的主要形式有以境育情、以情育情和以艺育情。在大学生社会主义核心价值体系建设中,除了要适当运用这些创新方法与途径之外,还需要借鉴"价值澄清理论",引导当代大学生在价值澄清中建设核心价值观;注重人文关怀与心理疏导,在感动与共鸣中建设当代大学生核心价值观;关注网络、社团、公寓,在日常生活中建设当代大学生核心价值观。

（一）借鉴价值澄清理论

价值澄清理论是 20 世纪美国最有影响的道德教育理论。当前,高校思想政治教育传统的方法与途径已经难以满足大学生社会主义核心价值体系建设的需要,在这种背景下,有必要借鉴价值澄清理论,帮助当代大学生在价值澄清中主动接受社会主义核心价值体系。

1. 价值澄清理论的基本主张

作为一种教学方法,价值澄清早在 20 世纪 20 年代就已经出现。1966 年,纽约大学教育学院教授拉思斯与哈明、西蒙等人合著的《价值与教学》一书的出版,标志着价值澄清理论发展成为一个独立的德育理论流派。美国教育学家巴里·查赞教授在《当代道德教育方法》一书中曾这样评价:"一般来说,价值澄清理论与方法受到的尊重是比不上涂尔干、柯尔伯格与杜威的地位的。但是我们认为,在 20 世纪,这种学说比其他德育学说,有更大的实际意义与重要性,它可能是当代价值教育方法的最为典型的代表。"② 20 世纪 70 年代以来,由于具有显著的可操作性和实效性,价值澄清理论在学校道德教育实践中得到广泛推广与应用。价值澄清学派认为,由于社会上存在着多种不同的价值观,传统的道德说教和榜样教育不能从根本上解决学生的价值认同,反而会引起学生对道德教育的怀疑。因此,学校要更新传统的教育方法,通过一系列的价值澄清

---

① 王建华:《现代思想政治教育研究》,黑龙江人民出版社 2004 年版,第 277 页。

② Barry Chazzan:《Contemporary Approaches to Moral Education》, Teachers College Press, Columbia Uuniversity, 1985, p. 82.

策略,让学生通过批判性的思考,学会自我评价和自我分析,从而实现自我价值观的澄清,并根据自己选定的价值观做出道德决定和道德行为。价值澄清方法的主要任务不是传授"正确"的价值观,而是帮助学生澄清他们的价值陈述和行为。价值澄清理论是一套完整的理论体系,基本主张体现在以下几个方面。

第一,价值澄清理论提出,价值澄清的过程必须要经历"三个阶段"、"七个步骤"。其中第一阶段为"选择"阶段,包括"自由地选择"、"从各种可能选择中进行选择"、"对每一种可能选择的后果进行审慎思考后做出选择"三个步骤。第二阶段为"珍视"阶段,包括"珍爱,对选择感到满意"、"愿意向别人确认自己的选择"两个步骤。第三阶段为"行动"阶段,包括"根据选择行动"、"以某种生活方式不断重复"两个步骤。这样的过程,要求教师在课堂教学中避免机械地道德灌输,而要形成一种非权威的评判气氛,使学生通过自己的价值选择,最终形成自己的价值观。价值澄清理论认为,经过"三个阶段"、"七个步骤",不用教育者特别强制与限定,学生也最终会走上正确的价值选择之路。

第二,价值澄清理论提出了价值澄清的四个要素:一是以生活为中心。价值澄清要求引导人们把注意集中在生活中的某些方面,而这些方面恰恰暗示着他们所珍视的东西,或者是他们的行为、态度、目标、兴趣、抱负、情感、烦恼等,或者是一般的生活问题,尤其是经常使生活复杂化或使价值问题显得扑朔迷离的问题。二是对现实的认可。价值澄清要求从整体上接受他人,这种认可意味着帮助他人接受自我,互相开诚布公,不管他们的思想或情感是多么混乱或消极。这就要求不管别人的言行如何,不必表示赞成或反对。三是鼓励进一步思考。价值澄清要求人们不能仅仅停留在认可的水平上,而应鼓励学生进一步思考,更加全面地思考价值问题,使学生更加清楚他们所珍视和珍爱的事物,更好地把选择整合到日常行为之中。四是培养个人能力。价值澄清方法要求人们深思熟虑地看待价值问题,以便更好地整合其选择、珍视和行动。总之,价值澄清的方法不仅要致力于促进学生思想、情感和行为的整合,而且致力于传授给学生离校后独自运用方法的技能。①

　　第三,价值澄清理论认为,最灵活的价值澄清策略是教师针对学生的言行做出"澄清反应",从而鼓励学生进行特别的思考。有效的"澄清反应"应满足十个条件:一是避免道德说教、批评、向学生灌输价值观或进行评价。二是使学生有责任检查自己的行为或思想,并独立思考和决定他们的真正需要。三是在向学生提出澄清问题时,要考虑到学生不做检查、决定或思考的可能性。四是要创造一种氛围,激发学生思考自身言行,通过众多澄清反应,累积成价值澄清的效果。五是因目的不在于获得资料,而是帮助学生澄清自己的思想和生活,所以不适用访谈。六是教师最好在进行两三个来回的对话后便主动但是委婉、真诚地中断对话,而不应扩大讨论。七是主要针对个人进行,即使面向群体就受到普遍关注的问题做出澄清反应,也要求个体最终进行独立思考。八是不对每一个学生在课堂上的一切言行做出反应。九是适合在涉及情感、态度、信仰或目的等没有"正确"答案的情景中发挥作用。十是不严格遵循某种格式,教师在牢记目的的情况下,必须富于创造性和洞察力地运用澄清反应。

　　第四,价值澄清理论认为,价值澄清的具体方法有二十几种,其中最主要的是对话、书写、讨论等方法。② 对话法通常指向单个学生,以短暂的、非正式的对话方式出现在课堂上、走廊上、操场上或其他教师能接触到学生的任何地方,通过教师对学生所说的话或所做的事做出反应,促使学生在头脑中提出问题,反省自己的生活、行为和思想,从而澄清他们自己的价值观。对话法主要针对那些对自身价值观不明确的学生。书写法是经过精心设计的、深层次的价值观思考,主要用于那些不大适合于口头交换意见的场景和问题。教师从中选择某一能引起深思的问题,并设计相关问题,复制后分发给学生。先由学生独立做出回答,并将答案写在纸上,然后学生之间或师生之间就这些答案进行交流。运用书写法,一是要

　　① 刘燕:《价值澄清理论述评》,《哈尔滨学院学报》2005 年第 4 期,第 98 页。
　　② 洪棋文、陈红:《美国学校德育的价值澄清理论评析》,《衡阳师范学院学报》2007 年第 4 期,第 124 页。

选择有价值意义并容易出现价值冲突的社会问题,并巧妙地设计问题;二是要求个体独立并谨慎地回答问题,并且坚决要求书面回答;三是在独立完成价值书写后,鼓励学生公开自己的答案,并与同学或教师进行小范围的交流。讨论法主要通过团体讨论帮助学生更加明确自己的价值观,并努力理解别人的价值观。为避免团体讨论变成无意义的争论或是少数几个健谈学生的私下讨论,制订计划时,一是要认真选择学生深感困惑的问题设计出富有价值意义的主题;二是要求所有学生在讨论之前安静地思考问题,并最好做笔记,给每个学生留有思考的余地;三是要把学生分成若干小团体进行小范围内的讨论,尽量使每个学生都有发言的机会,并要求每个学生做笔记;最后是帮助学生获得知识,通过让小团体派代表在全班发言,相互交流学到的知识。

价值澄清理论反对传统的道德灌输,力图减少学生的价值混乱,发挥学生在价值选择中的主体作用,给道德教育注入了新鲜的血液。价值澄清理论不是以逼迫或强加的方式将"正确的"价值传授给他人,说服学生接纳这种"正确的"价值,而是相信学生可以凭借自己的力量形成自己的价值观,并创设情景帮助学生独立思考,这对于学生形成自由探究、深思熟虑的思维方式和理性思想是有帮助的。价值澄清理论突破了传统的教育模式,创造出一种尊重学生、以轻松的交谈为形式的教学方法,这样的交谈更容易让学生接受,也更容易使学生形成自己的思维。价值澄清理论不是局限于一些抽象空洞的教条式价值,也不是要求学生只是不加考虑地背诵一些教条式的美德,而是更加注重将价值观与现实生活联系起来,引导学生自己思维。无论学生最终会选择什么,但至少是经过了他们自己思考的。当传统道德教育方法满足于学生"假装"相信某种道德时,价值澄清注意到将道德内化,强调学生要珍视自己的选择并为之行动,这比道德教育只停留于口头上的夸夸其谈要好得多。①

---

① 周瑜:《关于价值澄清理论的几点思考》,《思想政治教育研究》2005 年第 5 期,第23 页。

2. 价值澄清理论的启示

价值澄清理论教给学生澄清价值观念的技巧与价值选择的能力,对我国大学生社会主义核心价值体系建设有着积极的借鉴意义。首先,价值澄清理论试图应对人们的思想意识复杂多变、社会的价值观念趋向多元等时代性挑战,这些挑战也是当前我国大学生价值观教育所面临的问题。价值澄清理论注重自由选择、尊重学生的主体性、关注生活等人本教育理念及其民主互动的教学方法和澄清策略,也是我国大学生社会主义核心价值体系建设所要借用的。其次,价值澄清理论认为国家法律是价值选择的最高限度,选择必须在法律许可内进行。价值澄清的价值,既是有个人兴趣爱好的价值,又是有社会限制的价值。这在一定程度上契合了当前中国"以社会主义核心价值体系引领大学生价值选择"的基本原则。再次,价值澄清模式鼓励学生对价值观内容再思考,促进学生思维、情感和行为的发展,重在培养学生追求终身所需的价值的态度和能力,这些主张也契合我国当前的教育理念。价值澄清理论尊重学生的主体地位,注重培养学生的价值选择能力,期求学生通过在日常生活中价值澄清的过程,自主完成价值选择,形成某种价值观。为此,价值澄清理论还为教师提供了一些具体的德育实施方法、实施途径。价值澄清理论的这些理论主张及其实施方法、实施途径,对推进我国大学生社会主义核心价值体系建设具有重要的启示作用。

第一,要尊重大学生的主体地位,发挥大学生在价值观念形成中的主体作用。价值澄清理论认为,传统的价值观教育忽视学生的主体性,试图以片面的外部灌输作为促进学生价值观发展的根本动因,而不考虑学生的主观思想品德需要,实质上把学生当成了不清楚自己需要、没有行动能力的"人",当成了被动的、只需接受先进思想品德的"容器"。即使是树立榜样、说服劝告、激励、制定规章、运用文学作品等方法,实质上也是在试图把预先定好的"正确的"价值观兜售、推销、强加给他人,因而也多少有灌输的味道,只是某些方法比另一些方法更巧妙一点而已。这样的价值观教育,无论动机是多么善良,用以灌输的思想品德是多么高尚,但是把人当做思想品德容器的思路和做法,泯灭了学生的主体性,也违背了人的思想品德形成与发展的基本规律,因而成效总是不佳。针对这种状况,价值澄清理论强调,道德或价值观不是靠传授获得的,而是经过自由选择、珍视和行动澄清出来的。教师应尊重学生在品德发展中的主体地位,注重学生主体性与积极性的发挥,帮助学生澄清存在于头脑中的某些困惑和模棱两可,建设他们深思熟虑地进行自我指导的能力,引导他们形成与其价值观念一致的独特生活方式。就我国高校的价值观教育而言,长期以来,习惯于对大学生施加外部道德影响,忽视了学生的主体地位和主体性的发挥。在这个过程中,占主体地位的是教师,学生则处于接受者、被塑造者的客体地位。"这种教育模式因其忽视现代社会开放和价值多元的事实,忽视道德教育之固有的主体性本质,以及忽视现代社会对主体性和创造精神的呼唤,而在解释现实的社会道德问题,解决青少年道德价值观冲突面前日显苍白"①。在大学生社会主义核心价值体系建设中,要改变这种被动状态,就应该借鉴价值澄清理论,充分尊重大学生的主体地位,发挥大学生在价值观念形成中的主体作用。大学生在价值观念上的发展和完善,主体性的发挥是最为主要的决定因素,只有充分尊重大学生的主体性地位,才能有效地培养大学生的主体性价值观念。教师必须从了解和把握大学生的利益以及需求出发,尊重大学生的主体地位和独立的人格尊严,激发其自我教育的自觉性与积极性,让他们在开放的环境中辨析善恶美丑、进行价值选择,使他们在品德形成过程中学会自我调控、自我激励、自我完善、自我超越,真正成为价值观生成的行为主体。

第二,要注重培养大学生的价值选择能力,提高大学生的价值判断和价值选择水平。价值澄清理论非常重视发展学生的价值选择能力,认为如何获得观念比获得怎样的观念更重要。拉思斯认为:"在我们看来,

---

① 戚万学:《关于建构中国现代道德教育理论的几点设想》,《教育研究》1997年第12期,第27页。

'她如何获得价值观'这一问题比'她获得了什么价值观'更为重要",
"我们不能教给儿童一套绝对的价值,但我们却能教给他们一些完好的
东西,我们可以教给他们用来获得自己的价值的方法。"①在拉思斯看来,
道德教育的目的不是向学生传授和灌输特定的价值观,而在于教给学生
一些澄清自己价值的技巧和自我评价、自我指导的能力,提高他们分析、
处理道德问题和社会问题的能力,使他们能适应复杂多变的生活。② 价
值澄清理论致力于纠正那种认为道德习惯完全是外界迫使个人形成的观
点,鼓励学生在通过自我经验形成现有价值观的基础上进一步思考,从而
提高他们进行价值判断与价值选择的能力。③ 作为一种道德教育的理论
和方法,"价值澄清"的合理之处就是要讲究方法艺术,尊重学生的主体
地位,坚持自由选择与限制的统一。价值澄清学派的这些观点至今仍
能给我们提供一些启示。在当代中国,社会价值观念更加多元、价值选
择更加自由,大学生经常会面临着价值选择、价值冲突。但长期以来,
我国传统的价值观教育重特定价值的灌输,轻价值选择能力的培养。
这种教育试图向青少年传授某种不容置疑的、固定的价值观念,并努力
采取多种措施使学生接受并最终形成大多数人所认可的价值观念。在
相对稳定和封闭的社会中,这种教育有其存在的合理性;但在多元价值
并存的社会中,鲜活的现实、活跃的媒介不断推动着大学生认知方式的
转变,正统的、主流的、过去占绝对统治地位的思想意识及其教育的影
响力日渐减弱,效果不再尽如人意。面对现实生活中日益增多的价值
选择,只有培养大学生自主认知与选择的能力,才能让他们在价值辨析
的基础上形成正确的价值观。大学生社会主义核心价值体系建设不能
再封闭性围绕某种"正确"、"理想"的价值观运作,而应树立一种"教会
选择"的新理念,从"给现成结论"向"给分辨武器"转变,让大学生勇敢

---

① [美]拉思斯:《价值与教学》,浙江教育出版社2003年版,第7页。
② 曹清燕:《价值澄清理论与大学生思想政治教育》,《重庆教育学院学报》2005年第
4期,第9页。
③ [美]拉思斯:《价值与教学》,浙江教育出版社2003年版,第2页。

面对现实,在多元化的社会环境中,经过价值"澄清"、价值冲突,培养价值判断力,生成与现实社会相适应的价值观念,并把自己的价值经验内化为稳定的行为习惯。

第三,建立平等合作的师生关系,营造大学生接受社会主义核心价值体系的良好气氛。① 价值澄清理论认为,在价值澄清过程中,教师对学生的尊重、热爱是学生形成自身价值观念的重要条件。因此,价值澄清理论强调创造一个平等且互相尊重、激励的氛围。拉斯思等人认为,价值澄清要想取得良好效果,教学气氛的营造至关重要。教师的作用是给学生提供一个宽松的环境,在师生之间建立起平等、真诚和相互信任的关系,力求消除彼此间的绝缘层,让学生意识到自己的想法,而不是盲目地受他人干扰。他们还提出了教学实践中教师应遵循的十条准则,主张教师对学生完全地尊重,从"教会顺从"的训导者变为"教会选择"的指导者、导航者或治疗者,帮助学生发展和利用自己的能力,重新确立正确的价值体系。价值澄清理论关于师生平等的观点无疑是值得肯定的。大学生社会主义核心价值体系建设是在积极的师生互动中实现价值观念建构的过程,在这个过程中,大学生一般不是先与规范本身发生作用,而是先与规范的倡导者或制定者发生作用。而教师是社会规范的承载者,师生关系直接影响到大学生对社会价值规范的接受态度。师生交往中大学生的情感体验决定了他们是否将外在的价值观念转化为自身内在的需要,这种情感集中表现为爱的需要、尊敬感和归属感的满足,而良好的师生关系是这些情感要素的承载者。在以往的大学生社会主义核心价值体系建设工作中,大学生的主体地位往往得不到足够重视,教师指挥者和命令者的角色常常使大学生产生疏离感。按照价值澄清理论,师生在日常学习与生活中应该保持民主、平等的交流,常常就人生的重点、难点、焦点、热点问题进行深入探讨、启发碰撞。只有使学生在和谐的氛围中敞开心扉,表露

---

① 曹清燕:《价值澄清理论与大学生思想政治教育》,《重庆教育学院学报》2005年第4期,第9页。

出自己的观点、闪现出思想的火花,教师才能因势利导,帮助学生树立自己的价值观。当然,强调在价值观教育中建立民主、平等、互助合作的师生关系,并不是否认教师的主导作用,价值澄清理论也并非要求教师完全中立。大学生是不成熟的主体、发展中的主体,其主体性需要教师予以激发,师生除了进行人际交往外还有着教育性的交往,在这样的交往中,教师要给学生以指导,而不是纯粹的旁观者。

第四,要关注大学生的日常生活,在生活中建设大学生的社会主义核心价值理念。价值澄清理论认为,人们的价值观发端于富有变化的生活,来源于人们在生活中获得的经验,学生只有在生活中掌握并检验适合自己的价值观,才能适应复杂而多变的世界。因此,只有融入学生的生活实际,使学生根据个人发展的需要吸纳取舍,学生才能主动承担道德责任,价值观教育才能摆脱沦为"空谈"的厄运。为此,价值澄清理论更为关心学生的日常生活,注意力放在如何解决学生对待闲暇时间、如何处理与朋友的人际关系等问题,以及那些在学生日常生活中能起到"价值指示"作用的态度、情感、活动、信仰、目标、抱负、兴趣和烦恼等问题上。拉思斯认为:"如何处理生活中常见的友谊、恐惧、合作、爱情、贫穷、金钱、暴力等问题,这些不是学生个人的问题,而是重要的社会问题。并且正是这些问题使生活复杂化,并造成价值问题显得扑朔迷离"①。因此,价值澄清理论主张,价值观教育不应采取灌输的方式自上而下地将现成的知识和技能传授给学生,而应以学生的实际生活经验和学习活动为出发点,通过评价的实践过程使他们获得价值观。长期以来,我国高校的价值观教育在一定程度上脱离了大学生的生活实际,教育内容往往经过处理,与学生所接触的社会现实有很大的差距。脱离生活实际的德育内容只能沦为机械枯燥的教条,其结果必然导致效率低下。因为当代大学生并不是生活在真空之中,他们在家庭、社会的耳濡目染下,会形成自己的"道德框架",当学校价值观教育与他们的实际生活体验相悖时,他

---

① ［美］拉思斯:《价值与教学》,浙江教育出版社2003年版,第2页。

们不会将其纳入自己的"道德框架",而是产生抵触情绪。大学生社会主义核心价值体系建设要提高效率,应当借鉴价值澄清理论,回归大学生的生活世界,引导大学生在纷繁复杂的现实生活和大学生个体的特殊生活世界中,确立主体性的价值评判标准,实现对社会、他人以及自我的理解和认同,选择实现和提高自我价值的现实途径。教师应贴近实际、贴近生活、贴近大学生,围绕大学生在学习、健康、生活、交友等方面遇到的现实问题,增强教育的亲和力,有针对性地开展价值观教育,让价值观教育"融入"生活,变得更加真实。贴近生活、贴近实际、贴近大学生,逻辑地要求对社会生活中的价值冲突与大学生内心世界的价值冲突予以观照,引导学生在现实遭遇中、在内心世界的价值冲突中,感受、体验、觉知、理解价值准则。离开客观存在的问题和矛盾,期望大学生不经过严肃的理性反思就轻易地接受现成的价值观,既无法使这种价值认可持续下去,也无法形成必要的价值辨别与选择能力来应对复杂的现实生活。

3. 价值澄清理论的不足及借鉴中应注意的问题

价值澄清理论是 20 世纪美国最有影响的道德教育理论之一,但由于以道德相对主义理论为基础,带有天然的不足。价值澄清理论认为,每个人都有与众不同的价值观,既然如此,价值观就是相对的,就可以随着个人的经验而变化;社会中不存在一套人们所公认的道德原则或价值,因此,价值是不可教的,教师和其他学生应该尊重别人的价值观,对某人的选择不便进行明确的是非判断。这种道德相对主义虽然有助于学生选择自己的价值观,但它容易导致价值观混乱和无政府主义,这显然和它所倡导的澄清价值混乱的初衷相背离。价值澄清理论所秉持的道德中性思想破坏了人们对客观道德规范的信仰,弱化了群体和社会的作用,反而加剧了社会不稳定。因此,从 20 世纪 70 年代后期开始,价值澄清方法开始受到人们的批评。今天我们借鉴价值澄清理论,应采取辩证的态度,去其糟粕,取其精华,为我所用。在大学生社会主义核心价值体系建设中借鉴价值澄清理论,更要考虑中国国情与社会现实,避免出现错误的导向。在具

体借鉴过程中,需要注意处理好三对关系①:

首先,要正确处理一元主导与多元共存的关系。多元化是大学生价值观教育不可逾越的社会现实,在教育过程中必须正视受教育者价值观的多元化,但是不能放弃对大学生的一元主导,即以社会主义核心价值体系引导和教育大学生。必须坚持一元导向与多元渗透的辩证统一,打破它们相互对立的思维模式,改变两者完全对立的偏见。一方面,对于多元化的社会思潮和价值追求要"尊重差异、包容多样"。党的十七大报告强调坚持以社会主义核心价值体系引领社会思潮,在这里"引领"本身就蕴涵着尊重差异性、包容多样性。另一方面,坚持社会主义核心价值体系的主导地位。我国高校培养的是社会主义事业的建设者和接班人,必须积极建设当代大学生的社会主义核心价值体系。越是面对思想文化和价值观念的多样化,就越需要我们强调和坚持指导思想和主导价值的一元化,用社会主义核心价值体系引领、统摄、整合多样化的价值观念。要通过倡导积极的、支持有益的、改造落后的、抵制腐朽的,实现弘扬主旋律与提倡多样化的有机统一,使大学生价值观教育在多元中立主导,在多样中谋共识,减少思想冲突,增进社会认同。

其次,要正确处理教师中立与教师引导的关系。价值澄清理论主张"教师中立",强调教师对学生的价值观持不干预态度。"所谓教师中立,根据拉思斯等人的观点,一方面,是指教师不能将任何特定的价值、信仰或价值观强加给儿童,他的作用在于发展一系列不包含任何特定内容的澄清技巧;另一方面,所谓中立,指教师自己的价值、信念、行为和个人的生活方式不能直接影响他的教学活动"。② 这种观点虽然看到了学生的主体性作用,但忽视了教师的主导作用,淡化了德育过程中的教育性,并且把学生的主体作用任意夸大,导致学生德育的放任、放纵,产生了一系

---

① 叶莉英:《基于价值澄清理论的大学生价值观教育探析》,《宁波大学学报》2009 年第 6 期,第 102—103 页。

② 戚万学:《关于建构中国现代道德教育理论的几点设想》,《教育研究》1997 年第 12 期,第 27 页。

列严重的社会道德问题。因此,在价值观教育过程中,既要尊重受教育者的主体性,又应坚持教育者的主导作用,加强对学生价值选择的引导。教师是社会的代表,是社会"主导价值"的代言人,以"主导社会价值"引导大学生是教师课堂教学活动的社会规定性要求。在价值澄清过程中,教师不应领着价值走向学生,而应引导学生选择价值、体验价值、澄清价值。"引导"的核心意义在于教师要善于引发学生结合教学内容或面临价值冲突时进行思考、选择,并形成属于自己又符合社会的价值观。

再次,要正确处理好教师灌输与学生自主选择的关系。价值澄清理论反对道德灌输,主张自由选择。这在一定程度上体现了对道德主体自由意志的尊重,深刻地反映了道德的本质特征。但是,过分强调自由选择的价值澄清方法并不完全适合我国价值观教育的实际情况。从现实情况来看,我国目前的大学生是在以灌输原则为主导的传统价值模式中成长起来的,缺乏自主地认识、分析、判断道德问题,从而做出价值选择的能力和习惯。在目前各种价值观念及其文化意识形态互相碰撞、排斥和融合的环境中,面对价值选择能力较弱的大学生,学校与教师如果只鼓励自由选择而不加以引导,无异于放任自流。这样的结果只会造成大学生对是非、善恶、美丑界限的模糊,从而陷入道德困境。因此,正确的态度应该是学生的自主选择与教育者适度灌输和积极引导要有机结合。具体说,就是要以学生的自主选择为基础和起点,在尊重学生的自主意识和个人选择的前提下,教育者采用多种具体方法渗透和灌输优良的道德价值观念,帮助学生提高认识、分析、判断道德价值的能力和价值选择能力。

(二)注重人文关怀与心理疏导

党的十七大报告强调,要加强和改进思想政治工作,注重人文关怀和心理疏导,用正确方式处理人际关系。人文关怀是对人的生存状况的关怀,是对人的尊严与符合人性的生活条件的肯定,要求关注人的生存与发展,关心人、爱护人、尊重人。心理疏导是通过解释、说明、支持、同情以及理解,运用语言和非语言的交流方式,影响对方的心理状态,改变对方的认知、信念、情感、态度和行为等,从而达到降低心理压力,促进人格健康、协调发展的过程。注重人文关怀与心理疏导是以人为本的理念在思想政治教育中的体现,是增强思想政治教育针对性、实效性的重要途径。人文关怀与心理疏导有助于青年学生在感动与共鸣中形成社会主义核心价值理念,应当成为大学生社会主义核心价值体系建设的方法与途径。

1. 运用人文关怀和心理疏导方法的依据

大学生社会主义核心价值体系建设是灵魂塑造工程,既要系统地引导大学生建设正确的价值观念,又要关注并疏导大学生普遍存在的心理问题,这样才能培养出人格健全的大学生。注重人文关怀与心理疏导,是新形势下开展大学生社会主义核心价值体系建设的必然需求。

首先,运用人文关怀和心理疏导的方法,是大学生社会主义核心价值体系建设自身性质的要求。从内在属性看,大学生社会主义核心价值体系建设以人为对象,以思想观念为内容,不仅涉及人的思想、观念、意识,而且涉及人的生理、情感、兴趣、家庭、环境和社会生活等各个方面。对大学生的教育必须以尊重和激发他们的主体能动性为基础,一切教育影响和教育措施都必须经过学生的领会和主体内化,才能真正得到贯彻并成为内在的本质力量。从教育对象的主体特征看,大学生主体自身的不完全成熟与强烈追求自主性之间的矛盾需要外界给予人文关怀与心理疏导,以帮助他们正确地选择和确定自己的追求目标。从沟通过程看,富有情感的人文关怀与心理疏导最容易让教师走入大学生内心深处,感动大学生、塑造大学生,促进教育目标的实现。长期以来,大学生社会主义核心价值体系建设工作忽视人的主体性,忽视对人的思想困惑与心理问题的疏导,使教育活动偏离了"现实的人"的主题,实效性受到较大影响。当前,在大学生社会主义核心价值体系建设工作中亟须落实以人为本的教育理念,贴近大学生思想心理的实际,在了解大学生的基础上,以剖析他们的思想变化、疏导他们人的心理问题、实现他们的观念转变、塑造他们的精神世界为目的,以关心人、激励人、提升人、尊重人的价值、激发人的主体性、调动人的积极性为宗旨,关注大学生的全面发展与自我完善,通过人文关怀与心理疏导,增强大学生社会主义核心价值体系建设的实效性。

其次,运用人文关怀和心理疏导的方法,是大学生社会主义核心价值体系建设直面现实的需要。在大学生社会主义核心价值体系建设中运用人文关怀和心理疏导的方法,既是适应新时期形势发展的需要,也是促进大学生自身成长的必然需求,还是彰显社会文明进步的重要标志。随着社会的进步,人民生活水平的提高,人们的精神生活与精神世界更加丰富。与此同时,社会生活的急剧变化,工作和生活节奏的明显加快,竞争的日趋激烈,导致人们生活和工作的压力增大,各种心理障碍和精神疾病大幅度增加,由此引发的思想问题及其社会问题也日益突出。反映在大学生群体中,独生子女占有很大的比重,有的大学生从小到大都生活在溺爱与娇生惯养的家庭环境中,有的大学生只有从校门到校门的两耳不闻窗外事、一心只读圣贤书的经历,社会历练少、社会经验少,对真、善、美的鉴别能力差,对困难与挫折的承受能力差。有的大学生持有心高气傲的秉性与我行我素、不愿意与别人沟通、不愿听从他人说教的个性特征,往往依赖于个人的主观想象判断事情的正误,极易产生思想问题,做出过激行为。面对纷繁复杂的经济、政治、文化背景,面对众多的思想包袱和心理困难只有注重人文关怀,给大学生以更多的指导、正确的引导和及时的心理疏导,才能帮助他们又好又快地成长与发展,帮助他们形成社会主义核心价值体系。

再次,运用人文关怀和心理疏导的方法,是大学生社会主义核心价值体系建设提高实效性的需要。大学生社会主义核心价值体系建设的实效性与其针对性、情感性、前瞻性、系统性密切相关,而后四者又与人文关怀和心理疏导的方法密切相关。"针对性"要求价值观建设工作要有的放矢。要提高大学生社会主义核心价值体系建设的针对性,就要转变过去的思维定势和教育模式,将教育目的与教育对象的思想心理状况紧密结合起来考虑;把讲道理与解决实际问题结合起来,把大学生思想热点问题作为教育的切入点和着力点;要掌握大学生的心理变化和思想动态,做得其心、暖其心、稳其心的思想工作。"情感性"要求价值观建设工作要有"人情味",以情感人,而人文关怀正是大学生社会主义核心价值体系建设工作情感性的体现。注重人文关怀,实施情感化教育,可以弥补理性化教育形式的缺陷,使教师既有奔放的感情,同时又保持冷静的头脑,使学生能够从情感上接受教诲。"前瞻性"要求教育者关注大学生的心理动态,把握大学生心理变化的趋向,提前予以引导与疏导,把问题解决在萌芽状态;而不是每次都等到大学生思想问题、心理问题发生了、严重了,才被动地做弥补工作。"系统性"要求大学生社会主义核心价值体系建设不能仅仅局限于方法上的理论灌输、渠道上的课堂教育,而要从多角度、多层面做好工作,尤其要注重以润物细无声的方式解决大学生的思想心理问题。总之,大学生社会主义核心价值体系建设的针对性、情感性、前瞻性、系统性有赖于人文关怀与心理疏导,离开了人文关怀与心理疏导,其效果就会大打折扣。

2. 运用人文关怀和心理疏导方法的思路

人文关怀与心理疏导是以人为本的理念在大学生社会主义核心价值体系建设中的体现,同时也是大学生社会主义核心价值体系建设直面现实、提高实效性的必然。在具体工作中,实施人文关怀与心理疏导的方法,需要从以下几个方面做出努力。

首先,要关注大学生的心理感受,满足大学生多方面的需求。大学生的感受和需求是多层次、多方面的,包括满足感、自豪感、成就感、安全感、被尊重感等多个方面。推进大学生社会主义核心价值体系建设,要关注大学生的感受,特别是其理想信念和情感。要引导他们加强自身修养,提高精神境界,完善自我人格,把个人发展与国家的发展、民族的发展结合起来,把自身价值的实现与他人价值的实现、社会价值的实现统一起来,在为祖国和民族的奋斗中实现自身价值,最大限度地消除引发大学生心理失衡、失调的外部诱因,使之在心理健康的基础上成才。这种关注要体现于情感关注与心理疏导方法的运用上,让大学生的情感得到尊重与关怀,心理问题得到有效的疏导。教育者要带着对学生的深厚感情做工作,避免以居高临下的姿态,使学生和教师产生距离和隔阂。这就需要教师提高自身人文素养,将心比心,换位思考,以平等的姿态与学生交流,建立起民主平等、团结友爱的师生关系。实践证明,在大学生社会主义核心价值体系建设中,就其实际教育效果而言,与其磨破嘴皮讲一大堆空道理,不如真心实意办一件能感动学生的实事。应通过为困难学生送温暖、对问题学生家访、探访生病学生等活动,给予学生人文关怀,使学生感受到浓厚的人情味,拉近师生距离。在大学生社会主义核心价值体系建设中实施注重人文关怀和心理疏导,教师还要讲究工作策略,注重语言艺术,既讲原则,又讲情理,在工作时笑脸相迎,好言善语,不讲粗话脏话,让学生感觉如沐春风。这就要求相关领导与教师既要学习党和国家的教育方针,又要学习教育学、管理学、心理学、礼仪学以及演讲与口才等知识来提高语言艺术,在和谐的气氛中取得大学生社会主义核心价值体系建设的最佳效果。

其次,要注重对大学生的心理疏导,开展心理咨询和心理健康教育。心理疏导是使人获得身心健康的一种方法。这种方法能够缓解人的心理压力,平衡人的心态,提升人的心理适应能力,以润物无声、潜移默化的方式促进大学生人格健康发展。心理疏导的个别实施方式是心理咨询,常规实施方式是心理健康教育。目前,心理咨询与心理健康教育已普遍为我国高校所重视,心理健康课也在高校普遍开展。开展心理咨询与心理健康教育,目标应着眼于引导大学生用和谐的方法、和谐的思维方式认识事物、处理问题;养成乐观、豁达、宽容的精神和自尊自信、理性平和、健康向上的社会心态,以开阔的心胸和积极的心境看待一切。在人与人关系上,应引导大学生树立合理竞争、共同发展的理念,提倡包容合作精神,形成男女平等、尊老爱幼、互爱互助、见义勇为的风尚。在开展心理咨询与心理健康教育的同时,要利用好各种有效载体,着力丰富校园文化生活,满足大学生的精神文化需求。要充分发挥文学艺术陶冶情操、愉悦身心的独特作用,有效地调节大学生的情感和心理,消除他们的忧郁感、孤独感、失落感等不良情绪,让他们感到身心愉快。现在,我国正处于改革的攻坚阶段和发展的关键时期,要引导大学生将满腔的爱国热情化为刻苦学习的实际行动,冷静理性、合法有序地表达诉求,不做任何损害社会稳定、损害同学团结的事。

其三,完善机制,加大投入,使人文关怀和心理疏导成为大学生社会主义核心价值体系建设的常规方法与途径。新形势下,要注重完善大学生心态疏导、调适与平衡的工作体系,保证大学生情绪交流渠道畅通,避免不良心态积累恶变,引导大学生心态良性变化,帮助他们在潜移默化中达到心理和谐。要把重点放在培养大学生积极健康的情绪上,通过对认知、情感、动机和态度诸环节的心理调节,真正提高大学生的心理承受能力,激发他们内在的心理潜力,形成一种积极向上、团结友爱的心理定势。同时,要注意给大学生心灵充电,关注他们的心理健康。要以情感人、以理服人、以教诲人、以诚动人,对心理障碍大学生积极进行治疗,帮助他们解决思想困惑和烦恼,缓解情绪,使他们从心理"亚健康"中解脱出来,从而达到疏通心绪、实现心理关怀的效果。要加大心理卫生硬件的投入,健全心理咨询网络,把人文关怀和心理疏导贯穿、渗透、体现于各级各部门的思想政治教育、家庭教育、学校教育、舆论引导、文化消费、志愿服务、专业咨询、心理医疗等各个方面。要在各种组织内部建立健全人文关怀机制,加强老师与学生、同学与同学之间的交流沟通,及时帮助人们解决思想情绪和心理健康方面的问题。要加强对大学生的心理监测、评估和预警,像开设专业课一样设立心理健康教育课,设立专门的心理咨询室,并确定具体的考核目标。要明确要求教师在课堂上尤其是思想政治理论课堂上适当运用人文关怀和心理疏导的方法上课,要求辅导员与各级学生管理部门工作人员充分运用人文关怀和心理疏导的方法开展学生工作,把人文关怀与心理疏导贯穿、渗透于大学生社会主义核心价值体系建设的全过程。

(三)关注网络、社团、公寓

中共中央、国务院《关于进一步加强和改进大学生思想政治教育的意见》提出,要紧紧围绕育人这个中心,大力推动大学生思想政治教育"进网络、进社团、进公寓"。在新的世纪,作为大学生日常生活的重要组成部分,网络、社团、公寓已经成为大学生思想政治教育的新阵地、新途径、新载体。要高度重视网络、社团、公寓的教育功能,充分发挥这些新阵地、新途径、新载体在大学生社会主义核心价值体系建设中的重要作用。

1. 网络、社团、公寓:新阵地、新途径、新载体

早在 2000 年,教育部就发出了《关于加强高等学校思想政治教育进网络工作的若干意见》。2002 年,教育部又发出了《关于进一步加强高等学校学生公寓管理的若干意见》。2004 年,中共中央、国务院《关于进一步加强和改进大学生思想政治教育的意见》对大学生思想政治教育"进网络、进社团、进公寓"提出了明确的要求。同年,教育部、共青团中央联合发出了《关于进一步加强高等学校校园网络管理工作的意见》。2005 年,共青团中央、教育部联合发出了《关于进一步加强和改进大学生社团工作的意见》。地方各级党委政府、教育行政主管部门也都制定了相应配套措施。由此可见,从中央到地方,都已把网络、社团及公寓视为大学生思想政治教育的重要阵地、途径与载体,当然也是大学生社会主义核心价值体系建设的重要阵地、途径与载体。网络、社团及公寓之所以受到如此重视,是由国际国内形势的新变化与大学生成长成才环境的新特点所决定的,有着深刻的现实背景。

首先,互联网是当代大学生学习的新载体、生活的新空间。自 1994 年我国被国际社会正式承认为有因特网的国家以来,我国的网民以几何级数增长,现已超过 3 亿人,其中最主要的用户大学生。随着网络时代走进大学生的日常生活,大学生对网络的依赖越来越强,资料查询、电子通信、生活娱乐、信息沟通、网络传媒、远程教育等给大学生的生活带来了巨大的变化,改变着大学生的生活习惯、生活方式、思维方式和价值观念。互联网方便了大学生的生活,开阔了大学生的视野,扩大了大学生的信息源,增加了大学生的知识量,拉近了彼此之间的距离,拓宽了大学生的思维方式;另一方面,互联网的出现也对大学生的价值观念、思想意识、伦理道德等形成了强烈的冲击。应对互联网的严峻挑战,已经成为大学生社会主义核心价值体系建设不可回避的重大课题。2000 年 3 月,江泽民在《加快发展我国的信息技术和网络技术》一文中指出:"现在,互联网上的信息庞杂多样,泥沙俱下,还存在大量反动、迷信、黄色的内容。可以这样说,由于信息网络化的发展,已经形成了一个新的思想文化阵地和思想政治斗争阵地……我们的基本方针是积极发展,加强管理,趋利避害,为我所用,努力在全球信息网络化的发展中占据主动地位。"①江泽民同志的讲话,反映出中央高层在世纪之初就对互联网的挑战有着清醒的认识。大学生社会主义核心价值体系建设"进网络",是网络自身持续健康发展的迫切需要,是青年学生树立正确的价值观的需要,也是维护高校和社会稳定的迫切需要。牢牢占领网络这一思想文化和思想政治斗争的新阵地、新渠道,是新世纪大学生社会主义核心价值体系建设工作取得实效的关键因素。

其次,社团是大学生社会主义核心价值体系建设的重要园地。社团是由大学生依据兴趣爱好自愿组成,按照章程自主开展活动的学生组织。重视社团是高校的优良传统。多年来,高校学生社团在加强校园文化建设、活跃校园文化气氛等方面发挥了重要的作用。进入新的世纪,在复杂的社会现实面前,大学生社团作用更为重要,成为学生心理的保健院、素质提高的训练所、就业压力的减压阀、走向社会的缓冲带。新世纪的大学生大多出自独生子女家庭,从小在亲人的呵护下长大,自尊心极强,自我意识较重,心理较为脆弱,有些直到读完中学还没离开过父母身边。进入大学后,生活方式和学习方式改变,一些学生难以适应和承受,自尊心受到伤害,产生自卑心理。而丰富多彩的社团活动则为大学生提供了广阔的自我展现的舞台,不同的学生可以在不同的舞台上展示自己的长处、优点,找到自信心、自尊心,在自信的基础上再慢慢成熟。在这个意义上,大

---

① 中共中央宣传部:《毛泽东邓小平江泽民论社会主义道德建设》,学习出版社 2001 年版,第 244 页。

学生社团是学生心理的保健院。近年来严峻的就业形势对大学生的素质提出了更高的要求,也同时加大了大学生就业的心理压力。有些从业素质是从教材和课堂上学不来的,创办、参与各种类型的大学生社团,则能直接锻炼学生的组织管理能力与沟通交往能力,提高运用各种专业知识的素质,这为他们选择心仪的职业增加了很多的筹码和机会,相对也使就业的压力得到缓解。从这个角度看,大学生社团是素质提高的训练所、就业压力的减压阀。大学生面对着来自社会的多重诱惑,而他们还没有形成较强的抵御社会诱惑的能力或驾驭社会生活的能力,如果在无任何心理准备和经验积累的前提下过早走向社会,很容易一失足成千古恨。但大学生早晚又得走向社会,因此也不能一味回避社会。在这种形势下,大学生社团就显得举足轻重。因为社团多由学生自主建立与维持,内容丰富多彩,既有校园特有的单纯,又有半社会性质的组织结构和运作方式,有些社团甚至也试探着将触角伸向社会一隅,能够极好地模拟和锻炼学生的社会生活能力。由此可见,社团也是大学生走向社会的缓冲带,在加强校园文化建设、提高学生综合素质、引导学生适应社会、促进学生成才就业等方面发挥着重要作用,是新形势下大学生社会主义核心价值体系建设工作的重要途径和有效阵地。

其三,公寓是高校扩招以来凸显出的大学生社会主义核心价值体系建设新载体。1999 年以来的高校扩招使我国高等教育进入了超常规、跳跃式发展阶段,较快地实现了由精英教育向大众化教育的转化。但高校扩招也同时带来了一些严重的问题:师资条件和管理体制赶不上扩招发展需要,教室、学生公寓、餐厅、文体活动场所等更是无法满足学生需求。扩招前,教师授课基本上以班级为单位进行;扩招后,高校师资力量未能同步增长,几个班级、数百学生在大教室中听课成为常态。扩招前,大部分高校的学生居住于校内学生公寓,居住环境安全宽松;扩招后,许多高校走出校门租赁公寓,将一些单位闲置的房产改造为学生宿舍。扩招前,大部分高校的大学生可以放松地坐在学校餐厅中就餐,有的甚至有固定桌椅;扩招后,餐厅变得拥挤不堪,难以找到一个空闲的位子,个别高校甚至出现了学生错时吃饭的无奈之举。扩招前,大多数高校即使没有足够的固定教室,起码还有固定的自习室,班级还可以以固定教室或固定自习室为依托开展活动;扩招后,许多学生为不能轻易找到一个可以静心学习之地而苦恼,也就丧失了开展班级活动的传统阵地。在这些表面现象背后,隐藏着班级功能弱化的危机。当上课时几个班级数百人在一起,下课后又没有固定的班级活动场所时,一个班级的同学就很难熟悉起来,就很难一起开展活动,班级的凝聚力、向心力就大为减弱,以班级为基本载体的价值观教育的效果就大打折扣。大学生社会主义核心价值体系建设要适应形势的变化,改变扩招后的被动局面,就必须找到能够成为教育基本单位的新载体,这个新的载体作为一个宏观概念就是学生公寓、学生社区,作为一个微观概念就是每一间学生宿舍。因为就个体而言,一个学生一天最多的时间是在宿舍中度过的;就群体而言,同一个宿舍的同学朝夕相处,生活在一起,天然地成为一个基本单位。这个单位在扩招之前事实上就存在,但其重要性被一个有更强的凝聚力与向心力的班级单位所覆盖;扩招后,由于班级功能的被动弱化,公寓或者说宿舍作为价值观教育基本单位的功能就被突显出来。抓住这个基本单位,大学生社会主义核心价值体系建设就抓住了一个现实的载体,抓不住这个基本单位,大学生社会主义核心价值体系建设就有可能继续弱化。

2. 积极推动社会主义核心价值体系"进网络、进社团、进公寓"

面对国内外形势的新变化与大学生思想观念的新特点,高校应及时推动大学生社会主义核心价值体系建设工作"进网络、进社团、进公寓",否则就有可能丧失阵地、陷入被动。需要注意的是,虽然网络、社团与公寓都是大学生社会主义核心价值体系建设的重要新阵地、新途径、新载体,但网络是虚拟空间,社团是社会组织,公寓是大学生的日常生活处所,三者特点又有很大的差别,因此,推动大学生社会主义核心价值体系建设工作"进网络、进社团、进公寓",应针对网络、社团、公寓各自的特点,提出相应的对策。

首先,必须牢固树立阵地意识,积极拓展网络空间,运用互联网推进大学生社会主义核心价值体系建设。当今时代,互联网已成燎原之势,在广大青年学生中传播着各种知识信息、思想观念和价值观念,占领这块新阵地意义深远而重大。通过互联网,我们可以用全新的形式把社会主义核心价值体系渗透进大学生的头脑,引导他们树立正确的世界观、人生观、价值观。通过互联网,我们能更清楚地掌握青年学生的思想脉搏、文化动态,引导他们摒弃腐朽落后,甚至反动的思想观念,形成健康的人生态度和价值尺度。在具体工作中,一是要努力建设好大学生社会主义核心价值体系建设工作专题网站与校园主网站。专题网站是大学生社会主义核心价值体系建设工作进网络的主阵地,校园主网站是大学生获取信息、学习知识和交流思想的主流网络平台。优秀的校园主网站或专题网站,应贴近实际、贴近生活、贴近学生,适应大学生的思想与心理需要,融思想性、知识性、趣味性、服务性于一体,成为广泛吸引大学生、为大学生喜爱、受大学生关注的重要媒体。二是要积极争取全社会的关注与支持,使各级各类社会性网站都承担起大学生社会主义核心价值体系建设工作的职责。网络是一个开放的世界,社会性网站登载的内容对大学生有着更为潜移默化的影响。因此,各级各类社会性网站也必须以社会主义核心价值体系引领方向,营造良好的网络氛围,为大学生提供丰富的精神食粮。重点新闻网站、各类门户网站应严格自律,不断创新,切实增强吸引力和感染力,在大学生社会主义核心价值体系建设工作中发挥好导向作用。三是要综合运用各种手段,加强网站管理,掌握网络舆情,引导网上舆论。这需要国家相关部门加大网络监管和网络立法,根据国家互联网管理的有关法规,切实做好各类网站的登记、备案工作,落实用户实名登记制度,加强网站与网络用户的统一归口管理。在此基础上,建立和完善网络安全防护、信息过滤、信息实时监测与跟踪、路由路径控制系统,构建网络技术防控体系,提高网络信息突发事件的预防和应急处置能力,严厉打击网上违法犯罪活动和网络违法犯罪分子。同时,要建立统一协调、反应灵敏、高效畅通的网上舆情收集反馈机制,及时了解舆情信息,密切关注网络动态,敏锐捕捉一些苗头性、倾向性、群体性问题,分析问题产生的原因、发展趋势及对大学生价值观念的影响,整合各种传统媒体资源,形成网上正面舆论强势。必要时组织熟悉网络语言特点和规律的网上评论员队伍,围绕热点问题主动撰写帖文,吸引学生点击和跟帖,有效引导网上舆论。

其次,必须以社会主义核心价值体系引领大学生社团工作,力促大学生社会主义核心价值体系建设"进社团"。在中国高等教育发展史上,社团向来是学生思想交流的主要阵地,各个时期都发挥了相当重要的作用。在新的历史时期,更要高度重视社团的思想教育功能,力促大学生社会主义核心价值体系建设"进社团"。这项工作要取得实效,既要继承传统,又要与时俱进,推陈出新。一是要把社团工作纳入大学生社会主义核心价值体系建设领域,充分认识这一阵地在引领大学生价值观念发展中的重要作用。要大力支持学生社团开展活动,努力加强对学生社团的指导;要引导学生社团依据国家的法律法规,按照各自章程,独立自主地开展社团活动;要通过优秀社团评比展示、社团文化节、社团活动展演等方式,活跃社团活动,扩大社团影响,为学生社团发展注入活力、创造条件、搭建舞台、营造氛围;要加大对学生社团建设的投入,为学生社团活动提供必要的活动经费、活动场地、活动条件,保证学生社团活动正常开展;要大力扶持理论学习型社团,热情鼓励学术科技型社团,正确引导兴趣爱好型社团,积极倡导社会公益型社团,确保社团结构合理、方向正确;要充分调动专业教师的积极性,选派有专长和责任心强的教师指导学生社团建设,并创造条件,提高社团指导教师的主动性、积极性、创造性和工作水平。二是要重点抓好大学生社团骨干队伍的建设与培养。要选拔培养那些思想过硬、作风正派、素质全面、有社会工作能力的学生担任社团负责人;要有计划地对学生社团负责人进行培训,有针对性地提高他们的综合素质;要帮助他们不断拓宽社团发展空间,增强吸引力和创造力,为更多的学生提供学习锻炼的平台;要把学生社团负责人和骨干人员纳入团员干部体系,在推优评奖和综合测评等方面充分考虑他们从事社团工作及其业绩,通过他们凝聚更多的学生,使社团聚集在党团组织周围。三是要不断探索并健全大学生社团发展的工作机制。要把学生社团活动作为学校贯彻党的教育方针,推进素质教育的重要组成部分,以育人功能和活动效果为主要指标,以年度考核为主要方式,综合评价学生社团的活动和建设;要把学生参与社团活动的情况作为《大学生素质拓展证书》记录的重要内容之一,并纳入到学生综合测评体系之中,形成完善的评价机制;要定期对表现优秀的学生社团、成效显著的社团活动、工作出色的社团负责人、积极参与社团活动的学生、成绩突出的社团指导教师和工作人员给予适当的表彰和奖励,形成完善的激励机制;要以专家学者、干部教师和学生骨干为主体构建研究队伍,关注和研究学生社团发展中出现的新情况、新问题,掌握学生社团工作的动态信息,总结和把握高校学生社团发展的规律,为学生社团的繁荣发展提供理论支持,建立研究机制。

最后,必须高度重视大学生公寓的教育功能,探索大学生社会主义核心价值体系建设"进公寓"的方式和途径。多年来,高校在学生宿舍管理中取得了许多宝贵经验,为大学生社会主义核心价值体系建设工作"进公寓"奠定了坚实的基础。但在高校学生宿舍管理公寓化、社会化与学生不断扩招的形势下,大学生社会主义核心价值体系建设工作"进公寓"又在一定意义上成为一项全新的工作。这项工作有传统宿舍管理的基础,却没有适应新形势、新任务的经验和模式。面对新形势、新任务,高校应针对当前大学生公寓的特点和大学生学习、生活的特点,探索以公寓为基地开展大学生社会主义核心价值体系建设工作的方式和途径。公寓是大学生的校园之家,它应有一个舒适温馨的环境,是他们学习工作压力的缓冲带。做好大学生社会主义核心价值体系建设工作"进公寓"工作,必须适应公寓特点,积极融入学生的生活与需要。在具体工作中,一是要建立一种全新的思想政治工作组织形式和工作机制。辅导员要进驻学生公寓,与学生同吃、同住、同生活,及时了解学生的思想动态和生活需要,帮助他们解决实际困难;学生党团组织要建到公寓,充分发挥党团组织关心人、引导人、团结人、凝聚人的作用;要积极建立学生公寓的自我管理组织,努力把学生公寓建成大学生自我教育、自我管理、自我服务的训练基地;要将心理咨询搬进公寓,及时调节学生的心理压力和困惑;要把学生在公寓内的表现纳入德育考评范围,并把考评结果作为评优、评奖的重要依据。二是要加强对大学生公寓群体行为的控制与引导。公寓是学生的聚居地,各种信息在这里迅速流传,各种观点在这里迅速形成,各种行为在这里迅速发生。高校一旦对公寓中的学生群体行为失去控制,极易扰乱学校正常的秩序,进而扰乱社会秩序。因此,大学生社会主义核心价值体系建设工作"进公寓"的一项重要任务,就是加强对大学生群体行为的控制和引导。为此,要教育引导大学生全面、客观、辩证地思考问题,积极培养大学生积极分子、学生骨干,在公寓中展开潜移默化的自我教育;要因势利导,及时进行情绪疏通,避免个体情绪激化或群体情绪爆发;要建立正常的信息反馈和对话机制,经常与学生交流、沟通,对工作中的失误或不足及时协调和改进,力争求得相互间的理解和支持。三是要强化公寓文化设施建设,丰富公寓文化生活。光有无形的空洞说教,没有有形的精神文化支撑,思想教育难以达到最佳效果。为增强大学生社会主义核心价值体系建设工作"进公寓"的实际效果,必须加大对公寓文化建设的投入,如通过建立学生公共阅览室、学生活动室、宣传报栏以及其他学生活动场所等形式,让有形的教育为无形的说教添加助力剂,更加科学有效地强化公寓的育人功能。

3. 为"进网络、进社团、进公寓"提供有力的支持

大学生社会主义核心价值体系建设"进网络、进社团、进公寓"与"进课堂、进教材、进头脑"的最终目标都是"进头脑",在途径上前者是对后者的拓宽。推动大学生社会主义核心价值体系建设工作"进网络、进社团、进公寓"这项工程,需要所有高校管理者与思想政治教育实施者提高认识、更新观念,全身心地热情投入。

首先,要面向基层,更新观念,用高度的责任心推进大学生社会主义核心价值体系建设"进网络、进社团、进公寓"。大学生社会主义核心价值体系建设"进网络、进社团、进公寓"是适应国内外形势的新发展与高等教育的新变化而必须启动的重要工程,各高校和相关部门应从国家意识形态安全的高度,从科学化、人性化、实效化管理的角度充分认识这项工程的重要性,更新观念,加强领导,创新方式,牢牢把握正确方向。长期以来,网络、社团、公寓一直是高校思想政治工作相对薄弱的环节,是靠基层、靠群众、靠学生自己去打拼的一块领地。高校的领导和管理者很少有人深入网络、社团、公寓,研究大学生体现在其中的思想动态、价值趋向,了解这项工作的基本规律,因而在具体领导这项工作时,难以发挥好广大基层工作者、学生党员干部、学生积极分子的作用,难以理解基层工作者的苦衷,难以把工作做深、做细、做到点、做到位,客观上制约了工作实效性。在新的形势下,高校应把大学生社会主义核心价值体系建设工作"进网络、进社团、进公寓"作为贯彻党的教育方针、推进社会主义核心价值体系建设的重要组成部分,纳入学校整个工作计划。各相关部门应在党委领导下,切实承担起应负的责任,形成党委领导,行政支持,相关部门负责,各部门共同关心的格局。同时应建立相关工作机制,逐级落实管理责任和控制措施,从制度上确保大学生社会主义核心价值体系建设"进网络、进社团、进公寓"的人、财、物投入,用好鼓励措施,调动各方积极因素,确保工作的计划、程序和责任人的落实。

其次,要完善制度,规范管理,用科学的精神推进大学生社会主义核心价值体系建设"进网络、进社团、进公寓"。抓制度,抓管理,强化工作的科学化进程,是持之以恒抓好大学生社会主义核心价值体系建设工作的保证。在大学生社会主义核心价值体系建设"进网络"方面,高校除广泛宣传、严格遵守国家制定的相关法律法规外,应抓好四项制度的建设工作:一是建立和完善网络信息建设维护制度,做到信息建设维护有计划、有落实、有总结;二是建立和完善网络与信息技术防控制度,包括域名申请注册服务和 IP 地址分配使用的逐级责任制度、用户上网日志记录留存、不良信用记录备案以及对重点网站(重点栏目)在特殊时段实行"先审后发"的制度等;三是建立和完善网络与信息行政监管制度,包括电子公告服务信息巡查、个人主页信息审查、信息报送等制度,促进校园网络信息建设与管理的规范化;四是建立思想教育工作者网上值日制度,及时发现和引导网络思想动态和舆论走向,强化工作主动性、灵活性、时效性。在大学生社会主义核心价值体系建设"进社团"方面,高校应依据教育部、共青团中央《关于进一步加强和改进大学生社团工作的意见》,根据各自学校的特点,制定、修订具体的《学生社团管理办法》,在社团成立、审批、活动开展、工作考核、评优树先、财务管理和监督、队伍建设等重点环节明确管理内容、目标和办法。应督促学生社团制定、执行《社团章程》和内部工作制度,对学生社团及其成员的行为加以规范,保证学生社团健康、持续、稳定发展。同时,要强化舆论引导,根据实际情况集中力量建设一批特色鲜明、管理规范、在校园有广泛和积极影响的社团,发挥其示范和带动作用。高校还应鼓励有专业特长的教师主动走进学生社团,帮助大学生解答疑问,提高社团工作水平和层次。在大学生社会主义核心价值体系建设"进公寓"方面,高校应按照管理与教育相结合的原则,重新修订原先的公寓管理制度,将宿舍成员思想政治素质、宿舍成员内部和谐程度、宿舍成员学习进步幅度、宿舍成员文体素质发展、宿舍文化建设状况、道德修养与行为文明等因素纳入公寓管理评价体系中去,把公寓这一传统意识中单纯的居所改造成大学生社会主义核心价值体系建设工作的新阵地,用良好的舍风带动良好的系风、院风、校风、学风。同时,应制定《公寓思想政治教育工作者行为规范》,作为从事公寓思想政治教育工作的教师的行为指南,确保有一支优秀的思想政治教育队伍从事公寓大学生社会主义核心价值体系建设工作。

最后,要创新思路,探索办法,用细致有效的工作推进大学生社会主义核心价值体系建设"进网络、进社团、进公寓"。新的工作思路和工作方式来自实践、来自志同道合者思想火花的不断交融与碰撞。做好大学生社会主义核心价值体系建设"进网络、进社团、进公寓"工作,需要高校有意识地经常召开专题现场会、座谈会和研讨会,结合创建精神文明单位等措施,督察有关部门的执行情况,认真总结经验、积极探索规律,及时把工作中好的经验和做法用制度形式固定下来、坚持下去。同时,对存在问题较多的环节,要集中力量加以解决。应密切关注和研究大学生社会主义核心价值体系建设"进网络、进社团、进公寓"中遇到的新情况和新问题,以求真务实、与时俱进的精神改进网络、社团、公寓中的大学生社会主义核心价值体系建设工作。在探索大学生社会主义核心价值体系建设工作"进网络、进社团、进公寓"的方式和办法时,应认真研究"进网络、进社团、进公寓"与"进教材、进课堂、进头脑"之间的衔接与渗透,通过创新"进网络、进社团、进公寓"的内容和形式,适应大学生需求,增强工作的吸引力。在推进大学生社会主义核心价值体系建设"进网络、进社团、进公寓"时,还应十分重视实践基地建设,形成相关研究平台。应鼓励和发挥高校思想政治教育研究会等学术机构和学术团体在科学研究、决策咨询、工作指导等方面的重要作用,把大学生社会主义核心价值体系建设工作"进网络、进社团、进公寓"纳入科学研究范围,集中一大批既具有实践经验、又具有较高学术水平的专家学者对相关重点、难点进行攻关,取得创新性研究成果,应用到实践中去。

第八章　大学生社会主义核心价值体系建设的主体

　　大学生社会主义核心价值体系建设的主体,是指从事大学生社会主义核心价值体系建设的各类工作人员,从狭义上看,主要是指思想政治理论课教师和高校辅导员队伍;从广义上看,既包括高校所有和大学生接触与交往的干部、教师、教辅人员、管理人员和后勤服务人员,也包括校外大学生社会实践基地的相关人员以及各类兼职教师、兼职辅导员。主体建设是大学生社会主义核心价值体系建设的基础和保证,也是维护高校稳定和确保大学生健康成长的关键。近年来,一些高校对主体建设的重要性认识不足,思想政治教育队伍中存在思想不稳定、理论素质不高、缺乏责任感和敬业精神、知识和能力难以适应工作需要等问题,影响了思想政治教育效果的发挥。当前,加强大学生社会主义核心价值体系建设的主体建设,强化大学生社会主义核心价值体系建设主体的社会责任感,提高他们的综合素质,对于增强大学生社会主义核心价值体系建设的实效性具有重要的意义。

一、主体与主体建设的内涵

　　在传统意义上,人们谈及"主体"时,一般是指某项工作的实施者。近年来,随着哲学、教育学领域对"主体"问题研究的深入,人们对主体的认识也在不断深化。当前,学术界在对思想政治教育的主体进行研究时,主要有以下几种观点。[①] 一是单主体说。此说包括教育者单一主体说与

_____

① 张耀灿等:《现代思想政治教育学》,人民出版社 2001 年版,第 190—191 页。

受教育者单一主体说两种观点。教育者单一主体说认为,教育者是教育过程的主体,受教育者处于被动的、从属的地位,是客体。而受教育者单一主体说则认为,受教育者处于主体地位,教育者则与之相对应。单主体说要么强调教育者的作用,忽视了受教育者的能动性;要么过分强调受教育者的主动性,忽视了教育者的作用,两者均有不妥之处。二是双主体说。这种观点认为教育者与受教育者之间互为主客体,从施教过程来说,教育者是施教的主体,受教育者是施教的客体;从受教过程方面来说,受教育者是接受教育的主体,教育者则是接受的客体。这种观点仅仅抽象地规定了两个主体的横向并列,并没有从整体上把握大学生社会主义核心价值体系建设这一复杂的社会实践过程,对大学生社会主义核心价值体系建设的环境、目的、内容、手段、活动等避而不谈,含糊其辞。三是双向互动论。这种观点认为用主体、客体来概括教育者与受教育者的地位和作用并不恰当。有关论者从"主体间性"理论得到启发,认为思想政治教育中的教育者与受教育者之间并非主客体关系,而是超越主客体关系的非对象性关系,是一种我与你的社会关系。这一理论试图弥补双主体论的不足,但实际上,思想政治教育这一复杂的活动过程仅仅用主体间的互动,用交流互动等非对象性关系来说明是不够的。四是主体际说。此说认为思想政治教育过程是在教育者与受教育者互动交往过程中,通过"主体—客体—主体"的转化过程实现的。在这个转化过程中,教育者和受教育者结成"主体—主体"的关系,即一种主体际的关系。这种观点把思想政治教育看做一种主体性很强的教育活动,它既要充分发挥教育者的主体性,又要尊重、开发受教育者的主体性,教育者与受教育者是不同意义上的主体之间的主体际关系。这样去认识,有利于我们充分发挥受教育者的主体性,是思想政治教育的本质要求。

马克思主义哲学认为,主体是指有目的、有意识地从事实践活动和认识活动的人,客体是实践活动和认识活动所指的对象。在这里,马克思主义哲学首先是从主客体关系角度来理解主体的本质和特点的,主客体是相对而言的;其次又是从人在对象性活动中体现出来的主观性、能动性和创造性方面来把握主体含义的。按照这一观点,思想政治教育主体应有狭义和广义之分。狭义的思想政治教育主体,是指生活在一定的社会关系中,从事思想政治教育活动的具有主观能动性的现实的人。广义的思想政治教育主体,除包括思想政治教育者外,还应包括由思想政治教育者组成的进行思想政治教育的组织机构。我们认为,组织机构归根结底也是由人组成的,组织、实施思想政治教育的只能是能动的、实践的、现实的人。因此,我们更加认同狭义的思想政治教育主体含义。相应的,本文研究的大学生社会主义核心价值体系建设主体就是专指大学生社会主义核心价值体系建设者。

　　大学生社会主义核心价值体系建设主体具有三个方面的特点。首先,大学生社会主义核心价值体系建设主体是在高校这一特定环境中开展思想政治教育活动的教育工作者,其教育对象主要是在校的大学生群体。其次,大学生社会主义核心价值体系建设主体的活动具有现实性、长期性、艰巨性和综合性。现实性是指大学生社会主义核心价值体系建设主体在思想政治教育过程中要把理论和社会实践相结合,根据大学生的思想实际,促使他们自觉地把思想要求转化为实际行为。长期性和艰巨性是指大学生社会主义核心价值体系建设做的是大学生的工作,大学生本身是非常复杂的,改造他们的世界观、人生观和价值观就必然是个长期而艰巨的工程。综合性是指大学生社会主义核心价值体系建设主体既要从事治疗大学生"思想疾病"的活动,又要从事训练他们"思想技能"和"行为技能"的活动。最后,大学生社会主义核心价值体系建设主体应具备一些基本的素质。比如坚定的政治立场、成熟的思想观念、崇高的道德品质、宽广的知识结构、敏锐的观察能力、正确分析问题的能力、妥善处理问题的能力、善于组织协调的能力和富有开拓创新的能力等。

　　与大学生社会主义核心价值体系建设的主体相对应的,是大学生社会主义核心价值体系建设的客体。马克思指出:主体是人,客体是自然。这个客体是哲学意义上的客体。大学生社会主义核心价值体系建设中的客体不同于哲学意义上的客体。哲学意义上的客体是从人和物的关系上划分的,是指人类活动的对象;而大学生社会主义核心价值体系建设的主体和客体是从人与人的关系上来划分的,确切地说,是从人与人在大学生社会主义核心价值体系建设中作用与被作用、教育与被教育的相互关系上来划分的。因此,我们对大学生社会主义核心价值体系建设客体的界定就是:大学生社会主义核心价值体系建设的客体是大学生社会主义核心价值体系建设的接受者和受动者,它与大学生社会主义核心价值体系建设的主体相对应,是大学生社会主义核心价值体系建设主体的作用对象。

在大学生社会主义核心价值体系建设中,主体和客体各自具有不同的质的规定性。大学生社会主义核心价值体系建设的主体、客体都是人,人由于其特殊性,可以成为主客体同为一身的载体。但在一定条件一定范围内大学生社会主义核心价值体系建设主体只能是主体,客体只能是客体。在大学生社会主义核心价值体系建设中,主体处于主导地位,发挥着主导作用。这种主导作用主要表现在大学生社会主义核心价值体系建设主体所具有的组织功能、教育功能、调控功能。大学生社会主义核心价值体系建设主体不仅决定着大学生社会主义核心价值体系建设活动的存在和发展,而且决定着大学生社会主义核心价值体系建设的方向和效果。在大学生社会主义核心价值体系建设过程中,客体自觉地接受外部的教育影响,积极地汲取教育内容,并创造性地加以内化,转化为自己学习提高的内在需要,形成良好的思想政治品德。同时,客体又能动地反作用于主体,促进主体不断完善和深化教育内容,实现教学相长;在这个过程中,客体通过发挥自身的"主体性"(这种"主体性"是一个隐藏的或一个有待开发的阶段),最终实现自身的全面发展。

在明确了大学生社会主义核心价值体系建设主体的内涵后,我们来探讨主体建设的内涵。大学生社会主义核心价值体系建设主体建设是大学生社会主义核心价值体系建设的一项基础工作。所谓大学生社会主义核心价值体系建设主体建设,就是在一定的社会条件下,依据大学生社会主义核心价值体系建设的目的、要求和大学生社会主义核心价值体系建设客体的需要,针对大学生社会主义核心价值体系建设主体的特点,通过建立和完善一系列的制度和措施,增强大学生社会主义核心价值体系建设者的主体意识、责任意识、服务意识和实效意识,全面提高大学生社会主义核心价值体系建设主体的素质和能力,更好地发挥大学生社会主义核心价值体系建设主体作用的工作过程。

二、主体建设的重要性

大学生社会主义核心价值体系建设主体是保证高校坚持社会主义办学方向、全面贯彻党的教育方针、培养德智体美等全面发展的社会主义建设者和接班人的一支重要力量,是大学生社会主义核心价值体系建设的组织者和指导者,是高等学校教师队伍的重要组成部分。近几年来,通过贯彻落实中央有关指示精神,大学生社会主义核心价值体系建设主体建设的总体状况是好的。但是,在改革开放的新形势下,面对纷繁复杂的新情况,还存在着一些不同的认识,首要的问题是要不要加强主体建设的问题。

要不要加强主体建设,首先是一个政治问题,是一个对大学生社会主义核心价值体系建设重要性的认识问题。近年来,高校改革和发展比较快,政治形势一直保持稳定;思想政治教育不断取得新的进展,思想政治教育主体建设进一步加强,总的趋势是好的。但由于新旧体制转换过程中存在各种矛盾,新情况新问题层出不穷,有些人在要不要加强思想政治教育主体建设问题上产生了一些困惑,主要反映在三个方面,即:高校的思想政治教育到底重要不重要,大学生社会主义核心价值体系建设主体重要不重要,大学生社会主义核心价值体系建设主体建设重要不重要。①我们必须用中央有关指示精神来统一思想认识,以高度事业心和责任感

---

① 宫志峰:《思与行——当代大学生思想政治教育创新研究》,山东人民出版社 2007年版,第46—48 页。

来对待大学生社会主义核心价值体系建设中的这些问题。

（一）发展高等教育的需要

党的十七大报告指出,要把优先发展教育,建设人力资源强国摆在建设和谐社会的首位;要全面贯彻党的教育方针,坚持育人为本、德育为先,实施素质教育,提高教育现代化水平,培养德智体美全面发展的社会主义建设者和接班人,办好人民满意的教育。这给大学生社会主义核心价值体系建设提出了更高的要求。但是,在高等教育办学实践中,仍有人片面强调学生的专业学习,而忽视了对大学生思想道德的要求和整体素质的培养。中央多次强调,不能以牺牲精神文明换取经济的一时发展。领导干部特别是一把手,务必牢固树立两手抓、两手都要硬的思想。要把是不是坚持两手抓、两手都要硬,作为衡量一个党委、一个领导干部领导水平和工作政绩的重要标准。对于高校来说,思想政治教育是社会主义精神文明建设特别是思想道德建设的一个重要组成部分。在对大学生的培养上,必须坚决贯彻执行中央指示精神,不能忽视对他们的政治方向和整体素质的要求,不能忽视或放弃对他们的道德品质的培养。

大学生社会主义核心价值体系建设是关系到党和国家未来的生存和前途的重大政治问题。全国每年都有几十万高校毕业生走上工作岗位,几年以后,他们中的绝大多数将成为各条战线的骨干。高校培养出来的大学生,其思想道德和科学文化素质如何,直接关系到 21 世纪中国的面貌,关系到我国社会主义现代化建设的宏伟目标能否实现,关系到党的基本路线能否一百年不动摇。我们应当站在历史的高度,以战略眼光来认识大学生社会主义核心价值体系建设的深远意义,更好地发挥思想政治教育对大学生健康成长和对学校工作的导向、动力、保证作用,全面贯彻党的教育方针,促进社会主义精神文明建设和社会的全面进步。

（二）落实思想政治教育任务的需要

当前,国际局势纷繁复杂,改革开放日益深化,大学生社会主义核心价值体系建设的教育环境、教育方式、教育手段等都发生了新的变化。在教育环境方面,国家相关政策措施的出台为大学生社会主义核心价值体系建设提供了改革与发展的空间,信息化社会和网络时代的到来为人们之间的思想交流提供了新的载体,经济全球化和知识经济的发展带来的巨大竞争使大学生社会主义核心价值体系建设担负着更大的历史责任,改革开放和社会主义市场经济的发展使社会更加复杂多变,更具多样性和开放性。在教育方式方面,交往全球化、经济市场化与社会信息化使教育方式比以往更具有开放性、多样性和创新性等新特点。在教育手段方面,互联网的迅速推广拓展了大学生社会主义核心价值体系建设的空间,心理学、组织行为学、大众传播学等软科学技术与大学生社会主义核心价值体系建设的融合,形成了大学生社会主义核心价值体系建设的新合力。

作为在大学生社会主义核心价值体系建设中起主导作用的教育者,必须对这些变化有充分的认识,做好迎接挑战的充足准备。但现实情况是,有的人表面上也承认思想政治教育重要,但却忽视思想政治教育主体的重要性,形不成应有的战斗力和合力,致使大学生社会主义核心价值体系建设仅仅停留在一般的会议和部署上,得不到真正落实。在国家层面,中央已下发了《中共中央、国务院关于进一步加强和改进大学生思想政治教育的意见》,并于2006年4月27日召开了全国高校辅导员队伍建设工作会议,提出了许多全局性、战略性的新思想、新思路、新举措。但是,国家制定政策和地方与高校执行政策是一个问题的两个方面。国家政策制定得再好、再完备,如果在地方与高校得不到很好的贯彻落实,也只能是一纸空文,发挥不了任何实际效益。可以说,大学生社会主义核心价值体系建设大政方针已定,关键是抓落实。在这方面,应当注意从三个角度统一思想认识。一是统一对抓思想政治教育必须狠抓落实的认识。抓思想政治教育,不能停留在一般的学习讨论上,不能只是高谈阔论。大学生社会主义核心价值体系建设是很实际的工作,必须把它落到实处,落实到院系,落实到班级,落实到每个学生成长的过程。二是统一对抓落实必须抓主体建设的认识。事业要由人去干。落实中央关于加强和改进大学生思想政治教育的一系列指示精神,关键在于加强思想政治教育主体建设。否则,狠抓落实就是一句空话。三是统一对抓思想政治教育主体建设必须着力抓好辅导员、班主任队伍建设的认识。辅导员、班主任是大学生社会主义核心价值体系建设主体中的生力军,是党组织联系学生的桥梁和纽带,在加强大学生教育管理中具有至关重要的作用,是抓落实的关键,是其他思想政治教育主体所无法替代的。

(三)应对现实挑战的需要

在新的形势下,大学生社会主义核心价值体系建设主体有一个全面提高工作水平、业务能力和自身素养的问题,有一个了解社会,学习社会,跟上社会发展步伐的问题。

长期以来,在高度集中的教育管理体制下形成的封闭式办学模式,使高校的思想政治教育往往习惯于闭门说教,坐而论道,就思想谈思想,就理论说理论,即使联系实际,也因为对社会了解太少而讲不全,谈不透,缺乏说服力。一些高校有时担心学生受社会阴暗面影响,采取了许多消极的防范措施,力求使学生生活在"真空"里,结果不仅防不胜防,而且使学生失去了免疫力。实践证明,面对改革开放加快,国家日新月异变化的社会环境,大学生社会主义核心价值体系建设仍沿用传统的模式和旧的工作方法,其结果只能是内容空洞,形式教条,方法单一,效果平平,使整个工作失去生机与活力。为改变这种被动状态,大学生社会主义核心价值体系建设主体必须学习新的知识,转变工作方式,与改革开放和经济建设接轨,建立起全方位的、开放式的、与社会实际紧密结合的思想政治教育运行机制,以增强其主动性和战斗性。

大学生社会主义核心价值体系建设是科学性、系统性、专业性很强的领域,是一门涉及多学科的综合性科学,要求思想政治教育主体具有较高的综合素质。当前,面对社会上各种错误思潮的侵蚀和影响,大学生社会主义核心价值体系建设主体存在着一些迫切需要解决的问题,突出表现在品德修养不够、政治理论素质不高、敬业意识淡薄、知识结构不合理、心理素质欠佳等方面。大学生社会主义核心价值体系建设主体只有自觉加强思想修养,提高思想境界,弘扬奉献精神和敬业精神,完善知识结构,增强心理承受力,成为全面发展的复合型人才,才能适应大学生社会主义核心价值体系建设的新形势,完成大学生社会主义核心价值体系建设面临的新任务。

三、主体建设的目标要求

《中共中央、国务院关于进一步加强和改进大学生思想政治教育的意见》明确提出,要按照政治强、业务精、纪律严、作风正的要求,坚持专兼结合的原则,研究和制定加强大学生社会主义核心价值体系建设队伍建设的具体意见,吸引更多的优秀教师从事大学生思想政治教育。我们要按照中央的要求,像重视师资队伍建设一样,高度重视大学生社会主义核心价值体系建设的主体建设,努力为大学生社会主义核心价值体系建设者创造一个干事有平台、发展有空间的良好环境,充分调动他们的工作积极性和创造性,不断增强队伍的战斗力。

(一)政治强是首要标准

政治强就是要具备非常高的思想政治素质,这是大学生社会主义核心价值体系建设者最基本的素质,关系思想政治教育的方向。政治强主要包括坚定正确的政治方向,牢记党的全心全意为人民服务的宗旨,具备较高的政治水平和政策水平等。坚定正确的政治方向,是做合格思想政治教育者最重要的条件。如果政治方向模糊不清,就无法辨别是非,无法前进;就难当大任,难受重托。坚定正确的政治方向,就是要在大学生社会主义核心价值体系建设中坚持社会主义方向,具有政治坚定性;就是要密切关注思想、政治、理论方面的动向,善于识别各种不同的倾向和苗头,在事关大局、事关根本原则的问题上保持清醒的头脑,旗帜鲜明,立场坚定。牢记党的全心全意为人民服务的宗旨,就是要永葆党的先进性,弘扬奉献创业精神,保持奋发进取的良好精神状态,具有强烈的事业心、使命感和较高的思想境界,忠诚党的教育事业,奋不顾身地工作。要以培养"四有"新人为着眼点,心里装着学生,想学生之所想,急学生之所急,办学生之所盼。能深入学生,关心学生的学习和生活,真心诚意为学生办好事、办实事,和广大学生融合为一体,息息相通。政治水平是政治觉悟、马克思主义理论水平与政治经验相结合的产物,只有具备较高的政治水平,才能始终保持清醒的头脑和正确的方向。党的十七大的一个重要贡献就是确立了中国特色社会主义理论体系,加强大学生社会主义核心价值体系建设的主体建设,要求思想政治教育者带头学习中国特色社会主义理论体系,特别要发挥马克思主义理论课教师和辅导员在中国特色社会主义理论体系教育中的骨干作用,为广大青年学生树立学习的榜样。较高的政策水平主要表现在能够依据实际情况正确贯彻落实党的政策,能够区分不同性质的矛盾和不同事物的界限,带领学生一道前进。

(二)业务精是必备条件

大学生社会主义核心价值体系建设是做人的工作,是一门科学,一门艺术,从事这项工作的人员,都必须掌握与大学生社会主义核心价值体系建设相关的专业知识,具备相关的专业技能,熟悉工作规律。首先,大学生社会主义核心价值体系建设者要有较高的理论水平,注重参加社会实践,接触实际,了解国情,研究改革开放前沿的新情况、新问题,努力做到知识广博,视野开阔,能全面贯彻党的教育方针,在提高大学生综合素质、培养合格人才等方面发挥积极作用。其次,大学生社会主义核心价值体系建设者要把握新时期大学生社会主义核心价值体系建设的特点和规律,把握新时期大学生思想发展的特点和规律,具有较高的政策水平和管理水平,对大学生社会主义核心价值体系建设目标、内容、原则、途径、考评、实施等业务十分熟悉,在本领域里能够得心应手,纵横驰骋,成为有知识、懂业务、胜任本职工作的内行,成为本领域的专家。

（三）纪律严是制度保障

大学生社会主义核心价值体系建设的主体建设,需要严格的制度来保障。纪律严,主要是指大学生社会主义核心价值体系建设的主体要严格遵守党的政治纪律,有大局意识和责任意识,能模范履行岗位职责。严守党的政治纪律,就是要坚持民主集中制,高举邓小平理论和"三个代表"重要思想的旗帜,坚定社会主义信念,在思想上、政治上、行动上与党中央保持高度一致。有大局意识和责任意识,就是要顾全大局,珍视团结,勇担责任,保持昂扬奋进的精神状态。模范履行岗位职责,就是要自觉遵守岗位纪律,严格履行岗位职责,在各项工作中创造一流业绩。总之,大学生社会主义核心价值体系建设的主体要严于律己,要求别人做的,自己身先士卒;要求别人不做的,自己绝不沾边。要有坚强的自控力,以身作则,光明磊落,具有浩然正气。

（四）作风正是关键因素

作风是指人们在思想、工作、生活上的一贯态度和行为。良好的作风是大学生社会主义核心价值体系建设的主体联系教育对象的感情桥梁,是建立自身崇高威信的基础,也是产生科学决策的重要条件。作风正要求大学生社会主义核心价值体系建设主体要有良好的道德品质,有反省的自觉性,有崇高的义务感,有无私奉献的精神,艰苦奋斗、无私奉献,诚实公正、廉洁自律。要知荣辱,树新风,对坚持什么、反对什么旗帜鲜明,褒奖什么、惩处什么态度坚决。要勇于牺牲,关键时刻靠得住、冲得上,有激情,能战斗,敢于打硬仗,敢于解决工作中的难题。要对学生怀有一颗爱心、一份责任,坚持原则,出于公心,办事公正,维护公平,树立思想政治教育者的良好形象。当前,加强大学生社会主义核心价值体系建设主体的作风建设,关键是要在大学生社会主义核心价值体系建设者中深入开展"八荣八耻"教育,使他们树立社会主义荣誉观,成为学生的榜样。

四、主体建设的措施

当前,大学生社会主义核心价值体系建设的重点就是要抓好各项政策和措施的落实,关键就是要解决仍然存在的突出问题和困难。抓好大学生社会主义核心价值体系建设的主体建设,是解决这些问题和困难,全面推进大学生社会主义核心价值体系建设的突破口和着力点。在具体工作中,要针对思想政治理论课和哲学社会科学课教师、辅导员和班主任、党政干部和团干部队伍、全体教职员工和校外兼职辅导员等几支主要队伍,采取相应的建设措施。①

(一)基础队伍的建设

高校思想政治理论课教师是马克思主义理论和党的路线、方针、政策的宣讲者,是社会主义意识形态和精神文明的传播者,是提高高校思想政治理论课和哲学社会科学课的教育教学质量和水平的关键。哲学社会科学课教师则担负着思想政治教育的重要职责。要抓住学科建设、课程设置、教材编写、教学改革和政策制定等关键环节,多方带动、优化充实高校思想政治理论课和哲学社会科学课教师队伍。

以高水平的学科建设带动。学科建设是加强和改进高校思想政治理论课的基础。高校思想政治理论课教育教学所依托的学科是我国特有的一门政治性、科学性和实践性很强的学科,只能加强,不能削弱。中央已经设立马克思主义一级学科,开展马克思主义理论体系研究,开展马克思主义发展史、马克思主义中国化、思想政治教育等研究,为推进党的思想理论建设和巩固马克思主义在高校教育教学中的指导地位,加强高校思想政治理论课建设,培养思想政治教育队伍提供了有力的学科支撑。要

---

① 宫志峰:《思与行——当代大学生思想政治教育创新研究》,山东人民出版社2007年版,第50页。

加强对马克思主义学科建设的领导,规划和指导学科建设与发展。要不断总结学科发展经验,探索马克思主义学科发展的规律,努力建设一个研究对象明确、功能定位科学的马克思主义学科体系,以高水平的学科发展带动高校思想政治理论课和哲学社会科学课的发展。

以科学的课程设置带动。科学的课程设置是加强和改进高校思想政治理论课教育教学的基本环节。高校思想政治理论课课程设置,要体现马克思主义与时俱进的理论品格,更好地适应时代发展的要求;要突出重点,更好地吸收理论和实践发展的最新成果;有利于更好地用马克思主义理论武装大学生头脑。要以马克思主义中国化的理论成果——毛泽东思想和中国特色社会主义理论为中心内容,完善思想政治理论课课程体系。要立足于对大学生进行系统的马克思列宁主义、毛泽东思想和中国特色社会主义理论教育,进一步推动中国特色社会主义理论进教材、进课堂、进大学生头脑工作,帮助学生掌握中国特色社会主义理论的科学体系和基本观点,指导学生运用马克思主义世界观和方法论去认识和分析问题。要开展马克思主义人生观、价值观、道德观和法制观的教育,引导学生树立高尚的理想情操和养成良好的道德品质,树立体现中华民族优秀传统和时代精神的价值标准和行为规范。要开展中国近现代史的教育,帮助学生了解国史、国情,深刻领会历史和人民是怎样选择了马克思主义,选择了中国共产党,选择了社会主义道路。要开展党的路线、方针和政策的教育,帮助学生正确认识国内外形势。要通过充实教学内容,完善课程设置,形成结构合理、功能互补、相对稳定的课程体系。高校哲学社会科学课程负有思想政治教育的重要职责。要坚持和巩固马克思主义在意识形态领域的指导地位,在哲学社会科学教学中充分体现马克思主义中国化的最新成果,用科学理论武装大学生、用优秀文化建设大学生。

以高质量的教材建设带动。高质量的教材是提高高校思想政治理论课教学水平的重要前提。教材建设要充分体现当代中国马克思主义发展的最新成果,全面反映党领导人民建设中国特色社会主义的生动实践和基本经验、全面反映在毛泽东思想和中国特色社会主义理论指导下哲学社会科学研究的最新进展。要进一步加强高校思想政治理论课教材编写的领导和管理,保证教材的科学性、权威性、严肃性。高校思想政治理论课教学大纲和教材编写要纳入马克思主义理论研究和建设工程,组织由学术带头人任首席专家,理论研究人员、教学人员以及实际工作部门同志组成的编写队伍,编写全国高校思想政治理论课教材。要建立高校思想政治理论课教材编审委员会,对教材进行审议。要适应教学需要,组织编写和制作"精彩一课"、"教学热点难点解析"、多媒体课件等行之有效的辅助教材系列,形成包括基本教材、配套教材和电子音像类教材等在内的立体化教材体系。

以教学改革带动。大学生社会主义核心价值体系建设课教学改革的目的是充分发挥教师的主导作用,提高马克思主义理论的说服力和感染力;充分发挥学生学习的主体作用,激发学生学习的积极性和主动性。对教师而言,要使教学方式和方法努力贴近学生实际,符合教育教学规律和学生学习特点,更多地采取启发式、参与式、研究式教学;要研究分析社会热点,多用通俗易懂的语言、生动鲜活的事例、新颖活泼的形式,活跃教学气氛,启发学生思考,增强教学效果。同时要精心设计和组织教学活动,认真探索专题讲授、案例教学等多种教学方法;要通过形式多样的实践教学活动,提高学生思想政治素质和观察分析社会现象的能力,深化教育教学的效果。对学校而言,要积极推广名师大班讲授和小班辅导的教学经验,大力推进多媒体和网络技术的广泛应用,实现教学手段现代化;要建立教学资料数据库,实现资源共享。要加强实践环节;要建立和完善实践教学保障机制,探索实践育人的长效机制;要围绕教学目标,制定大纲,规定学时,提供必要经费;要加强组织和管理,把实践教学与社会调查、志愿服务、公益活动、专业课实习等结合起来,引导大学生走出校门,到基层去,到工农群众中去;改进和完善考试方法,采取多种方式,综合考核学生对所学内容的理解和实际表现,力求全面、客观反映大学生的马克思主义理论素养和道德品质。

以政策条件带动。培养一支政治坚定、业务精湛、学风优良、适应新时期大学生社会主义核心价值体系建设需要的骨干教师队伍是加强和改进大学生思想政治教育的当务之急,要按照专兼结合的原则,不断优化和充实高校思想政治理论课教师队伍。要按照学生人数以及教学任务,合理核定专任教师编制。要制定高校思想政治理论课教师任职资格标准,实行准入制度,完善激励和保障机制。要把"两课"教学改革置于整个教学改革的重要位置,把评估"两课"水平作为高校教学评估的重要内容。要拓宽教师来源渠道,吸引和鼓励相关专业课的教师承担一定的思想政治理论课教学任务,促进专业课教师与思想政治理论课教师之间的交流。要建立和完善思想政治理论课教师队伍培训体系,加强高校思想政治理论课教师队伍建设。要加强学术带头人的培养,造就一批"两课"骨干教师。要采取切实措施,培养一批坚持以马克思主义为指导,理论功底扎实,勇于开拓创新,善于联系实际,老中青相结合的哲学社会科学学科带头人和教学骨干队伍,使他们在大学生思想政治教育中发挥更大的作用。要加大名教师的培养力度,培养一批在全国有较大影响的学术带头人和省级骨干教师。

(二)骨干队伍的建设

辅导员、班主任是大学生社会主义核心价值体系建设的骨干力量。辅导员按照党委的部署有针对性地开展思想政治教育活动,班主任负有在思想、学习和生活等方面指导学生的职责。加强辅导员和班主任队伍建设,对于加强和改进大学生社会主义核心价值体系建设,维护高校稳定,把大学生社会主义核心价值体系建设的各项任务落到实处,具有十分重要的意义。要从全局的高度,充分认识新形势下加强辅导员和班主任队伍建设的特殊重要性和紧迫性。

加强辅导员和班主任队伍建设,是坚持育人为本、德育为先的必然要求。培养什么人,如何培养人,事关民族命运和祖国前途。大学生是国家的未来,民族的希望,大学阶段又是一个青年世界观、人生观、价值观形成的关键时期,因此,加强和改进大学生社会主义核心价值体系建设,是新时期一项重大而紧迫的战略任务。当前,加强和改进大学生社会主义核心价值体系建设的重点就是要抓好各项政策和措施的落实,关键就是要解决仍然存在的突出问题和困难。抓好辅导员和班主任队伍建设就是重点,就是关键,是我们推进工作的一个突破口和着力点。大学生社会主义核心价值体系建设主要包括思想政治理论教育和日常思想政治教育两个重要的方面,一个是主渠道,一个是主阵地,都是非常重要的方面。辅导员和班主任是做好大学生日常思想政治教育和管理的骨干队伍,是开展大学生社会主义核心价值体系建设的重要力量。他们战斗在学生工作的第一线,承担着培养人、教育人的重要职责,对学生的成长起着至关重要的作用。他们工作水平的高低、工作效果的好坏,直接影响到思想政治教育的效果,影响到人才培养目标的实现。加强和改进大学生社会主义核心价值体系建设能否落到实处,大学生能否健康成长,决定的因素之一是看我们能不能建设一支高水平的辅导员和班主任队伍。我们要像重视学术骨干队伍建设一样重视辅导员和班主任队伍建设,振奋精神,凝聚人心,提高素质,充分调动他们工作的积极性和创造性,从而为加强大学生社会主义核心价值体系建设提供坚强的组织保证。

加强辅导员和班主任队伍建设,是统筹高校改革、发展和稳定的必然要求。近年来,改革开放中出现的一些新情况、新问题对高等教育提出了新的要求。做好大学生的思想政治工作,维护高校稳定,对于维护社会的稳定具有重要的意义。在高校中,班级是学校工作的最基层,大学生日常思想政治教育是学校改革、发展和稳定的基础。基础不牢,地动山摇。要打好基础,就要高度重视辅导员和班主任队伍建设,借助于这支队伍抓好大学生思想政治教育。目前,高校内各种影响稳定的因素仍然存在,学校管理还存在许多薄弱环节,因安全问题、生活问题、心理问题引发的事端时有发生,社会上的各种矛盾也会反映到高校里来。同时,目前的高校也出现了很多新的情况,比如说在空间布局上出现了"一区多校"和"一校多区"的格局,后勤服务社会化,教学上推行学分制,学生教育管理和组织方式发生了很大变化。辅导员和班主任工作在大学生社会主义核心价值体系建设第一线,他们最能及时掌握第一手信息,最能把握学生的情绪,最能了解学生的要求,最能贴近学生的情感,从而能够很好地引导青年学生正确对待学习、生活、情感和就业等方面的问题,及时化解各种矛盾,维护校园和谐、安全与稳定,促进高等教育事业持续健康发展。

　　加强辅导员和班主任队伍建设,是锻炼造就高素质人才的必然要求。辅导员、班主任岗位是锻炼人、培养人的岗位,这个岗位对人的要求是很高的。要"学为人师,行为世范",还要能力强,水平高。经过此项工作的洗礼,教师既可以实现思想感情的升华,也可以锻炼各方面的工作能力,是宝贵的经历,也是一笔人生财富。加强辅导员和班主任队伍建设,就是加强人才队伍建设,就是在为不同岗位培养高素质的人才,也是为我们的事业培养高素质人才的必然要求。

　　加强辅导员和班主任队伍建设,要构筑科学化模式。就是坚持科学选配、科学管理和科学保障的统一。科学选配是基础,科学管理是根本,科学保障是条件。要根据实际工作需要,科学合理地配备足够数量的辅导员和班主任。专职辅导员总体上按 1∶200 的比例配备,保证每个院(系)的每个年级都有一定数量的专职辅导员。承担研究生培养任务的学校应配备一定数量的研究生思想政治教育专职人员。要加强对辅导员、班主任队伍的管理。制定辅导员工作条例,进一步明确职责和要求。完善定期考核制度,考核结果要与职务评聘、奖惩、晋级等挂钩。要根据实际,将辅导员和班主任岗位津贴等纳入学校内部分配体系统筹考虑,确保其实际收入与本校专任教师的平均收入水平相当。要创造条件鼓励并支持辅导员和班主任结合大学生社会主义核心价值体系建设的工作实践开展科学研究。要切实解决好辅导员和班主任的评聘教师职务问题,根据其岗位职责要求,进一步完善相应的专业技术职务评聘标准。要按学校教师职务岗位职数的适当比例评聘辅导员和班主任的教师职务,评审中要充分考虑辅导员和班主任工作的特点,注重考核其工作的实绩,特别是在关键时刻的表观。兼职辅导员在晋升专业职务时,要充分考虑其担任辅导员的工作经历和业绩。要创造条件为辅导员和班主任获取工作信息和资料提供方便。要完善评优奖励制度,将优秀辅导员和班主任表彰奖励纳入各级教师、教育工作者表彰奖励体系中,按一定比例评选,统一表彰。要树立一批先进典型,宣传他们的先进事迹,充分肯定他们在大学生思想政治教育中的贡献。

加强辅导员和班主任队伍建设,要坚持专业化培养。加强培养是辅导员和班主任队伍建设的关键。要制定培训规划,建立分层次、多形式的培训体系,做到先培训后上岗,坚持日常培训和专题培训相结合。要重点组织辅导员和班主任学习马克思列宁主义、毛泽东思想、邓小平理论和"三个代表"重要思想,树立和落实科学发展观,学习时事政策,学习管理学、教育学、社会学和心理学以及就业指导、学生事务管理等方面的知识。要适时安排辅导员和班主任进行脱产、半脱产或在职培训进修,选拔优秀人员定向攻读学位。组织开展高校辅导员和班主任示范培训,通过培训,不断提高他们的思想政治素质和业务素质。要创造条件,积极组织辅导员和班主任参加社会实践和学习考察,使他们开阔视野,拓展思路,提高解决实际问题的能力,增长做好思想政治教育的才干。

加强辅导员和班主任队伍建设,要坚持职业化发展。要鼓励和支持一批辅导员和班主任中的骨干攻读相关学位和业务进修,长期从事辅导员和班主任工作,向职业化、专家化方向发展。要把辅导员和班主任队伍作为党政后备干部培养和选拔的重要来源,根据工作需要,向校内管理工作岗位输送或向地方组织部门推荐。高校选拔党政领导干部,要重视辅导员、班主任的经历。根据本人的条件和志向,也可向教学、科研工作岗位输送。可以结合自身实际,为辅导员和班主任向心理咨询师、职业指导师、社区管理师等方向的发展创造条件,逐步探索形成既是辅导员和班主任,又是某一方面专家的发展格局,从根本上解决制约其发展的瓶颈。

(三)兼职队伍的建设

学校党政干部和共青团干部是大学生社会主义核心价值体系建设的主体之一,担负着思想政治教育的组织、协调和实施等重要职责。加强学校党政干部、共青团干部等兼职思想政治教育队伍建设,重点在于抓好高校党的建设。加强高校的党建工作,要抓住领导班子建设、基层党组织建设和发挥好党团组织的优势三个重点。

首先,要重点抓好各级领导班子建设。在党委自身建设方面,要坚持用邓小平理论武装头脑,围绕党的基本路线这条主线,紧密结合学校的实际,确定学校发展目标和总体思路,推进学校的各项改革,使高等教育更好地为经济建设服务。要从贯彻落实中国特色社会主义理论的高度,把加强和改进大学生社会主义核心价值体系建设作为培养中国特色社会主义事业的建设者和接班人、确保党和人民的事业兴旺发达的战略任务,作为提高党的执政能力、巩固党的执政地位的一项重要工作,摆在更加突出的位置,列入重要议事日程,切实担负起政治责任,进一步加强和改进领导。《中共中央、国务院关于进一步加强和改进大学生思想政治教育的意见》指出,“高校党委要统一领导大学生思想政治教育,经常分析大学生思想政治教育状况,制定思想政治教育的总体规划,对大学生思想政治教育做出全面部署和安排。校长要对大学生德智体美全面发展负责,把思想政治教育与教学、科研、社会服务工作结合起来,同时部署,同时检查,同时评估。”要按照文件的要求,通过以上途径,建立健全党委统一领导、党政群齐抓共管、有关部门各负其责、全社会大力支持的领导体制和工作机制。

其次,要搞好基层党团组织建设。抓基层、打基础,是加强学校党政干部、共青团干部等兼职思想政治教育队伍建设的重要途径。在实际工作中,要注意抓好以下几项工作:一是在加强中层领导班子建设方面,着重抓干部制度改革,实行干部聘任制、任期制、任职公示制,把竞争和激励机制引入领导班子建设中,通过竞争上岗、轮岗交流等方式,不断改善和优化中层班子的年龄结构、知识结构。二是选准选好支部书记,把那些政治强、业务好、威信高、善管理的同志推选上来担任支部主要领导工作。教工支部书记一般都要兼教研室主任或副主任。三是健全党的组织生活制度,开好民主生活会,开展适应党员特点的趣味性、知识性活动。要坚持和完善党员汇报思想制度和群众评议党员制度。要参照《党委会议事规则》制定基层党组织议事规则,加强基层党组织工作的规范化、制度化建设。四是要坚持党建带团建,把加强团的建设作为高校党建的重要任务。要切实加强团的组织建设,选拔优秀青年党员教师做团的工作,保证高校共青团组织机构设置和人员配备,做好团干部的培养、锻炼和输送工作。

最后,要充分发挥党团组织的优势。要发挥党组织体系完整、覆盖面广的特有优势,高度重视学生党员发展工作,教育引导优秀大学生树立共产主义远大理想,确立马克思主义坚定信念。要坚持高标准,保证高质量,把政治素质硬、综合能力强的大学生吸纳到党的队伍中来,使党组织成为开展思想政治教育的坚强堡垒。要对大学生党员加强党员先进性教育,使他们严格要求自己,提高党性修养,充分发挥在大学生社会主义核心价值体系建设中的骨干带头作用和先锋模范作用。要坚持把党支部建在班上,努力实现本科学生班级"低年级有党员、高年级有党支部"的目标。要创新学生党支部活动方式,增强凝聚力和战斗力,使其成为开展思想政治教育的坚强堡垒。同时,要高度重视研究生党组织建设,切实加强研究生思想政治教育。共青团组织在教育、团结和联系大学生方面具有很大的优势,各级团干部要注意抓好团支部建设,开展为大学生喜闻乐见的、丰富多彩的教育活动,竭诚为大学生成长成才服务。另外,高校学生会、研究生会也是加强和改进大学生思想政治教育的重要依靠力量,共青团干部要指导学生会、研究生会开展好工作,发挥"两会"的桥梁和纽带作用,引导大学生"自我教育、自我管理、自我服务"。

(四)课外队伍的建设

高校的广大教职员工都负有对大学生进行思想政治教育的重要责任。要制定完善有关规定和政策,明确职责任务和考核办法,形成教书育人、管理育人、服务育人的良好氛围和工作格局。要紧紧围绕全员育人这个目标,突出师德建设、本科生导师制和校园育人导向三项重点工作。

第一,要以全员育人为目标。强化教职员工队伍建设,发挥他们的思想政治教育功能,要树立"全员育人、全过程育人、全方位育人"的科学理念,形成"教书育人、管理育人、服务育人"的良好氛围和工作格局。教师在课堂教育过程中应当深入挖掘蕴涵在各类课程中的反映人类文明成果、弘扬民族精神、表现思想道德情操、体现科学精神、揭示事物本质和规律等丰富内容的思想政治教育资源,把思想政治教育渗透于课堂教育中去。学校管理工作者履行育人职责,把严格日常管理与引导大学生遵纪守法、养成良好行为习惯结合起来。后勤服务人员要努力搞好后勤保障,为大学生办实事、办好事,使大学生在优质服务中受到感染和教育。

第二,要以师德建设为重点。师德是指教师从事教育职业劳动过程中形成的比较稳定的道德观念、道德行为规范和道德品质。要紧紧围绕全面实施素质教育、全面加强青少年思想道德建设和思想政治教育的目标要求,以热爱学生、教书育人为核心,以"学为人师、行为示范"为准则,以提高教师思想政治素质、职业理想和职业道德水平为重点,弘扬高尚师德,执行师德规范,强化师德教育,优化制度环境,不断提高师德水平,造就忠诚于人民教育事业、为人民服务、让人民满意的教师队伍,为培养德智体美全面发展的社会主义建设者和接班人做出新贡献。

第三,要以本科生导师制为重要形式。要聘请有经验的专业教师担任大学生思想指导老师,对大学生进行思想引导、专业辅导、生活指导、心理疏导,把思想教育和专业教育、课堂教育和课外教育、共性教育和个性教育、严格管理和人格感化结合起来,充分发挥专业教师教书育人的作用,促进学生综合素质的全面提高和健康成长。在机制上把育人工作纳入专业教师的学术范式,把育人成果作为评价教师工作的一项重要指标,纳入专业职务评聘、考核评比等工作之中,促使教师像重视学术成果一样重视育人成果。高校要严格本科生导师的聘任、管理与考核,把真正德才兼备的教师吸纳到大学生思想政治教育队伍中来,把本科生导师队伍建设作为教职工队伍建设的重中之重常抓不懈,落到实处。

第四,要以管理育人、服务育人为校园导向。要把科学管理与正确引导结合起来,把严格要求与热情服务结合起来,把思想政治教育融入学校的各项规章制度和各项管理工作中去,融入细致周到的后勤服务中去。一方面以人为本,从关心、爱护学生的角度出发,以民主的方式加强沟通,增进了解,让学生在接受管理的过程中潜移默化地产生正面影响,实现加强和改进大学生思想政治教育的管理育人目标。另一方面要对大学生进行严格管理,提高工作效率,增强思想政治教育效果。服务是思想政治教育的延伸和助推器,要以认真负责的工作态度和热情饱满的精神面貌为大学生诚心诚意办实事,尽心尽力解难事,坚持不懈做好事,不断满足大学生对服务和知识的需求。

(五)校外队伍的建设

除了做好校内思想政治教育队伍的建设,高校还应做好校外辅导员队伍的选聘工作。校外辅导员队伍是学校从校外聘请的兼职思想政治教育人员,是大学生社会主义核心价值体系建设队伍的重要组成部分。他们有着特殊的社会影响,他们的经历具有特殊的育人作用。实践证明,聘请校外辅导员有利于在继承和发扬党的优良传统;有利于增强高校与社会之间的联系,使大学生社会主义核心价值体系建设不断适应改革开放新形势;有利于提高高校专职辅导员队伍战斗力,把大学生社会主义核心价值体系建设不断引向深入;有利于充分挖掘和利用社会教育资源,拓宽教育渠道,丰富教育内容,增强教育效果,形成教育特色。所以,高校要高度重视校外辅导员队伍的建设。

在具体实践中,高校可以聘请一部分工作、劳动在社会主义现代化建设第一线的领导干部、劳动模范、英雄人物和知名校友为校外辅导员,通过报告会、座谈会、专题政治课、指导社会实践和交知心朋友等多种形式,以他们几十年的经历,在大学生中宣讲光荣的革命传统,宣讲国家建设的成就和改革开放的进程,乃至个人的成长成才故事。高校还可以聘请理论研究单位和实际工作部门的专家学者和领导干部,或者是离退休的哲学社会科学著名专家学者开设专题讲座,为大学生解疑释惑,提升大学生的思想政治素质。

在大学生社会主义核心价值体系建设中,上述几支队伍目标一致,相互交融,相互促进,是统一的整体。其中,思想政治理论课和哲学社会科学课教师队伍是大学生社会主义核心价值体系建设主体中的基础力量,他们担负着思想政治教育的主要任务。辅导员、班主任队伍是大学生社会主义核心价值体系建设队伍的中心环节,他们活跃在大学生社会主义核心价值体系建设第一线。高校党政干部、团干部队伍是大学生社会主义核心价值体系建设队伍的主体之一,这支队伍由具备完整组织体系的党团组织作后盾,为大学生社会主义核心价值体系建设主体建设提供了组织保证。全体教职员工是大学生社会主义核心价值体系建设的重要力量,主要在高校日常生活中承担对大学生的教育、引导和指导责任。校外兼职辅导员队伍是大学生社会主义核心价值体系建设队伍的重要补充,对于加强和改进大学生社会主义核心价值体系建设,提高大学生社会主义核心价值体系建设队伍的工作水平,增强大学生社会主义核心价值体系建设的实际效果具有重要的促进作用。加强大学生社会主义核心价值体系建设的主体建设,主要是加强这几支队伍的建设。我们要坚持以科学发展观为统领,进一步增强责任感和使命感,深入研究各种新情况、新问题,求真务实,开拓创新,不断提高大学生社会主义核心价值体系建设主体建设的水平,不断开创大学生社会主义核心价值体系建设的新局面。

第九章　大学生社会主义核心价值体系建设的体制

　　如前所述,大学生社会主义核心价值体系建设是一项复杂的系统工程。系统工程内部诸要素之间及其与外部世界的复杂联系决定了,只有建立科学的工作体制与工作机制,才能推动系统工程的合理运转。关于体制与机制,《辞海》中这样解释:体制,是指国家机关、企事业单位在机制设置、领导隶属关系和管理权限划分等方面的体系、制度、方法、形式等的总称;机制,原指机器的构造和运作原理,借指事物的内在工作方式,包括有关组成部分的相互关系以及各种变化的相互联系。在大学生社会主义核心价值体系建设工作中,体制主要是指国家及高校对大学生社会主义核心价值体系建设工作进行领导与管理的组织形式和组织方法;机制则是指用以规范和约束大学生社会主义核心价值体系建设工作运行过程中各构成要素作用方式和作用路径的某种机理或制度。从管理学的角度看,要推动大学生社会主义核心价值体系建设工作这一系统工程的合理运转,就必须理顺体制,改进机制。其中,改进机制主要是指构建科学的运行机制与保障机制。

一、理顺体制

　　大学生社会主义核心价值体系建设的体制一般包括领导体制与管理体制,其中领导体制主要由组织机构设置、各级教育行政机构的隶属关系及相互之间的职权划分等构成;管理体制则涉及管理结构、管理制度等环节。理顺领导体制与管理体制,可以使相关要素各司其职、完美对接,共同推动大学生社会主义核心价值体系建设这一系统工程有效运行。

(一)现有体制及优势

改革开放以来,面对新形势、新任务,我国大学生社会主义核心价值体系建设工作的体制在创新中发展,显示出明显的优势,为提高大学生社会主义核心价值体系建设工作的效率发挥了重要的作用。

1. 现有体制的状况

我国大学生社会主义核心价值体系建设的体制属于国家精神文明建设宏观体制的一部分。国家精神文明建设由"中央精神文明建设领导小组"领导,中央宣传部、中央文明办具体负责,成员单位涉及众多中央部委。就大学生社会主义核心价值体系建设工作而言,在中央层面,直接领导部门是教育部(具体是教育部思想政治工作司、教育部精神文明建设领导小组),参与该项工作的有共青团中央等部门。在地方层面,是各省市的相关部门。在高校层面,《中国普通高等学校德育大纲(试行)》规定,要"在党委的统一部署下,建立和完善校长及行政系统为主实施的德育管理体制,校长对学生德、智、体全面负责。在党委(总支、支部)的统一部署下,学校要建立和完善校长及行政系统为主实施的德育管理体制"。具体来讲,在我国高校内部,大学生社会主义核心价值体系建设工作的体制包括两个方面:一是以党委为核心的领导体制。在这一体制中,各高校党委负责研究大学生社会主义核心价值体系建设工作的指导思想、工作方针、基本任务和重要问题,主持制定总体规划与实施计划,定期分析学生价值观动向和价值观教育状况。二是与领导体制相适应的党政合一的管理体制。管理机构主要以各级党委职能部门为主,其中党委宣传部、学生工作部、思想政治理论课教学部、教务处、学生处、团委是组织实施部门;党委组织部、学生工作部和人事处是队伍管理部门。工作队伍以思想政治理论课教师、辅导员和班主、学校党政干部和共青团干部为主,其中学校党政干部和共青团干部负责教育的组织、协调、实施;思想政治理论课教师负责对学生进行思想理论教育、思想品德教育和人文素质教育;辅导员按照党委的部署有针对性地开展日常教育与管理,班主任负有在思想、学习和生活等方面指导学生的职责。此外,各高校都制定了严格的教育制度,明确了大学生社会主义核心价值体系建设工作的指导思想、目标原则、主要任务和途径方式。

2. 现有体制的优势

改革开放三十多年来,我国大学生社会主义核心价值体系建设工作的体制已经形成了两大特点或者优势。[①] 首先,国家对大学生社会主义核心价值体系建设工作的宏观管理逐步强化。改革开放以来,党和政府改变过去直接管理大学生社会主义核心价值体系建设工作的做法,逐步强化了宏观管理,《中央关于进一步加强和改进学校德育工作的若干意见》、《中国普通高等学校德育大纲(试行)》、《中央国务院关于进一步加强和改进大学生思想政治教育的意见》等一系列文件的颁布,为大学生社会主义核心价值体系建设工作体制的改革创新提供了指导思想。其次,大学生社会主义核心价值体系建设工作的体制逐步规范化。主要体现在:一是建立了党委领导下的校长及行政系统为主实施大学生社会主义核心价值体系建设工作的领导体制。二是制定了统一的教学大纲,编写了统一的教材,保证了德育内容目标化、系列化、有序化。三是制定了德育队伍各组成部分的责任、建设、考核制度,规定了运行渠道,完善了运行设施。总之,改革开放以来形成的体制克服了过去由于党政分开使大学生社会主义核心价值体系建设工作与行政管理疏离的缺点,调动了党委和行政的积极性。

(二)现有体制的问题与不足

由于系统本身的复杂性与外在环境的日新月异,当前的大学生社会

---

① 王学风:《中外大学生思想政治教育体制比较及启示》,《思想理论教育》2009 年第13 期,第26 页。

主义核心价值体系建设工作体制在发挥自身优势的同时,也显露出一些问题与不足。主要体现在宏观领导体制不尽合理、人才培养中的分工体制影响了"全员育人"、管理系统内部的分工导致工作难以整体推进、僵化的管理体制制约队伍建设等几个方面。

1. 宏观领导体制不尽合理

在管理机构的设置上,大学生社会主义核心价值体系建设工作没有统一的管理部门和机构。我国教育部设有专门的思想政治教育司,其职能之一就是领导大学生社会主义核心价值体系建设工作。但在各省市教育部门,对口单位并不明确。各省市很少有专门的单位对接这项工作,而是由省市委高校工委或教育厅的其他处室兼做该项工作。而原来的部属院校,其所在部委一般都不设指导所属高校思想政治工作的部门。因此,各高校在大学生社会主义核心价值体系建设工作中,只好自己对号入座,根据教育部的宏观指导开展工作。高校内部的领导体制也不顺畅。《中华人民共和国高等教育法》规定,领导学校思想政治工作和德育工作是高校校长的职责之一。党和政府颁布的其他相关文件中也有相应的规定。但事实上,目前在一些高校,校长把绝大部分精力用来抓人事财务、学科建设、学位点申报等所谓的"硬"任务,对大学生社会主义核心价值体系建设工作却重视不够、措施不力、成效不大。出现这种现象的深层次原因是,尽管高等教育法和其他相关文件规定高校思想政治教育实行校长负责制,但校长到底要在哪些方面负责、负多大的责并没有明确的说明。这样的领导体制,客观上不利于大学生社会主义核心价值体系建设工作的统筹管理,容易造成有关部门与领导在工作中推诿扯皮,降低工作的效率。

2. 人才培养体制影响"全员育人"①

"全员育人"是《中央国务院关于进一步加强和改进大学生思想政治

---

①　杨元华等:《大学生思想政治教育体制和机制创新研究》,《思想理论教育》2008 年第 3 期,第 13 页。

教育的意见》中提出的重要德育理念,也是一些高校多年来的努力方向。但从目前来看,一些高校"全员育人"的平台尚未建立,"全员育人"的氛围尚未形成。现有的体制无法有效动员教师、管理人员和服务人员开展大学生社会主义核心价值体系建设工作,"全员育人"只能流于形式。因为在我国高校内部现行的人才培养分工体制下,学生教育被人为地分为智育和德育。在领导层面上,智育即教学工作往往由一位副校长分管,德育即学生思想教育与管理工作则由另一位党委副书记分管;在执行层面上,智育由教务部门执行,德育由思想政治理论课教学部门和学生管理等部门执行。这就导致学校的教学、科研、管理、服务等工作或多或少存在着与思想政治教育脱钩的现象,大学生社会主义核心价值体系建设工作无法在统一的思路和框架下进行。近年来,一些高校虽然创设了各类沟通与合作机制,但在现有的体制框架下,无法从根本上解决整体培养人才的问题。

3. 分工体制不利于工作整体推进

目前,高校学生教育与管理职能部门较多,客观上不利于大学生社会主义核心价值体系建设工作的统筹规划。高校的党委宣传部、党委学生工作部(处)、团委,各院系的党总支(分党委)、团总支(分团委),都在抓大学生社会主义核心价值体系建设工作。这样的管理体制貌似重视大学生社会主义核心价值体系建设工作,但一些高校在机构设置、人员安排、经费拨付及校级领导分工方面或者互不隶属,或者职能重叠,造成办事效率不高。从全国范围来看,只有少数高校实施的是"大学工"模式,即招生办、团委、武装部、心理咨询中心、就业指导中心由学生工作部(处)统一管理,这种模式有利于德育工作的整体推进。但对于大部分院校而言,招生办、团委、就业指导中心等是学校独立的部门,少数院校分工甚至更为细化。在工作中,各部门独立制订计划,缺乏彼此协作,整体推进的动力不足。尽管高校一般都有一位党委副书记统一分管学生教育与管理工作,但现有的分工体制决定了各部门还是各自制定规划,推动部门职能范围内的工作。因此,大学生社会主义核心价值体系建设工作与管理系统内的合力还比较弱。

4.僵化的管理体制成为制约瓶颈

目前,我国高校的思想政治理论课教学研究队伍与专职学生政工干部队伍各司一职,各管一方,互不隶属。这样的体制和职能分工,必然导致大学生社会主义核心价值体系建设理论和实践的脱节。一方面,高校思想政治理论课教学研究工作者从事公共政治理论课的教学工作,他们学历高,有比较深厚的学术和理论基础,但不从事大学生日常思想政治教育与管理的实际工作,缺乏学生工作的实务经历,因而在大学生社会主义核心价值体系建设中,往往停留于政治理论讲授层面,出现大学生社会主义核心价值体系建设与学生日常教育和管理工作断裂的"两张皮"现象。另一方面,高校学生日常教育与管理的实际工作者虽然了解学生的真实思想状况,却缺乏足够的马克思主义理论素养和科学的教育方法,缺乏系统全面解决学生深层次思想问题的水平和能力,只能停留在处理琐碎的事务性工作和扑火救急的水平上。目前,在一些高校,思想政治理论课教学教师与专职学生政工干部待遇不高,晋职提拔机会有限,因此,许多教师把工作视为临时的选择,没有长期的打算,所以这两支队伍都存在人员不稳定、跳槽频繁的情况。

最后,还需要注意的是,目前高校内部思想政治教育层级管理传输链条过长,也制约了大学生社会主义核心价值体系建设工作的效果。目前,在大多数高校,思想政治教育层级管理的链条依次是:校党委副书记—学生工作部门—院系—班级或年级。通过这四级链条,大学生社会主义核心价值体系建设工作的信息和任务由学校领导层传达到基层,在层层传输的过程中,信息和任务存在着比较严重的"耗散"现象。学校分管领导和学生工作部门往往重视教育理念和教育规划,院系、班级或年级往往更重视事务性工作,这就导致学校的育人理念和德育内容在经过较长的传输链条后很难抵达学生层面,制约了大学生社会主义核心价值体系建设工作的效果。

(三)体制创新的思路

面对存在的问题与不足,只有进一步理顺领导体制与管理体制,才能更好地推进大学生社会主义核心价值体系建设。在领导体制上,省市层级要进一步提高对大学生社会主义核心价值体系建设工作的重视程度,建立或完善大学生社会主义核心价值体系建设工作的专门机构,充分发挥面向中央部委的任务落实和信息反馈功能,沟通中央与高校的上传下达功能,以及面向高校的指导督查功能;高校内部要在坚持党委领导下的校长负责制的基础上,进一步明确校长在大学生社会主义核心价值体系建设中的责任范围与责任程度(当然,责任界定的工作需要教育部或更高层次级的权威部门明确规定)。在管理体制上,则需要重点做好决策体制和执行体制的创新。

1. 构建三维决策体制

决策是否科学,是影响大学生社会主义核心价值体系建设能否顺利推进的重要因素。决策科学,事半功倍;决策失误,事倍功半。大学生社会主义核心价值体系建设决策是否科学,主要取决于三个因素:一是能否全面准确地发现问题,抓住主要矛盾;二是有没有科学的理论做指导;三是有没有开阔的视野。基于这些因素,要做到科学决策,就需要构建大学生社会主义核心价值体系建设的三维决策体制。第一个维度是决策咨询系统。该系统由三部分成员组成:一是作为教育对象和服务对象的在校学生代表,他们是大学生社会主义核心价值体系建设工作的直接利益相关者,最能感受到问题的所在,只有充分听取他们的意见,才能使工作具有针对性;二是大学生思想政治教育领域的校内外专家学者和部分基层思想政治工作者,他们长期从事大学生社会主义核心价值体系建设工作的理论教学或实践工作,熟悉大学生价值观念的发展变化趋向,了解大学生价值观念形成与发展的基本规律,能够提出有针对性的教育策略;三是用人单位代表和毕业生代表,他们或者是高校学生培养质量的检验者,或者是以往大学生社会主义核心价值体系建设工作的体验者,他们的意见是决策的重要依据。第二个维度是决策信息系统。决策信息系统由信息源、信息工作队伍、信息工作机构、信息传输手段、信息工作制度等要素组成,具有信息收集、加工、存贮、传递功能,是为大学生社会主义核心价值体系建设工作提供有效信息服务的系统,是沟通决策者、执行者与教育对象之间的桥梁。学校党委信息调研秘书、学校学生工作部门信息员、院系信息员(辅导员)和班级信息员是构成信息传输渠道的主要人员。高校应不断对信息系统进行调整和改进,提高信息处理的效率,为大学生社会主义核心价值体系建设的科学决策提供现实依据。第三个维度是决策中枢系统。决策中枢系统是指由具有决策权的领导者组成的领导核心,具有领导、指挥和决策权,决策咨询系统和决策信息系统都在中枢系统的领导下开展工作并为它服务。该系统应当由校长(党委书记)、分管党委副书记(副校长)、学工部(处)长、研究生工作部(处)长、团委书记以及分管学生思想政治教育与管理、心理健康教育、职业发展教育的副部(处)长组成,代表学校党委领导大学生社会主义核心价值体系建设,定期分析学生价值观状况和德育工作状况,研究相关的思想、方针、任务和政策等重要问题,制订总体规划与实施计划,做出科学的决策。中枢系统应集体决策,并对决策实施后果集体负责。

2. 促进执行体制的创新

有了好的决策后,还需要良好的执行体制,才能取得实效。近年来,随着高校教学管理模式的变革,尤其是完全学分制的推行,学生已不再严格地归属于某一个院系或班级。基于这种形势变化,大学生社会主义核心价值体系建设工作的执行体制也需要做出相应的改革。[①] 一是高校可以尝试将学生教育管理的相关部门或科室重新组合,形成功能专一的新机构,建立直属校党委副书记或副校长领导的多个中心,如招生注册中心(招生、学籍管理)、学习辅导中心(学风建设、学术咨询)、生活与行为指导中心(宿舍生活、日常行为)、就业指导中心(职业和人生规划)、心理咨询中心(心理教育和咨询服务)、健康服务中心(健康预防、医疗保险)、学生活动中心(校园文化、社会实践)、勤工助学与经济资助中心、思想政治

---

① 杨元华等:《大学生思想政治教育体制和机制创新研究》,《思想理论教育》2008年第3期,第15页。

教育中心等;院系层级则根据具体情况,或者单独设立对应的各个中心,或者合并设立几个中心对接学校各中心的职能。在这种体制下,学生事务的机构设置切块小、分解细,职责单一、互不重叠,管理人员不交叉,上下一条线,主从分明、左右协调、各司其职,有利于整体效能的发挥。二是在学生人数较少的高校,可尝试扁平化运作,弱化中间管理层,拓展管理幅度,减少管理层次,提高管理效率。学校可以成立职能不同的思想指导中心、心理咨询中心、生活指导中心、就业指导中心、学生服务中心、学生活动中心等,直接面向学生提供学习、思想和生活方面的信息和建议,解决和处理学生的思想问题、心理问题、生活问题以及就业问题。院系一级不再设立相关组织机构,从而将现行的三级管理体制简化为二级管理体制。在这种体制中,可以考虑让辅导员在具体负责班级管理工作的同时,承担学校某个中心的相应工作。三是在学生人数较多的高校,也可以通过若干个院系学生事务中心的横向联合,实现资源的整合与共享。学校各职能部门可以优化结构,重组分散的资源,实现最佳的资源配置。尤其当工作内容比较复杂又相互依存时,这种体制可以快速响应学生需求,协调各种活动,迅速传递信息,提高工作效率。

二、创新运行机制

大学生社会主义核心价值体系建设的运行机制,是指大学生社会主义核心价值体系建设系统内部各要素之间相互作用、相互制约的联结及其运行方式。具体地说,是指大学生社会主义核心价值体系建设相关部门及其人员,在一定决策机构指挥下,在一定目标指引下,在一定动力驱动下,在一定体制条件保障下,协调工作,实现整体目标和功能的工作程序与工作方式。通过创新运行机制,实现系统各要素之间科学、有序地相互作用,促进系统整体功能的优化,是实现大学生社会主义核心价值体系建设科学化的关键。创新大学生社会主义核心价值体系建设的运行机制,要把重心放在互动机制、渗透机制与调控机制的创新上。

（一）引入互动机制

大学生社会主义核心价值体系建设工作是教师引导大学生建设核心价值观的活动。按照传统的教育理念，教师是教育活动的主体，学生是教育活动的客体，核心价值观是教育活动的内容。这样的教育理念与科学发展观以人为本的核心理念相左，已被实践证明无助于提高大学生接受核心价值观的积极性。本书认为，要提高大学生社会主义核心价值体系建设的效率，应借鉴"双向主体理论"与互动式教育模式，在大学生社会主义核心价值体系建设工作中实行互动机制。

1. 对传统师生关系的反思

大学生社会主义核心价值体系建设和其他教育活动不同，它不仅仅是知识的传播，更重要的是大学生对于价值理念的体验和认同。有效的大学生社会主义核心价值体系建设工作活动应该指向现实生活世界，在师生对人生和社会问题的交流、探讨中，实现情感的交融和价值的认同。而传统的大学生社会主义核心价值体系建设工作模式"重教师单向教育，轻师生双向沟通交流"，大学生主体性的迷失、师生情感交流的阻断，使得教育活动难以展现应有的效果。首先，大学生主体性缺失。长期以来，在大学生社会主义核心价值体系建设工作中，教师和学生的地位泾渭分明，学生在教育活动中的主体性被忽视。一些教师在价值观教育中一味强调社会价值、忽略个人价值，开展工作靠灌输、强制、压服和单向注入，而不重视学生能力和个性的培养，使学生变成完全被动与屈从教师的承受者。这种师生关系挫伤和压抑了大学生的积极性和主动性，使学生产生了"厌烦"情绪和"逆反"心理。其次，师生情感交流被阻隔。[1] 情感的交融不仅是大学生体验和认同核心价值观的必要途径，也是核心价值观建设工作本身的价值诉求。而在传统的大学生社会主义核心价值体系建设工作过程中，有些教师仅仅把建设工作限定在课堂教学中，只按照教

---

[1] 荣光汉：《双向主体性：高校德育教学的关系维度及其探索》，《湖北广播电视大学学报》2010 年第 1 期，第 44 页。

材和教学计划灌输知识,忽视了与学生的情感交流和知识的碰撞。这种教学活动无视大学生的情感需要和心理困惑,必然会导致学生对核心价值观建设工作的拒斥。深入落实科学发展观以人为本的核心理念,尊重大学生的主体性,在互动中实现师生情感的交融和大学生对核心价值观的情感体验,是大学生社会主义核心价值体系建设改进的方向。

2.“双向主体理论”的内涵与实施互动机制的意义

大学生社会主义核心价值体系建设不应是单向度的施教活动,而应是施教与受教有机统一的双向活动。从施教这个向度看,主体是教师,客体是学生;从受教这个向度看,主体是学生,客体是教师。也就是说,教师是施教活动的主体,学生是受教活动的主体。教师和学生在施教活动与受教活动中分别处于主导地位、发挥主导作用,哪一方的主导地位被损害、发挥不了自身作用,也会使核心价值观建设工作目标落空。只有施教活动的主体与受教活动的主体相互尊重彼此的主体性,积极配合、回应对方的主体性活动,双方的活动才有实际效果。此即大学生社会主义核心价值体系建设工作中的“双向主体理论”。在大学生社会主义核心价值体系建设工作中实行师生互动机制,是这一理论的逻辑结果。运用“双向主体理论”,引入师生互动机制,对提高大学生社会主义核心价值体系建设的效率有着重要的意义。[1] 首先,实行师生互动机制,能充分发挥教师的主导作用与大学生的主体作用。在核心价值观建设工作中,教师是教育信息的编码者、发送者和导控者,因而在互动中具有主导作用,是互动的源泉。学生是教育信息的解码者、接受者和反馈者,更是教育效果与质量的具体体现者,因而在互动中拥有主体地位,是互动的中心和基础。只有同时发挥教师的主导作用与学生的主体作用,大学生社会主义核心价值体系建设工作才能健康有效地深入开展。其次,实行师生互动机制,能大大增强核心价值观建设工作的针对性。通俗地说,互动就是对话,就是交流,就是沟通。通过师生间的对话、交流与沟通,能使学生坦诚地向教师

---

① 马汝伟:《论高校思想政治教育中的互动》,《中国高教研究》2004 年第 3 期,第 71 页。

敞开心扉,将自己内心深处真实的想法和盘托出,从而使教师能摸准学生的思想脉搏,做有针对性的说服、教育等疏导工作,大大提高核心价值观建设工作的针对性和实效性。再次,实行师生互动机制,能增强核心价值观建设工作的艺术性和科学性。有了教师与学生之间的双向交流与互动,就能使学生感觉到人格上的被尊重,就能克服和消除常见的抵触、对抗情绪及逆反心理,使其心悦诚服地接受批评教育,将核心价值观内化为自己的行为规范。最后,实行师生互动机制,有助于克服当代大学生的新特点带来的新挑战。当代大学生不少来自独生子女家庭,对他们进行价值观教育,单纯强制、灌输,会导致他们出现逆反心理,互动方法在一定程度上能消除或缓解大学生的这种逆反心理;当代大学生年龄、智力结构成熟,已具有一定的独立思维能力和主见,他们反应敏捷、思维活跃、信息来源广,不会满足于一家之言,良性互动可以调动他们参与价值观教育的积极性;当代大学生面对学习、人际交往、恋爱、现实与理想的差距、就业、生活困难等问题,加之受独生子女以"自我为中心"心理特点的影响,有时会出现心理问题,心理教育更需要充分发挥互动交流的优点,面对面交流,互动进行。

3. 实行互动机制的思路

在大学生社会主义核心价值体系建设中实行师生互动机制,需要增强教师和学生双方的主体性。教师作为施教者,其主体性的强弱,决定着他们能否充分发挥自身作用;学生作为受教者,其主体性的强弱,直接影响着教育活动的效果。在增强师生双方主体性的基础上,要把互动机制运用到大学生社会主义核心价值体系建设的全过程。

首先,要树立"互相学习、彼此欣赏、共同提高"的教育理念,让学生在平等、和谐的环境中愉悦地接受核心价值观。① 一是要以人为本,实现交往式的教育。在交往活动中,教师不仅自己要讲,还要留时间给学生讲;学生不仅要听,更要准备讲。② 师生以语言、内容、方法、手段和活动

---

① 周德群:《改革高校思想政治理论课教学初探》,《重庆工学院学报》2006 年第 7期,第 197 页。

② 张耀灿:《思想政治教育学前沿》,人民出版社 2006 年版,第 360 页。

等为中介,进行多层次、多维度的往来、沟通以及情感、知识交流,以达到双方认同一致和相互理解,并在此基础上使学生获得价值观念的提升。教育活动中,教师和学生都应积极主动地与对方进行交往,特别是教师更应主动指导、启发、鼓励学生参与交往,扩大师生互相了解。通过交往使教育活动成为双方知识共享、情感共鸣、智慧共建、意义生成、精神提升的过程。二是要相互尊重,实现欣赏式的教育。在核心价值观建设工作中,师生在政治上、法律上、人格上都是平等的。师生都有参加交往和表达愿望、感情的均等机会,都会对客观事物做出判断、解释甚至辩护。当然,我们在追求师生地位平等的同时,还要注意平等并不是两者完全相同,而是"和而不同"。① 三是要内化实践,实现体验式的教育。师生双方要把在互动中达成的共识运用于实践,在实践中进行体验,在感悟中发展自我,实现价值观念的重构。四是要多向互动,促进教育和谐。教师和学生既是主体,又是客体,其身份的确定要以具体的时间、条件为转移,其间的关系是多向互动的,既包含教师与教师之间、学生与学生之间,也包括教师和学生及其与教育环境、教育内容、教育手段、教育方法之间的多向互动关系。作为教师来说,要以尊重学生的主体地位为前提,发掘学生的主体潜能,培养学生的主体意识,发展学生的主体能力,塑造学生的主体人格,使学生真正实现自教自律。作为学生来说,要以尊重教师的主导地位为前提,充分发挥自身的能动性,合力推进核心价值观建设工作。②

其次,要努力寻找师生双方对话的共同点,搭建互动的"平台"、"桥梁"与"纽带"。③ 在实践中,一是要重视课堂教学活动中的互动。要改进教学方法,多采用讨论、探索、研究的互动式教学,启发、引导学生进行广泛的学习和深入的讨论,使学生在质疑中主动学习,提高认识,加深理

---

① 张耀灿、刘伟:《思想政治教育主体间性涵义初探》,《学校党建与思想教育》2006年第12期,第8—10页。

② 钟健雄:《和谐互动:思想政治教育的有效途径》,《重庆工学院学报》2007年第6期,第143页。

③ 马汝伟:《论高校思想政治教育中的互动》,《中国高教研究》2004年第3期,第71页。

解,从内心深处认同核心价值观。二是要搞好个别谈心活动。与学生进行的个别谈心活动,能有效地形成双向互动,大大地增强教育的针对性与有效性。核心价值观建设工作中的对话,是以师生之间的尊重、信任和平等为基础的。教师只有晓之以理、动之以情、导之以行,与学生推心置腹、坦诚相见,平等对话与交流,才能得到学生的积极响应,得到真实信息的反馈,从而摸准学生的思想脉搏,有的放矢。教师与学生谈心,要放下架子,和学生平等相处,以创造一种宽松、和谐的谈话氛围和环境;要循序渐进,由浅入深,先从学习、生活谈起,然后再步入正题,借此消除学生的戒备心理和对抗情绪;要语气平和,态度和蔼,给学生解释、说明、表白、申辩的机会,再针对其暴露出来的思想认识问题进行分析、疏导;要多用共同探究、平等讨论的方式,使学生心悦诚服地接受批评,真正地提高思想认识。三是要善于利用网络等途径进行平等对话和交流。网上交流的虚拟性、匿名性、平等性、开放性等特点,有助于消除学生的精神压力,使他们直接地、毫无保留地向他人坦陈自己的思想观点、认识与看法。借助网络,师生双方都可以避免不必要的语言斟酌,真正进行一种地位平等的对话与交流,从而使对话、交流能处于积极的响应与互动之中。双方开诚布公,不隐瞒自己的观点、想法,这有利于教师在交流中摸准学生的思想脉搏,对症下药,做好核心价值观建设工作。

(二)强化实现机制

大学生社会主义核心价值体系建设的实现机制,是指通过一系列教育活动,使核心价值观所蕴涵的思想、观念、道德等内容,为大学生所接受,并内化为深刻而稳定的心理结构,外化为现实的个体动机和行为,从而完成核心价值观由"潜价值"向"显价值"转变的过程。落实实现机制,促使核心价值观由"潜价值"转变为"显价值",核心价值观建设工作才能见到实效。为此,必须深入剖析实现机制的内在机理,积极探索核心价值观建设工作的各种实现途径。

1. 实现机制的内在机理

人的意识和社会意识的结构状况及其内在运行的机制性质,决定着大学生社会主义核心价值体系建设实现机制的内在机理。马克思主义认为,人的思想意识是一种立体结构状态,横向上具有哲学、道德、宗教、艺术等意识成分,纵向上可分为心理、观念、思想三个层次,每一层次都有着相对独立的机制特点。从静态结构角度看,人的意识最初是心理层次上的意识,是作为刚刚脱离动物界的标志出现的一种经验感受性意识;当这种意识演变为具有思维指向性的既定认识时,就已经是观念层次的意识了;当人们具有了价值评价能力后,就可以对经验进行抽象,从而形成各种各样的思想层次的意识。从动态机制角度看,人的意识结构的三个层次,既密切联系,具有整体性机制规律,又各自发挥着相对独立的机制作用。其中心理层次发挥着"动力机制"作用,观念层次发挥着"整合机制"作用,思想层次则发挥着"导向机制"作用。人的意识结构与内在机理,同样适用于社会意识。社会意识与人的个体意识、群体意识具有共通性,可以划分为社会心理、社会观念和社会思想体系三个层次,三者之间类似于心理、观念、思想之间,是递进的关系。人的意识及社会意识的结构运行情况,隐含着大学生社会主义核心价值体系建设效果实现的运行轨迹,为大学生社会主义核心价值体系建设的实现机制提供了基本理论依据。大学生社会主义核心价值体系建设实现机制的确立,决定于它能否合乎意识结构各层次的特点。在人的心理层次,大学生社会主义核心价值体系建设工作应以"自我意识"的引导为核心,以道德情操的培养为关节点。在人的观念层次,大学生社会主义核心价值体系建设工作应该以价值体系建设为核心,以信念培养为关节点。在人的思想层次,大学生社会主义核心价值体系建设工作应该以动机体系和思想体系建设为核心,以"理想"培养为关节点。

大学生社会主义核心价值体系建设的整体实现机制以上述各层次分机制为基础,是一项非常艰巨复杂的工作。[1] 首先,要在各层次上明确主

---

[1]　李焕明:《思想政治教育的实现机制》,《山东师范大学学报》2003 年第 1 期,第 119 页。

线,依序引导,并使个体意识与社会意识交融一致。培养情操以引导自我
意识和平衡心理需求与良心,达到个体与社会心理的和谐;培养信念以促
进价值体系发展和观念的巩固,达到个体与社会观念的协调;培养理想以
提高动机体系和思想体系的水平,实现个体与社会思想的融通。其次,要
使各层次同一水平的意识因素之间主次明确、相互协调,密切配合。以信
念确立为目标进行情操和理想培养;以价值体系建设为核心进行自我意
识和动机引导;以观念塑造为基点进行心理疏导和思想启发。最后,要围
绕大学生社会主义核心价值体系建设实现机制的主轴线,达到整体协调,
实现综合效应与效益。人的心理、观念和思想之间的关系,实际上是情、
利、理的关系。心理层次突出的是"情感"特征,观念层次表现出"利益"
性特征,思想层次的突出特征是认识性质的理念性与认识内容的理论性。
情、利、理的有机结合,是大学生社会主义核心价值体系建设工作综合效
益实现的关键。三者结合的主轴是"利",是"利者善也"的价值肯定。利
的引导在本质上是价值观的培养和价值体系的建设。把价值体系建设,
尤其是社会主导价值体系的建设作为大学生社会主义核心价值体系建设
工作的主线,这是保证其即时效应和长远效益的有效途径。大学生社会
主义核心价值体系建设工作如果能够使其原则内容演变为大学生普遍认
同的评价标准,就可以贯通社会与个体意识的神经脉络,使各种意识因素
及层次相互协调而产生综合性功能,从而推动大学生认知结构和心理、思
维、行为定式的形成,成为制约和影响大学生意识行为的强大内驱力。

2. 实现途径与实现机制

大学生社会主义核心价值体系建设的实现途径与实现机制实际上是
一个问题的两个方面,其中实现途径是实现机制的内在路径,实现机制是
实现途径的外在表现形式。在一般意义上,大学生社会主义核心价值体
系建设工作实现的根本途径是实践。实践、认识,再实践、再认识,循环往
复,以至无穷,这是人们正确地认识世界和能动地改造世界的无限发展的
过程,也是大学生认同并践行社会主义核心价值体系的过程。在具体实
践中,大学生社会主义核心价值体系建设工作的实现主要有"外源性"和

"内生性"两大途径。所谓"外源性"途径,是指在大学生社会主义核心价值体系建设工作实现过程中,外部环境的影响所导致的大学生价值需求的变化和实践行为的调整。大学生的认知能力、实践能力受当时生产力、生产关系、上层建筑等社会条件的影响和制约,总是体现着能动性与受动性的统一。这种统一使得大学生与外界进行接触时,总是感觉到外部及自身天然的制约性和有限性,感觉到与他人结成某种利益共同体而与外界发生社会关系成为必要。因此,应当把大学生社会主义核心价值体系建设工作融入国民教育和精神文明建设全过程、融入现代化建设的各个领域,努力开展多种形式的教育活动,做到贴近实际、贴近生活、贴近大学生,以社会主义核心价值体系引领社会思潮,进而引导大学生的行为,使之在生活中践行社会主义核心价值体系。所谓"内生性"途径,是指大学生出于自身需要,对核心价值观进行反映、选择、内化和外化等环节构成的活动过程。马克思主义认为,人的需要是人的生存本性。作为有思想、有意识的主体的人,除了满足生存、发展条件的物质需要外,还有对理想信念、真善美的追求,对世界观、人生观、价值观的科学熔铸等精神上的需要。社会主义核心价值体系代表了人民群众的精神利益,体现了社会主义意识形态的本质属性,反映了社会主义政治、经济、文化、社会的发展规律,是当代大学生的根本需求指向。通过大学生主动的、有效的认知和接受,社会主义核心价值体系内化为大学生主体的精神养料,使其思想得到补充,精神得到满足,并外化为具体的实践行为,也就达到了核心价值观建设工作的目的。总之,"外源性"途径和"内生性"途径交织在一起,共同贯穿于价值观建设工作实现过程的始终,推动核心价值观从应然状态向实然状态转化,从而使大学生社会主义核心价值体系建设的目的得以实现。

作为实现途径的外在表现形式,大学生社会主义核心价值体系建设的实现机制主要有导向机制、激励机制和监测机制等。① 导向机制主要

---

① 蒙冰峰、廉永杰:《实现社会主义核心价值体系的途径与机制》,《河南社会科学》2009 年第 3 期,第 49 页。

体现在两个方面。一是思想导向机制。发挥思想导向机制的作用,需要社会通过政策制定、典型示范,借助社会舆论和宣传手段,将核心价值观根植在大学生的思想观念中,构建稳固持久、健康积极的思想道德体系。二是利益导向机制。人们为之奋斗的一切,都同他们的利益有关。要引导大学生利益追求的方向,调节和处理好各种利益关系之间的矛盾,特别是追求物质利益和提高思想素养的关系,培养大学生正确的利益观。运用激励机制需要注意两个问题。一是要培养大学生的自身需要,形成核心价值观内化的"内驱力"。自身需要是个体行为活动的内驱力和价值观念发展的源泉,培养大学生的自身需要是提高核心价值观建设工作实效的关键。要在核心价值观建设工作中突出大学生的主体地位,发挥他们的能动性、选择性和创造性,加强价值观念的自我培养、自我锻炼、自我教育、自我陶冶,把核心价值观内化为大学生的自身需要,使他们实现从他律向自律的转变。二是要采取多种激励方式,充分挖掘大学生积极向上的思想精神,形成具有强大感召力、亲和力和凝聚力的共识。要在理论教育的基础上,大张旗鼓地宣传和表彰具有鲜明时代特点、具有广泛群众基础的先进典型,为大学生树立学习的榜样,引导大学生树立正确的理想、信念,从而强化他们价值主体的地位和功能。形成健全的监测机制需要做好两个方面的工作。一是要充分发挥社会舆论和媒体的作用,坚持批评、抵制各种错误思想观念和不道德行为,形成正确的、强大的社会舆论氛围,帮助大学生辨别是非,抵制假恶丑。二是要多渠道、全方位地搜集相关信息资料,认真研究新情况、新问题,科学预测它们可能的冲击,及早提供有实据、有分析、有建议的预警报告和控制方案,以增强大学生社会主义核心价值体系建设工作的前瞻性、科学性和主动性。

(三)建立反馈机制

"反馈(Feedback)是控制论中的一个基本概念,是指系统输出的全部或部分信息通过一定的通道返送到输入端,从而对系统的输入和再输出施加影响的过程。在社会这个大系统的控制过程中,普遍存在着反馈机制,反馈方法作为现代管理方法之一,是一种在各类系统实施控制均行之有效的科学方法。"①推进大学生社会主义核心价值体系建设,同样需要反馈机制。在大学生社会主义核心价值体系建设工作中,施控系统(教育者)对受控系统(教育对象)不断发生作用(施加教育影响),这个过程中,教育对象必定产生对教育者所实施教育的反馈信息。这些不同的反馈信息通过各种反馈通道回到教育者那里,能为下一轮决策的形成、执行与总结起到指导作用。因此,建立完善的反馈机制,对于大学生社会主义核心价值体系建设工作的运行具有特别重要的意义。

1. 信息反馈的特点

大学生社会主义核心价值体系建设中,信息反馈具有鲜明的特点。一是准确性与及时性的统一。大学生社会主义核心价值体系建设工作信息反馈的及时与准确,既是教育活动对反馈机制的基本要求,也是它区别于其他系统反馈的一个重要特征。在大学生社会主义核心价值体系建设工作中,信息反馈的主体是当代大学生,作为有鲜明思想倾向和个性特点的特殊社会群体,当代大学生一旦接受到核心价值观建设工作中的有关信息,立刻就会产生各种各样的反应,这些反应若得不到及时的回应,就会引发各种各样的情绪,乃至造成严重的社会影响。因此,在大学生社会主义核心价值体系建设工作中,必须注意反馈的及时性与准确性特点,及时、准确地发现问题。二是确定性与模糊性的统一。大学生社会主义核心价值体系建设工作中的信息反馈不像经济活动那样有精确的、数量化的指标,更不像机械电器系统那样可以通过各种数据把偏差精确地计量出来,从这个意义上来说,大学生社会主义核心价值体系建设工作的信息反馈有其模糊性。但另一方面,大学生社会主义核心价值体系建设工作中的信息反馈也具有精确性的特点。大学生社会主义核心价值体系建设工作的反馈内容一般具有相辅相成、对立统一的关系,如政治与业务、精神力量与物质利益、以情感人与以理服人、重视思想教育与完善规章制度

---

①   邢瑞煜:《思想政治教育机制探微》,《求实》2003 年第 8 期,第 51 页。

等。正是这种辩证关系,制约着信息反馈的范围与程度,要求反馈信息有一定质和量的准确性,从而使得反馈成为一种层次高、艺术性较强的活动。

2. 反馈机制的运用

在大学生社会主义核心价值体系建设运用反馈机制,需要注意三个方面的问题。首先,为了做好大学生社会主义核心价值体系建设工作的信息反馈,应当明确有关调研机构和调研人员,专门负责处理这方面的信息,为决策提供依据。大学生社会主义核心价值体系建设工作的信息反馈系统应有纵向系统和横向系统。纵向系统是不同级别、不同层次机构之间的相互反馈。横向系统是同一层次、不同职能的机构之间的反馈。这样纵横交错,互通信息,相互配合,取长补短,从而使各职能部门充分发挥各自的特点和优势,形成教育合力。其次,要完善信息反馈制度。一是要用制度来强化反馈系统的整体效应。既要健全大学生社会主义核心价值体系建设工作系统内的反馈制度,以协调系统内上下左右的反馈行为,也要建立大学生社会主义核心价值体系建设工作系统与其他系统之间的反馈制度,以更好地发挥大学生社会主义核心价值体系建设工作对其他系统的服务作用和促进作用。二是要用岗位责任制确保反馈渠道的畅通。从事大学生核心价值观建设反馈工作的人员和机构都应把信息反馈作为自己的应尽职责,履行岗位责任。三是要贯彻民主集中制,用制度来保障信息反馈所需的畅所欲言、令行禁止的民主氛围。大学生社会主义核心价值体系建设工作的信息反馈全靠人来操作,人的反馈行为必须靠制度来规范和保证。在进行信息反馈时,应坚持民主集中制原则,大力倡导畅所欲言的民主风气,保证反馈按正确的原则和规范进行。最后,要采用多种方法、多元渠道进行信息搜集与反馈。一是要运用多种形式,如问卷调查、工作汇报、量化评估以及召开座谈会等,收集大学生社会主义核心价值体系建设的信息。二是要有发达的信息采集渠道,除在高校思想政治教育与管理体系内建立信息上报的反馈渠道外,还可以聘请专门的信息员搜集大学生社会主义核心价值体系建设方面的信息。

(四)运用调控机制

大学生社会主义核心价值体系建设是一个复杂的系统工程。在运转过程中,难免会有一些子系统的工作重心偏离整体的目标和任务。这就需要构建大学生社会主义核心价值体系建设的调控机制,把系统内各要素整合到总体目标和根本任务的方向上,实现整体优化、协调发展,发挥出整体的最大功效。在大学生社会主义核心价值体系建设中运用调控机制,要在把握总原则的基础上,着重运用常态调控机制和危机调控机制。

1. 运用调控机制的总体要求

在大学生社会主义核心价值体系建设工作中运用调控机制,需要对系统的各项指标进行统一监测,对各指标的负责部门进行目标管理,对有关部门随时出现的“偏轨”或“脱轨”行为,及时进行调控和整合。这里的调控、整合,是系统论和控制论范畴内的调控、整合,最后要落脚到教育对象的思想和行为上。这就需要发挥大学生社会主义核心价值体系建设工作系统内部各子系统的自主性、积极性,通过利益关系、组织关系,或者情感、文化的力量,调控和整合人们的思想和行为,最终达到各子系统功能的相互耦合、相互促进。调控和整合工作应注意三个问题。一是要建立管理系统,实行目标管理。即把核心价值观建设工作的目标分解到各个工作机构和有关人员身上,构成一个相互制约的工作责任制体系,使各部门和人员能依自身职责,从不同角度、以不同方式开展工作、形成合力,最终实现核心价值观建设工作的总目标。同时还应建立与之相适应的保证体系,运用聘任、奖惩、分配等手段对工作目标的实现实施有效调控。二是要强化调节权威,不断增强系统自我调节、自我完善的能力。大学生社会主义核心价值体系建设工作调节体系的调控作用主要表现在对决策过程的调节上,因此,必须强化指挥、管理部门的领导职能和权威。三是要根据大学生加强思想修养和提高政治参与能力的需要,激发和培养他们的内在动力,推动核心价值观建设工作系统自我调节、自我运行、稳步前进。这就需要借助合适的目标,以及科学的政策导向、利益导向、精神导向和必要的竞争,对大学生的内在需要进行引导和调节。在具体的操作过程中,应根据教育对象和教育环境的特点,把握时机,区别使用。

2. 常态调控机制

常态调控机制是大学生社会主义核心价值体系建设在正常运行状态下的调控机制。这样的调控机制不止一种,其中有代表性、容易应用的是沟通机制、时间管理机制和项目管理机制。① 沟通机制是控制活动最基本的手段,有效的沟通对化解冲突、建立控制机制是极为重要的。开展大学生社会主义核心价值体系建设工作,首先,要加强工作系统内部的沟通,使有关文件精神能够及时有效地传达,使工作目标能够被各个部门、各位具体工作者所了解和理解,形成系统内部的协调一致。其次,要加强教育主体与客体之间的沟通,及时了解学生的思想和行为动态,掌握学生的接受情况和反馈情况。再次,要改善外部沟通,加强学校与社会各方面工作力量的整合,形成良好的工作氛围。实施时间管理机制首先要明确大学生社会主义核心价值体系建设的总体目标,将其分解成为具体的阶段性目标,不断监测目标的执行情况,确立重要的时间节点,进行基于该节点的工作进度和教育效果的测评。一方面,对前一阶段工作进行检验,看是否严格遵守了时间进度,是否达到了预期的目标。另一方面,为调整工作政策和方针提供重要的参考。通过把过程控制和目标管理结合起来,使大学生社会主义核心价值体系建设工作严格按照既定的目标实施,以确保达到预期的教育效果。项目管理机制是指为了达到某一教育目的或实施某一教育过程,可以召集隶属于不同部门甚至不同系统的人员,临时组建一个项目小组,在某一段特定时间里,以项目小组的名义开展工作。项目管理机制的优势在于加强系统与系统之间、部门与部门之间的横向联系,使信息在各组织间迅速传递,也有助于快速、灵活地应对学生需求,资源利用率高,组织灵活性和应变能力强,能够实现较为理想的人、财、物等资源的配置,获得较大的效率和效益;另外,也易于工作人员的合

---

① 杨元华等:《大学生思想政治教育体制和机制创新研究》,《思想理论教育》2008 年第 3 期,第 16 页。

作精神和全局观念,有利于创新。

3.危机调控机制

危机调控机制是大学生社会主义核心价值体系建设出现突发状况时必须掌握的调控手段。大学生社会主义核心价值体系建设工作中难免会发生一些突发状况,这便要求针对可能发生的突发公共事件,提前建立一种分工明确、权责分明、部门之间协调运作的预警机制与危机调控机制,以防患于未然,确保大学生社会主义核心价值体系建设工作的正常运行。这里的预警机制,是指通过建立有关网络信息系统,对不同专业、不同年级、不同思想状况的大学生价值观的发展动态进行了解、收集、整理和分析,掌握大学生对党的路线、方针、政策和国家法律、法规的态度与认识,掌握他们集体和个体的道德风尚、情绪状态和精神面貌,掌握社会上存在的片面思想认识、有害社会思潮及其对社会主义核心价值体系的冲击,及时向大学生思想政治教育与管理部门提供相关信息和应对策略。这样的预警机制,可以使消极的思想认识、价值观念、社会思潮等及时得到控制和克服。与过去相比,大学生社会主义核心价值体系建设工作面对着更多的西方文化思潮和价值观念的冲击,面对着层出不穷的新情况和新问题,面对着思想更加活跃、独立、多变的教育对象,面临的压力和挑战更加艰巨。在这种情况下,如何准确把握教育对象的价值观念发展动态,提前做出相应的判断和预案就显得尤为重要。从实践经验看,当上述挑战转变为公共突发事件时,通常会对大学生的价值观念产生强烈的冲击,形成大学的信仰危机、价值观危机。为避免危机事件的负面影响,亟须依据危机管理理论和现代控制理论建立一套成熟的危机调控机制。危机调控机制主要包括危机预防、危机处理和危机解决三方面的内容。还需配套地建立或发展危机管理的组织及制度,以应对未来可能发生的危机。在当前互联网自由与开放的环境下,还要建立网上信息监控机制,规定网络各责任主体与其网络行为具有可追寻的对应关系,切实做好网上突发事件的防范和应急处置的准备工作,从而形成统一协调、快速反应、处置有力的网络信息监控机制。此外,还应逐步发展建立教育效果预警控制机制,当预警到既有的教育内容、方法、途径难以达到理想的教育目标时,及时做出相应的调整。

三、构筑保障机制

大学生社会主义核心价值体系建设系统的有效运行,有赖于完善的保障机制。大学生社会主义核心价值体系建设工作的保障机制,简单地说就是为了保证大学生社会主义核心价值体系建设工作正常、有序进行所必需的基本条件。构筑大学生社会主义核心价值体系建设工作的保障机制,需要重点做好组织保障、制度保障、物质保障、队伍保障、舆论保障等几个方面的工作。

(一)改进组织保障

组织,在动态上是指使分散的人或物形成一定的系统性和整体性的过程;在静态上是指基于特定的宗旨和配合关系,呈现出系统性和整体性的机构。大学生社会主义核心价值体系建设的组织也分为动态的组织和静态的组织,前者是指人们按照特定的目的和需要对教育过程进行的调整和设计,后者是指根据编制、章程、规范和制度建立起来的教育机构。推进大学生社会主义核心价值体系建设,既需要明确组织管理目标,合理地调配人员和各种资源,确定它们之间的相互关系,根据具体的工作任务实施组织管理工作;更需要效率优先、结构优化、管理科学、职责明确、关系协调、保障有力的稳定的组织结构。综合起来,就是要整合教育要素,健全组织机构,为大学生社会主义核心价值体系建设提供组织保障。

1.改进组织保障的背景

大学生社会主义核心价值体系建设虽然是在教育主客体之间展开的,但不单纯是主客体之间的事,其他因素也会对教育活动产生一定影响。尤其是作为规范教育主客体地位的组织过程和组织机构,直接影响着教育活动的内部机理,是大学生社会主义核心价值体系建设工作各种机制运行的前提,是大学生社会主义核心价值体系建设工作保障机制的重要组成部分。多年来,在大学生社会主义核心价值体系建设工作的组织框架中,发挥主渠道作用的是上自国家教育行政机关,下至高校基层思想政治教育工作部门的一系列组织机构。但是,在国内外社会环境、高校办学模式和大学生的思想观念、行为方式等发生重大变化的情况下,高校思想政治教育系统内部诸要素之间出现了新的矛盾或不适,传统的思想政治教育组织机构及其教育活动在大学生中的权威性在下降,对于大学生价值观念的形成与发展所发挥的实际作用已经不如以前明显。过去那种主要依赖组织的严密和权威、依赖个人的影响和威信来支撑大学生社会主义核心价值体系建设工作的组织模式,必须放在社会转型期的大环境下进行评判和矫正。重新整合大学生社会主义核心价值体系建设工作的组织基础,应该考虑两个方面的因素:一是要重新判断大学生社会主义核心价值体系建设工作的功能和优势。二是要遵循大学生社会主义核心价值体系建设工作的内在规律。在此基础上,应根据社会环境的新变化和高校办学模式的新形态,根据大学生思维方式的新特点和价值观念发展变化的新趋势,以社会主义核心价值体系引领大学生思想政治教育组织机构的改革,重建全新的大学生社会主义核心价值体系建设工作组织架构。

2. 改进组织保障的思路

大学生社会主义核心价值体系建设组织机构改革的总体思路应当是"全员育人"。要摒弃过去那种单纯依赖思想政治教育理论教学部门和学生工作管理部门开展大学生社会主义核心价值体系建设工作的传统,在思想认识与实际行动上进一步强化高校工作"育人为本,德育为先"的育人理念,坚持把大学生社会主义核心价值体系建设工作融入学校工作的各个方面,贯穿于教育教学的各个环节,努力形成全员育人、全程育人、全方位育人的新格局、新组织、新机制。学校党委要从总体上把握大学生社会主义核心价值体系建设工作的根本方向,确定工作理念和工作目标,推动大学生德育工作与智育工作一体化进程。要深入落实大教育观思想,将大学生社会主义核心价值体系建设工作贯穿和渗透到学校教学、科研、管理、服务等各项工作中去,使德育课程与智育课程紧密结合,课内教育与课外教育紧密衔接,建立德育、智育、服务、管理一体化的大学生社会主义核心价值体系建设工作机制。高校应设立学校一级的"综合教育部门",统筹以"德育为本"的教育、管理与服务育人工作。其职能除了原属于教学、管理、服务的职能之外,应突出最为重要的三项职能:一是调研、规划全校的德育工作,规范、协调学校各部门在德育工作中的职责;二是负责学校全体教师与管理人员、服务人员的经常性德育培训工作,不断强化全体教师与管理人员、服务人员的德育意识、德育素养、德育责任;三是负责对全体教师与管理人员、服务人员的日常德育实施情况进行监督与考核。在这样的组织体系中,思想政治教育理论课教学部门侧重于理论教育;学生工作部门与共青团系统侧重于在日常生活中建设大学生的核心价值观;各院系专业课教师把社会主义核心价值理念融入大学生专业学习的各个环节,渗透到教学、科研的各个方面;学校管理部门和服务部门在各自的岗位上通过自身的实践,通过对大学生的贴心服务,以身示范社会主义核心价值理念;学校宣传部门通过校园舆论阵地弘扬社会主义核心价值体系,推出校内外实践中出现的典型,有针对性地解疑释惑,营造良好的舆论氛围。总之,这样的组织系统充分体现德育与智育的统一,党委和行政的配合,以及教育、管理和服务的融合,有利于各要素的相互促进、彼此衔接、有效运行,能够为大学生社会主义核心价值体系建设提供组织上的保障。

(二)改进制度保障

制度是特定组织为了完成某项工作而制定的用以调节、引导、规范人们的行为的措施、条例、计划、方案或规则。大学生社会主义核心价值体系建设的制度,就是高校为了调节、引导、规范有关部门和工作人员在该项工作中的行为而制定的措施、规划或工作指南。在新世纪、新阶段,高校应充分认识制度的重要意义,加强制度建设、制度创新,为大学生社会主义核心价值体系建设的科学发展提供制度保障。

1. 制度保障的重要意义

从系统内部诸要素的角度看,制度是个别要素发挥作用的基础。只有建立了科学合理的制度,系统内部诸要素之间的关系才能得到恰当的调整和处理,个别要素的行为才能符合系统运行的总体要求,系统整体上才能健康、有序地运行,达到协调、稳定、安宁、和谐的状态。制度不合理,系统内部诸要素的积极性就难以充分发挥,系统整体上就难以提高运行效率。毛泽东同志讲,人是生活在制度中的,同样是那些人,施行这种制度,人们就不积极,实施另外一种制度,人们就积极了。制度对了头,就会促进生产积极性和创造性,从而为各种思想问题的解决提供良好的条件,开展思想政治工作就有效多了。[①] 大学生社会主义核心价值体系建设也是如此,制定和完善各项规章制度,对各阶段的任务、各环节的职责、各要素的行为做出合理的规范,用科学的制度管人、用合理的规范管事,系统内部诸要素才能合理配置,人们的积极性才能充分发挥出来,整体系统才能有效运行、见到实效。多年来,由于在人们思想上认识不足、重视不够,大学生社会主义核心价值体系建设工作的政策制定、制度建设仍有许多不适应形势发展之处,主要表现为:各高校之间制度建设不平衡,一些高校制度建设相对滞后;一些高校对大学生社会主义核心价值体系建设工作虽然也作了种种规定,但在实际工作中却难以实行或不去实行,制度建设虚拟化,发挥不了实际作用。面对这些问题,要健全大学生社会主义核心价值体系建设的机制,提高大学生社会主义核心价值体系建设的效率,就必须制定或完善相关的规范、制度、法律、政策,形成有力的制度保障。

2. 制度建设的基本思路

当前,加强大学生社会主义核心价值体系建设,要紧紧抓住制度建设这个具有根本性、全局性、稳定性的重要环节,建立健全与法律法规相协

---

① 薄一波:《若干重大决策与事件的回顾》(修订本)下卷,人民出版社 1997 年版,第809 页。

调、与高等教育全面发展相衔接、与大学生成长成才相适应的大学生社会主义核心价值体系建设和管理的制度体系,不断健全、完善促进大学生树立正确的价值观念的各项规章制度,为做好大学生社会主义核心价值体系建设工作提供强有力的制度保证。① 要在学校和院系层面建立健全党政联合的基本制度,明确有关领导与有关部门在大学生社会主义核心价值体系建设工作中的职责,使大学生社会主义核心价值体系建设工作的基本程序制度化、机制化。要制定和完善引导大学生养成社会主义核心价值体系的各项常规性规章制度,使大学生的价值观念养成过程有所遵循;要建立和完善目标管理制度和评价考核办法,以调动学校全体人员参与大学生社会主义核心价值体系建设工作的积极性、主动性和创造性,努力形成教学、管理、服务等岗位各负其责的全员育人新局面。总之,要通过健全的规章制度为大学生社会主义核心价值体系建设工作提供保障,要更多地依靠制度、政策来调控大学生社会主义核心价值体系建设工作系统各要素之间的关系,充分发挥各要素的优势,不断提高大学生社会主义核心价值体系建设工作的科学化、规范化和制度化水平。

(三)改进物质保障

大学生社会主义核心价值体系建设工作的物质保障,是指实施大学生社会主义核心价值体系建设工作所必需的物质条件,具体包括基本建设、经费投入和活动基地建设等。② "巧妇难为无米之炊",如果没有一定的物质保障,加强大学生社会主义核心价值体系建设工作就成了一句空话。必须改变过去那种只靠"嘴皮子"做工作的做法,加大物质投入,改善工作条件,在经费及物质方面给予有力的保障,奠定大学生社会主义核心价值体系建设的物质基础。

---

① 杨顺清等:《大学生思想政治教育保障机制创新研究》,《云南行政学院学报》2009年第6期,第157页。
② 刘川生:《大学生日常思想政治教育实效性研究》,北京师范大学出版社2009年版,第183页。

1. 基本建设

推进大学生社会主义核心价值体系建设,必须依托一定的场所、设备和设施。在新时期,大学生的日常学习、生活与社会发展所提供的物质成果、科技成果联系得越来越紧密,没有一定的基础设施,大学生社会主义核心价值体系建设工作几乎难以顺利的开展。第一,开展大学生社会主义核心价值体系建设工作,需要固定的办公场所。在影响大学生价值观念发展的因素越来越多、需要单独进行思想交流的学生越来越多的今天,传统的几位辅导员、班主任集中在一个办公室工作的状况,在实际工作中已经显得越来越被动。而学生工作中新增加的心理辅导职能、就业指导职能等,也需要开辟专门的办公场所。第二,开展大学生社会主义核心价值体系建设工作,需要必要的办公用品。新形势下的大学生社会主义核心价值体系建设工作形式越来越丰富,既有传统的互动性不够强的讲座报告,也有丰富多彩的参观访问、观看电影录像,还有各种各样的社会实践活动和社团活动。因此,除了日常办公所需的电脑、打印机等,还应配备照相机、摄像机、录音笔等高科技产品,以增强教育活动的趣味性和实效性,同时便于以后的存档和备查工作。第三,开展大学生社会主义核心价值体系建设工作,需要合适的活动场地。很多时候,大学生社会主义核心价值体系建设工作是与各种各样的活动结合在一起的,既需要各种规模的会议室、报告厅用来举行讲座、报告、座谈,也需要一些室外的空间比较大的公共活动场地用来举办大型活动。第四,开展大学生社会主义核心价值体系建设工作,还需要一定的宣传场所。高校应加强校报、文化长廊、宣传栏、校园电视台、校园广播站、网络中心等传播媒体的建设,借此实施大学生社会主义核心价值体系建设。

2. 经费投入

大学生社会主义核心价值体系建设是一个比经济工作更加需要资金投入、政策扶持的领域。高校行政主管部门应每年对大学生社会主义核心价值体系建设工作教育编列专门的预算,逐年加大投入,并采取措施使预算落到实处。高校应把大学生社会主义核心价值体系建设工作所需要的经费开支列入学校预算,合理核定投入,保障必要的经费支持。大学生社会主义核心价值体系建设的经费投入除了日常办公经费外,还包括基本建设经费、各种活动经费、教育培训经费、科研经费和奖励基金等。为了保证大学生社会主义核心价值体系建设工作各项基本建设的顺利进行,高校应把这些基本建设纳入学校的总体建设规划中,编列专门的经费预算;为了保证大型的宣传教育活动和社会实践活动的开展,高校应为这些活动提供经费支持;为了提高思想政治工作者的知识水平、工作能力和工作效果,高校需要经常地组织教师参加与之相关的各种研讨会、交流会和专题培训会,这些教育培训活动也需要经费支持;为了推动大学生社会主义核心价值体系建设工作适应环境、与时俱进、开拓创新,有必要设立这方面的科研经费,促进大学生社会主义核心价值体系建设工作理论研究与实践调研;为了调动大学生社会主义核心价值体系建设工作者的积极性,有关部门应设立专项奖励基金,用以奖励大学生社会主义核心价值体系建设工作中涌现出的先进集体、先进个人、先进事迹。在大学生社会主义核心价值体系建设工作经费来源问题上,应探索和形成多渠道的经费投入机制。一是要在财政拨款中编列专门预算,争取在资金投入增加幅度上不低于财政收入的增长幅度;二是要依靠社会方方面面的力量,多渠道、多形式筹集社会资金,作为其补充经费。

3. 活动基地建设

随着社会主义市场经济体制逐步确立,高校和社会之间从来没有像今天这样有如此多的深刻交汇。开展大学生社会主义核心价值体系建设,离不开社会的沃土。在新的形势下,大学生社会主义核心价值体系建设工作需要跳出原有的工作模式,在学校教育的基础上,放开眼界,面向社会,拓宽教育渠道,丰富教育方法,利用各种社会性的活动基地,深化教育内容,提高教育效率。一是要加强社会实践基地建设。社会实践是大学生最欢迎的教育方式,提高社会实践,能够全面提升大学生的素质。教育行政部门和高校要建立各种类型的教学科研实践基地、部队活动基地、社区活动基地、勤工助学基地,使广大学生在参加社会实践的过程中接受教育。二是要加强爱国主义教育基地建设。爱国主义教育基地以博物馆、纪念馆为主体,是向大学生传播历史文化知识,进行爱国主义、集体主义、社会主义教育的巨大资源。高校要充分利用爱国主义教育基地,在节假日和重大历史纪念日组织大型的参观访问活动,通过图片、文字、建筑等对大学生进行深刻的价值观教育。三是加强培训基地建设。为加强大学生社会主义核心价值体系建设工作师资培训,教育部、各地教育行政主管部门应该在那些具有学科优势、师资优势和实践优势的学校建立培训基地,增强大学生社会主义核心价值体系建设工作师资培训的针对性和实效性。四是加强素质拓展基地建设。素质拓展是大学生非常感兴趣的活动形式。通过素质拓展活动,不仅可以锻炼身体素质,而且能够培养克服困难的勇气、团结合作的精神、与人交往的能力。各级教育行政主管部门和高校都应积极建立各种形式的大学生素质拓展基地,借此推进大学生社会主义核心价值体系建设工作。

(四)改进环境保障

社会环境和高校文化气氛深刻影响着大学生价值观念的发展变化,也深刻影响着大学生社会主义核心价值体系建设的效果。推进大学生社会主义核心价值体系建设,应高度重视环境保障机制建设,努力营造良好的社会环境和校园环境。

1. 社会环境建设

社会环境既是建设大学生核心价值观的天然土壤,也是破坏大学生社会主义核心价值体系建设工作的深刻根源。积极构建健康向上的社会环境,尤其是良好的社会文化环境、舆论环境,是对大学生社会主义核心价值体系建设最大的支持。当前,社会主义和谐社会建设构成了大学生社会主义核心价值体系建设工作的良好氛围,构建和谐的社会环境,需要和谐的人际关系、正确的舆论导向、广泛的群众动员和深厚的人文关怀。第一,构建和谐的社会环境,需要各方面关系的和谐、融洽,其中和谐的人际关系是最重要的。按照社会角色的划分,人际关系可分为家庭关系、工

作关系、社会关系等几大类,社会关系又包括与他人、与集体、与社会、与
国家的关系,等等。因此,人际关系和谐也就包括家庭关系和谐、工作关
系和谐、社会关系和谐,等等。人际关系和谐的主要表现是:家庭和睦、工
作顺心,人与人诚信友爱、融洽相处,社会各阶层相互尊重、平等团结,社
会成员之间、地区之间、部门之间按照公平、公开、公正的原则竞争。要想
促进和谐人际关系的形成,最重要的是建立一套化解矛盾、促使社会良性
运行和和谐发展的机制:一是要建立起公平合理的利益协调机制;二是要
深化政治改革,建立健全社会管理机制;三是要建立人际和谐的建设养成
机制;四是要建立生态环境的保护机制,促进人与自然和谐发展。第二,
正确的舆论导向是形成和谐社会环境的关键。要充分利用新闻出版、广
播影视、文学艺术、社会科学的影响和导向作用,营造良好的思想舆论氛
围,促使社会主义核心价值体系深入人心,为建设和谐文化、和谐社会打
下思想理论基础。为此,一是要坚持党对新闻事业和舆论工作的领导;二
是要坚持以社会主义核心价值体系引领社会思潮;三是要在一定程度上
克服新闻媒体谋取自身经济利益的诉求。当今社会已经进入了信息化时
代,大众传媒的技术日益先进,而且渗透到社会生活的方方面面,渗透到
每一个角落,无时无刻不在影响着人们的思想和行为。新闻媒体的新闻
导向,对个人而言,会影响人们对社会、人生、前途的看法,会影响个人的
成长,会影响人们的人生观、世界观、价值观的形成。所以,必须建立为社
会主义核心价值体系建设服务的舆论保障机制。第三,构建和谐的社会
环境,必须动员人民群众,广泛开展社会主义和谐文化创建活动,形成人
人促进和谐,共同实践社会主义核心价值体系的局面。人民群众的亲身
实践是最好的学习教育,各种形式的群众性创建活动,是把社会主义核心
价值体系建设和精神文明建设结合起来的有效载体。各项群众性实践活
动都应突出思想教育内涵,关注社会主义价值理念,打牢社会主义核心价
值体系建设的群众基础。要紧紧围绕社会主义核心价值体系的基本内
容,充分运用各种手段加大宣传力度、营造舆论氛围,使社会主义核心价
值体系为广大人民群众所感知、所认同、所接受。在实践中,工作重心要

放到机关、学校、企业这些基层单位中去;宣传内容要理解人、关心人、支持人、尊重人,要以人为本、着眼于人的全面发展;工作方法要创新,要采取群众喜闻乐见的形式开展工作,寓教于乐,创建活动平台,创新活动载体;工作作风要改变,要本着服务基层、服务群众的立场,加强作风建设。第四,和谐的社会环境应当体现深厚的人文关怀。在社会发展的实践中,人是手段,但更是目的。我们所做的一切都应该最终落脚于人的发展,包括人的生存状态的改善和各方面需要的实现。要把人的发展作为社会发展的最高价值目标,始终把实现好、维护好、发展好最广大人民的根本利益作为党和国家一切工作的出发点和落脚点,尊重人的主体地位,发挥人的首创精神,保障人的各项正当权益,促进人的全面发展,做到发展为了人民、发展依靠人民、发展成果为人民共享。只有把和谐社会建设落实到"以人为本"的原则上,并将这一原则作为科学发展观的核心内容来看待,才能使我们的社会环境发展更为和谐。

2.校园环境及周边环境建设

大学生在日常学习与生活中,更多的是浸润在校园环境及周边环境中。加强校园环境及周边环境的建设,会直接促进大学生社会主义核心价值体系建设工作。校园环境建设是高校以精神文明建设为主、兼顾物质文化、制度文化的综合性建设,是一种社区文化建设,旨在把大学生社会主义核心价值体系建设工作的内容、要求渗透在物质、信息、制度、活动载体之中,形成潜移默化的影响力,为学生创造成长发展的良好环境。校园环境建设是一项复杂的系统工程,渗透于高校办学的各个方面。改革开放以来,许多高校在校园建设中坚持校园环境的使用功能、审美功能和教育功能的和谐统一,以优美的校园环境陶冶大学生关爱自然、关爱社会、关爱他人的美好情操。许多高校在进行校园规划、校舍建设、景点设计、花草树木种植等方面,均考虑到了涵盖学校师生精神面貌、集体舆论、心理环境、文化传统等多种因素。通过物化的校园校舍,体现学校的教育理想,使校园成为朝气蓬勃、奋发图强、充满生机活力的育人园地。有些院校为更好地发挥校训、校风、教风、学风的激励和引导作用,每一幢教学楼和每一条路均用校训等命名;以求将这些物化的精神文化在校园内积淀下来,在共同孕育学校文化的过程中形成一种具有持久影响力的"学校行为场"。一些高校充分利用校园长廊,宣传党的理论、路线、方针、政策、国内时事和健康向上的文化,通过学生优秀作品的展示,营造大学校园文化氛围。同时,很多高校开展了丰富多彩的学生社团活动、学术科技活动、学术报告会、读书论坛、书画摄影展、校园歌手赛,以及演讲赛、辩论赛、数学建模大赛、文艺汇演,等等,这些富有时代特征、符合学生特点的活动激发了学生的热情,增强了校园学术气氛,营造了良好的学风,促进了学生综合素质的提高,为大学生社会主义核心价值体系建设工作塑造了良好的校园环境。[①] 在塑造良好的校园环境的同时,还要优化校园周边环境。各级党委和政府应积极为高校创建良好的育人环境,把优化校园周边环境作为推进社会主义精神文明建设的重要任务。要依法加强对学校周边的文化、娱乐、商业经营活动进行综合治理,坚决取缔干扰高校正常教学、生活秩序的经营性娱乐活动场所,努力遏制社会上消极腐朽的东西侵入校园,大力抵制低俗文化和非理性文化对高校的影响,为大学生社会主义核心价值体系建设创造有利条件。

[①] 杨顺清等:《大学生思想政治教育保障机制创新研究》,《云南行政学院学报》2009年第6期,第157页。

结　语

　　社会主义核心价值体系是社会主义意识形态的本质体现,意识形态功能是大学生思想政治教育的基本功能,在高校深入开展大学生社会主义核心价值体系建设工作,就是要以社会主义核心价值体系引领大学生思想政治教育,引导青年学生深入践行社会主义核心价值体系。改革开放以来,大学生思想政治教育取得了积极的进展,但也面临着一系列问题:一些大学生中存在着对马克思主义的信仰、对中国特色社会主义的信念、对改革开放和现代化建设的信心以及对党和政府的信任问题;一些大学生倾向于民族虚无主义,民族精神欠缺,对改革开放中达成的时代精神缺乏正确的认识;一些大学生缺乏社会公德、职业道德、家庭美德与个人道德,社会主义荣辱观念淡薄。这些问题之所以出现,一个重要的客观原因就是,20世纪80年代以来,我国改革开放的历史进程对大学生的价值观念产生了复杂的影响,当代世界的国际环境和国际斗争对大学生的思想产生了较大的冲击,纷繁芜杂的多样化社会思潮给大学生价值观念的形成带来了新的挑战。当前,要在高校应对各种影响、冲击与挑战,在大学生中最大限度地形成思想共识,就必须以社会主义核心价值体系引领大学生思想政治教育,在大学生中积极建设社会主义核心价值体系。如上所述,在大学生中积极建设社会主义核心价值体系,需要准确把握社会主义核心价值体系的丰富内涵,进一步加强社会主义核心价值体系方面的理论建设;需要遵循青少年价值观念发展的过程性规律,循序渐进、科学设置未成年阶段与大学阶段社会主义核心价值体系教育的任务目标;需要针对大学生的身心特点,尤其是其思维特点,选择适当的方法;需要综合考虑影响大学生价值观念发展的各种因素,积极拓宽教育渠道,增强大学生社会主义核心价值体系建设工作的系统性;需要基于教师的主导作用,大力加强大学生社会主义核心价值体系建设工作队伍建设;需要尊重大学生的主体性,充分发挥他们在接受价值观教育中的积极性、主动性;需要着眼于提高工作效率,建立健全科学的评价机制。总之,要进行理论、思路、方法、渠道、机制等方面的创新,解决大学生思想政治教育长期以来面临的种种困难,从整体上推进大学生社会主义核心价值体系建设。

为了更好地推进大学生社会主义核心价值体系建设,除了要在自身系统内部各个环节探索创新之外,还需要在国家层面建立经济的、政治的、文化的、社会的等一系列支撑力量,为建设工作提供强大的支持。经济上,要坚持和完善以公有制为主体、多种所有制经济共同发展的基本经济制度,健全社会主义市场经济体制,把推动经济基础变革同推动上层建筑改革结合起来,大力推进社会主义经济建设,从根本上保障社会主义意识形态的主导地位。政治上,要进一步提高各级领导干部对社会主义核心价值体系建设重要性的认识,切实抓好国家的民主政治建设、党风廉政建设、法律法规政策建设、政府的公正与效率以及执政为民等执政理念的落实,把社会主义核心价值体系及其理念体现到制度设计、政策法规制定和社会管理之中,给社会主义核心价值体系建设提供强有力的法律和制度保障。文化上,要以中央马克思主义理论研究与建设工程为龙头,深入进行理论研究和理论创新,给社会主义核心价值体系建设提供雄厚的理论支撑;要精心打造理论精品、文化精品和媒体精品,加强高科技网络媒体建设,实行积极的文化战略,增强国家的软实力,建立更加广泛的基本理论共识。社会政策上,要通过社会主义和谐社会建设,增加社会物质财富、改善人民生活,保障社会公平正义、促进社会和谐,着力解决广大群众最关心、最直接、最现实的利益问题,从根本上扩大人民群众对社会主义核心价值体系认同的基础,进而扩大社会主义核心价值体系对多样化社会思潮的整合力与引领作用。总之,只有经济基础和上层建筑诸领域充分配合与相互支持,才能够更好地推进大学生社会主义核心价值体系建设,为社会主义核心价值体系建设奠定坚实的实践基础,为中国特色社会主义建设提供强大的精神动力。

附录　不同制度下社会核心价值
体系建设的经验与镜鉴

价值体系是人的意识观念的社会历史形态,随着每一个历史阶段社会存在的改变而改变。迄今为止,人类经历了原始社会、奴隶社会、封建社会、资本主义社会和社会主义社会这五大社会历史形态,也形成了与这五大社会历史形态相适应的价值体系。由于历史久远、资料缺乏,对原始社会与奴隶社会的价值体系,我们难以深入的考察与论证。能对当代中国社会主义核心价值体系及其价值理念的构建策略形成明显借鉴意义的是封建社会的价值体系、价值理念与资本主义社会的价值体系、价值理念,其中前者以具有两千多年历史的中国封建社会的价值体系、价值理念为代表,后者以当代西方资本主义社会的价值体系、价值理念为代表。此外,自鸦片战争以来,近现代中国人在国家、民族救亡图存的过程中,也对确立新的社会价值体系进行了不懈的探索,形成了新的百家争鸣的局面。当代中国台、港、澳地区以及日本、韩国、新加坡等东亚国家的社会核心价值体系建设,尤其是高校中的价值观培育工作,也各具特色,颇有成效。他们建设社会核心价值体系及其理念的思路,也值得我们在推进大学生社会主义核心价值体系建设时学习与借鉴。

一、中国封建社会的核心价值体系建设

在中国历史上,封建社会是一个生命力旺盛而持久的社会形态。两千多年来,虽然政权历经更迭,但作为一种社会形态或者社会制度,却具

有超强的稳定性。直到近代以来面临西方掘进的资本主义势力的强力冲击,中国封建社会的大厦才趋于瓦解。中国封建社会超强稳定的背后,中华民族特有的民族性格、文化传统甚至地理环境,中国封建社会的制度设计等因素,都曾发挥了重要作用。但最为关键的是,以"仁"、"礼"为精髓,以"三纲"(君为臣纲、父为子纲、夫为妻纲)"五常"(仁、义、礼、智、信)为核心价值理念的社会价值体系,在精神与观念层面上维护了封建社会统治秩序,成为中国封建社会的超强稳定剂。

"仁"与"礼"是中国封建社会价值体系之精神支柱——儒家思想的核心理念。在孔子那里,"仁"是具有丰富内涵的价值范畴。"仁"的第一层内涵是"爱人"。在《论语·颜渊》中,"樊迟问仁,子曰'爱人'"。可见,在儒家思想里,"仁"的观念建立在爱人之上。那么,以什么方式体现爱人呢?《论语·雍也》中说"仁者,己欲立而立人,己欲达而达人",《论语·颜渊》中说"己所不欲,勿施于人"。可见,在儒家思想里,爱人就要推己及人,自己欲立、欲达,首先要立人、达人,自己不愿去做的,也不要施加在别人头上,做到这些,才能算作"仁"。在这里,儒家思想强调了人的价值在于尊重他人的价值,他人的价值是实现自己价值的条件。"仁"的第二层内涵是"克己复礼"。在《论语·颜渊》中,颜渊问仁,子曰:"克己复礼为仁。一日克己复礼,天下归仁焉。""克己"要求主体自觉约束自己,"克己复礼"则是通过外在力量的约束迫使主体自觉和不自觉地达"仁"。只有主体的内外条件都有利于达"仁",才能发挥"仁"的社会功能,不至于成为单纯的感化说教。在"爱人"与"克己复礼"的基础上,孔子"仁"的理念与宗法血缘制度相结合,形成了家庭生活中的"孝悌"观与社会生活中的"忠恕"观。在漫长的中国封建社会,"仁"的理念之所以长盛不衰,正是因为它有起点很高,从价值主体的内在人格、道德修养论及社会伦理,从家庭与宗法制度两个方面展开。这对中国封建社会而言,无疑是一种最需要、最适合、最能促进社会稳定的价值观念。如果说"仁"构成中国封建社会价值体系的思想内涵,"礼"则构成了中国封建社会价值体系的行为规范。在孔子那里,"礼"是源自"仁"的自觉行为,是一种礼仪规章制度或者说行为规范。在《论语·颜渊》中,孔子讲"非礼勿视,非礼勿听,非礼勿言,非礼勿动";在《论语·季氏》中,孔子讲"不学礼,无以立";在《论语·泰伯》中,孔子讲"恭而无礼则劳,慎而无礼则葸,勇而无礼则乱,直而无礼则绞";在《论语·子路》中,孔子讲"上好礼,则民莫敢不敬";在《论语·先问》中,孔子讲"上好礼,则民易使也"。在这里,孔子以"礼"作为规范,制约人们的道德生活,也制约人们的政治生活。儒家思想中"仁"与"礼"的统一,既体现了主体的内在思想准则和道德修养,又体现了主体达到理想思想道德境界的外在手段。这种伦理思想具有强烈的实践理性特征,是一种积极入世的进取理论,适应了中国封建社会的统治需要,成为中国封建社会的核心价值,并对中华民族的文化、心理、习俗、观念产生了深远的影响。

　　儒家"仁"、"礼"思想产生以后,中国封建社会价值体系的发展大致经历了三个阶段:第一个阶段以董仲舒"罢黜百家,独尊儒术"为标志;第二个阶段以唐代"三教合一"为标志;第三个阶段以宋明理学为标志。[①]在中国封建社会价值体系形成过程中,先秦时期法家、道家等其他诸子百家的思想也曾产生过重要影响,但唯有以"仁"与"礼"为精髓的儒家学说,成为主导中国封建社会价值体系的思想支柱。从内因来看,儒家伦理适合中国封建社会生产关系下的民族心理,适应了中国封建社会生产方式的内在需要,因而能够在诸子百家中胜出。从外因看,西汉董仲舒在加快儒家思想主导封建社会价值体系的过程中发挥了重要作用。董仲舒以"天人合一"、"君权神授"理论,结合阴阳五行学说,对儒家思想进行了改造,形成了以"三纲五常"为核心的伦理学说,完成了中国封建社会核心价值体系的理论化、系统化与理念化。董仲舒的"三纲",即"君为臣纲、父为子纲、夫为妻纲",把政治价值准则建立在宗法制度和血缘家庭中,构成中国封建社会核心价值体系的纲纪和基本框架,其核心是"君为臣纲"。董仲舒的"五常",即"仁、义、礼、智、信",建立了处理人际关系和社

---

① 参见李从军:《价值体系的历史选择》,人民出版社 2008 年版,第 312 页。

会关系的行为规范,其核心是"仁"与"义"。这里的"仁",在孔子"仁者爱人"的基础上加进了老庄的"节欲"无争思想;这里的"义",要求通过"正我"达到"仁"的境界。由此,先秦儒学的核心"仁"和"礼"经过改造,最终确立了中国封建社会以"三纲五常"为价值准则和行为规范的价值体系。董仲舒的"三纲五常"对天人感应论、君权神授论和阴阳五行说的借重,潜伏着某种危机。西汉后期,社会矛盾尖锐,人们发现许多现实问题无法靠儒学来解决,于是把人生的理想与希望寄托上天。魏晋南北朝之后,儒学大一统局面结束,中国封建社会价值体系呈现出多元并存状态,儒、道、释三种思想此消彼长、交汇融合,形成"三教混元"局面。唐代社会价值体系以"三教合一"为基本构架,对政治经济文化产生了巨大的推进作用,这一时期也成为中国封建社会价值体系发展进程中最具活力、最有成效的时期。安史之乱后,政治昏暗、社会衰落,人们的伦理观念发生了很大的改变,儒家的道统地位受到侵犯。为恢复封建伦理纲常,一些知识分子开始倡导儒家道统,"三教合一"局面开始向宋明理学过渡。宋明理学家把天人合一理论发挥到极致,认为人类社会的纲常伦理来源于天理,宗法制度是天理的必然。朱熹进一步提出要"存天理,灭人欲"。在理的制约下,人对生命价值的追求没有容身之地,人的主体自由仅仅存在于伦理纲常所规定的轨迹之内。宋明理学扼杀了人的创造力和主动性,否定了人的价值追求,把孔孟儒学推向极端,使中国封建社会价值体系进入封闭、僵滞和衰落阶段,但儒家的"仁"、"礼"思想却一直源远流长、生生不息。

由中国封建社会价值体系的历史发展可以看出,源于先秦的儒家"仁"、"礼"思想构成了中国封建社会价值体系的基石,并在不同历史时期呈现出不同的表现形式。儒家"仁"、"礼"思想融合其他学说所形成的"三纲五常"理念,虽然今天看来承载着等级专制观念与封闭保守意识,不利于人的自由个性和创造力的发挥,但适合了封建社会的社会心理与社会结构,成为引导人际关系、维护社会秩序、凝聚社会力量、促进社会稳定的精神力量,成为中国封建社会绵延发展两千多年的奥秘所在。中国封建社会价值理念的表述方式，无论是"君为臣纲、父为子纲、夫为妻纲"，还是"仁、义、礼、智、信"，都以极为简约的语言，准确表达出中国封建社会核心价值体系的丰富内涵。这样的理念表述微言大义，易懂易记易传承，不仅为中国封建社会的政府官员与知识分子所熟知，也为普通老百姓所熟知。直至今天，还有许多人对"仁、义、礼、智、信"等价值理念耳熟能详。中国封建社会核心价值理念表述方式的科学性，的确值得我们今天在探索、确立社会主义核心价值理念时学习与借鉴。

二、西方资本主义社会的核心价值体系建设

在当代世界，与中国特色社会主义形成现实对照的是西方资本主义。以一种开放的胸怀检视包括西方资本主义在内的人类文明所创造的一切成果，学习与借鉴其合理之处，是发展中国特色社会主义的需要。从意识形态领域的角度看，西方资本主义在各国确立政权之前，就开始了价值体系的建构；后来经过历代哲学家、思想家与政治家的努力，西方资本主义社会核心价值体系形成了完整的论述，并渗透到社会生活的各领域，成为支撑西方国家持续发展的内在精神力量。几百年来，虽然内涵与形式不断演变，但"人权"理论一直是构成西方价值体系的基本框架，也是构成资本主义社会经济制度、政治制度、法律制度与意识形态的思想基石。近现代资产阶级所主张的"民主、自由、平等、博爱"等理念，归根结底都是"人权"问题，是"人权"在社会政治、经济、法律、伦理生活等方面的表现。在资产阶级"人权"理论中，"人权"特指人的基本权利，是人的价值在社会生活中的实现形式。人的价值的实现方式和程度，就在于这个社会究竟能赋予每一个价值主体多大的基本权利。

作为一个历史范畴，资产阶级"人权"理论是不断发展和演变的，具有一定的历史特征和时代特征。"人权"观念最初源于古希腊、古罗马时期的自然法思想。古希腊的斯多葛学派认为，自然法是普遍存在的，是一切个人和国家必须遵循的法则。智者学派的安提芬认为，法律规则是契

约形成的,而自然法则是天赋的。古罗马的西塞罗对自然法思想做了进一步的阐发,认为共和国的政治法律制度都要建立在自然法的基础之上,人人都是与上帝共同享有理性的公民,所以人人在自然法面前都是彼此平等的。古希腊、古罗马思想家的自然法思想,到了资产阶级启蒙学者那里,成为资产阶级人权观念的思想来源。荷兰的格老修斯把自然法观念改变为具有资产阶级内容的概念,认为自然法寄于人的本性,是自然权利的根据,自然法是本来就有的,自然权利也是人本来就有的。他据此提出了私有财产不可侵犯的原则:"自然法是极为固定不变的,甚至本身也不能加以更改的","当财产成立之后,一人若违反另一人的意志而掠夺他的财产,即为自然法所禁止"①。这样,资产阶级"人权"理论中"人的自然权利"和"私有财产不可侵犯"的观念都被提出来了。在此之后,法国的卢梭把社会契约论与自然法则运用于国家学说,认为国家是公民契约的产物。他提出了"天赋人权"理论,强调人天生是平等的,也是自由的,人在自然状态中没有不平等的基础和关系。资产阶级启蒙学者的这些理论,为后来资产阶级反对封建等级观念、启动资产阶级革命提供了必要的思想武器,也为构建资本主义社会价值体系进行了理论准备。

资产阶级启蒙学者的"人权"理论本身还不同于资本主义社会价值体系,经过资产阶级政权的法律认可后,才逐步确立了在资本主义社会中的意识形态地位。英国 1679 年通过"人身保护法",1689 年通过"权利法案",使资产阶级的"人权"观在英国初步获得了法律认可。美国 1776 年通过"独立宣言",提出"一切人生而平等"是"天赋的权利",资产阶级的"人权"观念在美国立法中得到体现。1789 年法国制宪会议通过、1791年纳入法国宪法的《人权宣言》,使资产阶级"人权"观念进一步获得法律认可,并且产生了深远的历史影响。法国《人权宣言》第 1 条规定:"在权利面前,人们生来是而且始终是自由平等的";第 2 条规定:"任何政治结

---

① 《西方伦理学名著选辑》上卷,第 583 页,转引自李从军:《价值体系的历史选择》,人民出版社 2008 年版,第 335 页。

合的目的,都在于保存人的自然的不可动摇的权利;这些权利就是自由、财产、安全和反抗压迫"。《人权宣言》在法律上确认了资产阶级"人权"理论与财产私有观念,构建起自由、民主、平等、博爱等资本主义核心价值理念,在资本主义社会产生了广泛的影响。第二次世界大战后,以西方"人权"思想为基础,又产生了三个国际人权公约。其中1948年联合国大会通过的《世界人权宣言》规定了人生而具有自由、平等、生命权,以及财产权、参政权、工作权、集会和结社自由权等;1966年通过的《公民权利和政治权利国际公约》和《经济、社会和文化权利国际公约》又对传统的公民权利和政治权利做了进一步的补充和具体规定。这三个国际人权公约,又被称为"国际人权宪章",在国际上产生了广泛的影响。

在西方资本主义国家,自由、民主、平等等社会核心价值理念渗透到社会生活的各个领域。在学校教育领域,各国更是有意识地强化相关理念。英国的高等教育已有八百多年的历史,其大学生价值观教育也经历了一个变迁的过程。早期的英国高校十分注重以宗教教育和绅士教育的形式,对大学生进行精神上的指引。君主立宪制后,资本主义私有制的思想与理念对大学生价值观教育产生了深远的影响。20世纪六七十年代以后,伴随着高等教育向大众化的演变,英国高校更加注重对大学生的市民意识、权利与责任意识以及思想道德的教育,积极弘扬"以人为本、法治"等核心价值理念、"平等、公平、正义、秩序"等价值观以及"自由、平等、博爱"等思想,并致力于美国式民主理念和多样化活动的构建,引导学生积极参与政治活动。20世纪90年代以后,英国高等教育与国家政治、经济、文化的联系空前密切,地位得到提高,理念发生重大变化,体制进行重大革新,精英教育向大众化教育迅速转化,在大学生价值观教育中,以人为本理念、法治理念、成人理念、合作理念等迅速发展,奉献社会、广泛参与的价值取向得到彰显。当代英国高校不仅面向本国大学生开展价值观教育,而且也要求外国留学生认同英国的价值观,否则在申请留学英国时会被扣分。关于当代大学生价值观教育的具体内容,英国莱斯特大学"社会道德教育中心"的莱特教授认为,应包含"四个核心"、"六个关系"、"十个方面"。其中"四个核心"是指,即对人的尊重;公正与合理;诚实;守信;六个关系是指:与最亲近的人的关系;与社会的关系,包括劳动和生活中的各种关系;与所有人即人类的关系;与我们自己的关系。对同辈人及对自己的理解;与非人类的关系,即与自然界关系和环境问题;与上帝的关系,即类似宗教中的各种信仰。"十个方面"是指:有关社会意识和公民意识及个人义务责任;有关个人与他人的关系;有关就业中的工作制度、雇主关系;有关商品社会中的消费问题;有关婚姻、爱情及家庭问题;有关学习名人、英雄的情操;有关各行业的职业及职业道德;学习文化传统和各国优秀文化;参与社会事务及福利事业;有关暴力、吸毒、酗酒、凶杀、死刑、性解放、核战争等问题。① 当代英国大学生价值观教育在具体实施上,则有传统的宗教教育、隐形的通识教育与显性的价值观课程等多样化的途径。

美国是西方发达资本主义国家的代表,其价值观带有浓厚的资本主义意识形态属性和资产阶级个人主义色彩。向全体美国公民尤其是青少年灌输美国的国家精神、价值观念与意识形态,是美国学校教育的重要任务。尽管美国开放式的办学模式决定了不同地区、不同学校间的课程设置有着较大的差异,但是在德育课程的设置上还是在多样性中存在着统一,在繁多的名目中包含着许多共同的基本内容。继小学普遍开设公民教育课,中学普遍开设宪法、美国政治制度等课程之后,美国的大学主要通过开设各种类型的人文社会科学课程,帮助大学生在新的高度去理解美国社会所提倡的价值观念。美国的高校大多设置了五类课程:一是通过开设哲学类课程,引导学生认识、思考世界与人类社会发展的基本规律;二是通过开设历史类课程,引导学生认识美国的历史与文化传统,建设学生的爱国主义精神;三是通过开设政治——法律类课程,引导学生深化对美国总统制、欧洲政治思想、美国政治生活中的道德问题、政治与社

---

① 转引自陈立思《当代世界的思想政治教育》,中国人民大学出版社 1999 年版,第137 页。

会制度的认识,培养学生遵守美国法律与制度的公民意识;四是通过开设伦理学、宗教学等课程以及讲授男女平等、妇女运动等理论,传播美国所倡导的资本主义道德规范和原则,培养学生的伦理意识;五是通过开设职业道德教育类课程,培养学生的职业精神。这些课程具体内容虽然有所不同,但都巧妙地灌输和渗透着爱国主义精神、个人主义价值观以及资产阶级自由、平等、民主等思想,是美国大学生价值观教育的重要载体。除了这些专门的德育课程之外,美国高校的通识教育(普通教育)也在大学生价值观教育中发挥了重要作用。所谓通识教育,即普通教育,按照哈佛大学的观点,是指"学生在整个教育过程中,首先作为一个人类的成员和一个公民所接受的那部分教育"。杜鲁门总统委派的以祖克为主席的高等教育委员会发表的《美国民主社会中的高等教育》报告书中认为:"普通教育应该给予使学生能够在一个自由社会里正确完满生活所需要的价值观念、态度、知识和技能。"它应该包括"伦理价值观、科学概论、美学观,并理解人们所创建的政治、经济和社会机构的目的和性质"。[1] 可见,美国高校的通识教育也是大学生价值观教育的重要载体。

总之,资本主义的"人权"理论,以及由此衍生的"自由、民主、平等、博爱"等社会核心价值理念,公开否定了欧洲中世纪神学理论所维护的封建等级观念,对社会大众形成了强大的吸引力和号召力,为资产阶级革命提供了思想武器,为资产阶级和人民群众反对封建专制统治注入了精神动力,因而具有明显的历史进步性。当然,由于这套价值理念建立在资本主义私有财产制度之上,在上层建筑领域维护了资产阶级革命之前就已经存在的资产阶级与无产阶级之间的财产不平等状况,这就从根本上保证了资产阶级的财产权以及由此衍生的各项权利,使无产阶级的"自由"、"民主"、"平等"等权利失去了现实的依托,因而在理论上带有先天缺陷,在现实中呈现出虚伪性。尽管如此,这套价值理论自身仍然反映了

---

① 转引自陈立思《当代世界的思想政治教育》,中国人民大学出版社1999年版,第99页。

资本主义社会大多数人的社会理想，因而在资本主义社会深入人心，在世界范围内也有一定的蛊惑力。

三、近代中国人对社会核心价值体系的探索

对社会价值体系、价值理念的探索与追求是人类的本能冲动。在人类历史上，每一次时空背景的转换，都伴随着对社会价值体系、价值理念的探索。对时局的忧虑、对民族的关怀，是人们探索社会价值体系、价值理念的内在动力。在近代中国，这种对时局的忧虑、对民族的关怀，成为整整一代人的集体意识，成为人们探索新的社会价值体系与价值理念的动力源泉。总体上看，中国近代社会价值的演变，和西方有着密切的关系。从太平天国农民运动到开明士绅主导的洋务运动，从主张改良的百日维新到推翻封建帝制的辛亥革命，以至于引进与接纳马克思主义的五四新文化运动，无不深深地留下了西方文化与价值观念的烙印。但每一次重大历史事件在鞭笞传统的同时，也都或多或少地继承了传统。事实上，中国近代社会价值体系的演变，就是"一部在无可选择和不可避免的冲突的环境中，吸收、借鉴和融合外来文化因素，在冲突中促进社会发展，化解冲突负面影响，基本实现冲突正功能的历史"[①]。而每一次对西方文化的引入，其积极成果都在于迎合和强化中国文化与价值自身转化的趋势。

鸦片战争以后，基督教思想与中国传统农民社会价值相结合，演化成太平天国农民运动的精神支柱，拉开了近代中国对西方社会价值转化的序幕。太平天国的领袖洪秀全把基督教本土化，创立了"拜上帝教"。在"拜上帝教"教义里，洪秀全把他所理解的基督教和中国传统农民观念融合起来，作为太平天国农民起义的精神依据和组织力量。"予想夫天下

---

① 邹千江：《冲突与转化：中国社会价值的现代性演变》，中国传媒大学出版社2008年版，第95页。

凡间人民虽众,总为皇上帝所造所生,生于皇上帝,长亦皇上帝,一衣一食并赖皇上帝。皇上帝天下凡间大共之父也,死生祸福由其主宰,服食器用皆其造成。仰观夫天,一切日月星辰雷雨风云莫非皇上帝之灵妙;俯察夫地,一切山原川泽飞潜动植莫非皇上帝之功能。"①就这样,在太平天国那里,对上帝的信仰直接转化为追求生活物质的满足和社会境况的改善。太平天国截取基督教"上帝面前人人平等"的观念,并与中国传统农民的"均平观"联系起来,试图建立一个人与人之间、群体与群体之间没有差别的平等社会。通过规定"有田同耕,有饭同食,有衣同穿,有钱同使,无处不均匀,无人不饱暖"这些具体措施,基督教"人人皆兄弟"的平等观念,被注入了中国农民阶级经济分配平均主义的社会价值诉求。太平天国平均主义的价值诉求在农民革命实践中得到表达,却没能改变近代中国的主导社会价值。即使在太平天国内部,"平等"也主要是精神与经济上的,在家庭伦理与官僚制度上,仍然沿袭了以"三纲五常"为核心的儒家等级制度。

　　与基督教的影响相比,19 世纪中期以后,以引进西方科学技术为特色的"洋务运动"对近代中国的影响更为显著。出于"自强御侮"的强烈动机,咀嚼着鸦片战争失败的屈辱,李鸿章、曾国藩等官僚士绅纷纷制洋器、造轮船、开铁矿,"师夷长技以制夷"。在引进西方科学技术的实践中,中国社会的价值体系也在发生改变。尽管洋务派无意以西方的技术破坏中国的制度和文明,但西方技术的引进事实上对中国固有的纲常伦理观念和制度文化造成了冲击。资本的积累、经济组织的变化以及商人地位的提升,引起了整个社会阶层格局的变化,社会价值的转变由此发生。虽然这种社会价值的转变最初很不彻底,也没有引起社会文化的根本变革;但是技术的不断进步、生产的不断发展与商业的日益兴起,不可避免地提出了制度变革的要求。这种制度变革的要求一旦遇上中日甲午战争失败这样的民族灾难,便被加速提到了历史日程上,成为时代的紧迫

---

① 洪秀全:《洪秀全集》,广东人民出版社 1985 年版,第 17 页。

课题,这便是康有为、梁启超主导的百日维新运动的由来。百日维新运动一方面保持和沿袭了对西方先进技术的全面接受,注重发展商业,要求开设西式学校培养人才;另一方面试图仿效西方进行政治体制改革,立宪法、设议院、开国会,实行西方式的"三权分立"。由此可见,此时西方的价值体系已经直接对近代中国的制度设计产生影响。但是,由于顽固势力担心政治体制改革终将会把中国的伦理纲常破坏殆尽,维新运动经历过短暂的试验后戛然而止。维新运动的失败表明,西方资产阶级社会价值体系与近代中国社会并不适应。在君主集权的政治环境中,试图变革官僚制度来救亡图存,在近代中国是不可行的。

时代呼唤着更为彻底的社会变革来完成社会制度、社会秩序与社会价值的重建。维新运动失败后不久,辛亥革命爆发了。辛亥革命是一场有纲领、有目的地对整个政治制度进行根本性颠覆,并对整个社会制度和价值体系进行重构的革命行动。革命推翻了封建专制政体,创建了民主共和的体制,为西方资产阶级核心价值的转化打下了基础。革命前后一些革命家、思想家的论述则为西方资产阶级核心价值体系的传播甚至实践起到了直接的推动作用。邹容提出,革命的目标是建立一个美国那样的资产阶级国家,在这个国家中,政府给予人民应有的权利,人人知道"平等、自由之大义",享有天赋的权利,履行相应的义务,养成"自尊、敬己、自治"的人格。孙中山指出,所谓的国民革命,"一贯的精神就是自由、平等、博爱"[①],辛亥革命的主要宗旨和内容就是维护民权、民生、民族的"三民主义"。当然,孙中山的"三民主义"思想不全是来自西方,在中国传统文化中也可以找到其思想渊源。在《中国国民党宣言》中,孙中山指出:"盖以言民族,有史以来,其始以一民族成一国家,其继乃与他民族糅合搏聚以成一大民族。民族之种类愈多,国家之版图亦随以愈广。以言民权,则民为邦本之义,深入于人心,四千余年残贼之独夫,鲜能逃民众之斧钺。以言民生,则不患寡而患不均之说,由学理演为事实,求治者以

① 孙中山:《孙中山选集》,人民出版社1981年版,第77页。

摧抑豪强为能事,以杜绝兼并为盛德,贫富之隔,未甚悬殊。凡此三者,历史之留遗,所以浸渍而繁滋者,至丰且厚,此吾人所以能自立于世界者也。"①不独"三民主义"带有传统文化的影子,辛亥革命的领导者在经济政策与社会意识形态建设上也深受传统文化的影响。孙中山发展经济的主要措施是平均地权与节制资本,反映了社会中下层均平公正的传统思想,体现出中国传统文化中重视平等的价值理念。孙中山沿袭明清以来传统文化中对内在"心性"发展的重视,在《建国方略》中把国民的心理建设列为首位,强调"人民心力为革命成功的基础","改造人心,去除人民的旧思想,另外换成一种新思想,这便是国家的基础革新"。② 孙中山又认为应该恢复并大力倡导中国传统价值体系中的道德如忠孝、仁爱、信义、和平等思想,以作为国家独立强盛和世界大同的基础。

　　辛亥革命在政治上推翻了封建帝制,但社会思想和价值体系并没有多少实质的改变;西方资产阶级核心价值体系在中国得到了传播,但西方的权力制约方式并未得到完全的实施。辛亥革命失败后,思想界开始对中国固有文化,尤其是儒家思想进行彻底的批判;西方总体上崇尚个人发展的社会价值观,尤其是民主与科学思想,对中国的影响迅速扩大。"五四"运动时期,中国文化的核心——作为各种社会行为、规范和秩序依据的儒家思想,被彻底质疑、批判和打倒。许多思想家把各种西化方案的失败归咎于传统的根深蒂固,对儒家文化和价值做了几乎全盘的否定。陈独秀认为孔子的伦理学说,与现代社会思想与生活绝无迁就与调和的余地。要进行现代化,就必须西化;要西化,就必须完全否定传统文化。李大钊认为:"儒教一统独尊,搞文化专制,与近代社会思想信仰自由的原则相违背,锢蔽了吾族聪明。"③胡适认为"社会最大罪恶莫过于摧折个人的个性",要追求个人的主体性,就必须解除礼教对人的束缚。与对以儒家思想为核心的传统文化的全面否定形成鲜明对比的是,"五四"新文化

---

① 孙中山:《孙中山全集》卷七,中华书局 1985 年版,第 1 页。
② 孙中山:《孙中山选集》,人民出版社 1981 年版,第 556 页。
③ 李大钊:《李大钊文集》(上),人民出版社 1984 年版,第 264 页。

运动时期的思想家竭力主张以西方资产阶级自由、民主、平等的核心价值来填补既有文化可能被消除后的空白,以使西方文化在理论上具有社会生活的主导地位。"五四"时期,科学与民主被称为舟车之两轮。陈独秀认为,国人要进步,当以科学与民主为重。科学在当时虽然也遇到与社会制度暂时不相适应的挫折,但基本为国人所接受与认同,并使自然科学与应用技术得到了较大的发展。尤其是经历过1923年"科学与人生观"问题的论战后,"大家基本认可科学的规律、理性和客观性对于社会发展是必要的,科学不但可以用来探索自然发展的规律,而且必须用来指导人生和社会发展"[1],科学从此融入人生与社会建设中,加强了人们在人生观认知上的理性色彩。民主是"五四"运动的象征和基石,陈独秀宣称要以科学和民主来救治中国政治上、道德上、学术上、思想上的一切黑暗。但是陈独秀所提倡的民主,并不是建设西方式的民主国家,而是要以民主行动变革社会,打破集权。尽管对西式民主的真正内涵很少问津,也不明确民主的走向和最终结果会是什么,但是民主却成为"五四"时期反对专制制度的最好旗帜,民主与科学一起也成为"五四"时期众多进步青年与知识分子普遍认同与追求的价值理念。值得注意的是,"五四"时期的思想家们在呼唤民主、自由,追求个人主体性的同时,也强调个人对社会和群体的贡献。事实上,民族危亡之际救亡图存的时代重任,并不允许西方的个人主义主导当时中国人的思想。因此,陈独秀在《新青年》中提出:"青年应该内图个性之发展,外图贡献于其群。"[2]李大钊则赞成儒家重整体和大我的社会价值,认为人生的根本任务在为后人造大功德。甚至维新派、革命派以及辛亥革命的代表人物,也都在提倡个人主义的同时提倡群体主义。例如梁启超认为:人是不能单独存在的,所以孔子"毋我",佛家"无我",有忧时就是"先天下之忧而忧"。孙中山认为:"如果个人太过自

---

① 邹千江:《冲突与转化:中国社会价值的现代性演变》,中国传媒大学出版社2008年版,第161页。

② 《新青年》第4卷第2号。

由,国家就得不到完全的自由,自由用到个人,就成一片散沙。"①可见在
"五四"运动时期,社会价值体系的发展从属于政治和社会环境的需要,
群体的发展更重于个人的发展。

　　"五四"运动后,急于解决攸关民族命运的诸多社会问题的思想界,
在长期宣导西方资本主义社会价值观而无法达到目标后,深受马克思主
义指导俄国革命成功的触动,开始向马克思主义转变。"五四"运动时介
绍、传播马克思主义的陈独秀、李大钊等人在此后的一段时间内成为马克
思主义在中国的启蒙者。马克思主义中国化的进程自此启动,马克思主
义价值观从此深刻影响了中国。马克思主义价值观关注人性解放与人的
创造力的充分释放,致力于消除阶级差别、城乡差别和工农差别,追求在
消除私有制所带来的社会不公的基础上实现社会平等与人的自由发展。
这种价值观如今已经成为当代中国社会主义核心价值体系的基础。

四、当代我国台、港、澳地区的社会核心价值体系建设

　　台湾、香港、澳门地区是我国的固有领土,由于特殊的历史原因,这些
地区各自走出了独具特色的社会发展道路,也形成了与大陆地区差异较
大的价值体系。这里遵循"厚今薄古"的原则,概览台、港、澳地区的社会
核心价值体系建设,以资借鉴。

　　台湾地区在国民党统治之前,曾长期处于荷兰、日本等国家的殖民统
治之下,其学校教育带有浓厚的殖民主义色彩。台湾光复后,国民党从大
陆撤退到台湾,学校思想政治教育总体上带有"反共复国"的特点,同时
十分注重带有传统文化色彩的"民族精神"教育与带有现代意识的"三民
主义"教育。此外,台湾地区还借鉴西方国家的经验,在高校以"通识教
育"的形式实施大学生价值观教育。近年来,在黄俊杰等著名学者与教

---

① 孙中山:《孙中山全集》卷9,中华书局1985年版,第272页。

育家的推动下,通识教育在台湾地区的多数高校得以实施。例如在台湾中原大学,通识教育课程是由共同科目与一般通识科目组成的宏大而完备的体系,其中共同科目包括语文、历史、法政三类课程以及体育课程,一般通识包括天、人、物、我四类课程。中原大学的通识课程设计,有浓郁的宗教气息和深厚的人文追求,处处体现了以人为中心、对人的生命价值与生命意义的积极探寻。台湾的通识教育运用西方通识教育的概念,用中国传统文化赋予西方通识教育以新的内涵。台湾各大学在教育实践上,非常重视传统文化经典的阅读;在教育方法上,注重落实传统通识教育的理想。在实践中,台湾的高校对通识教育的理念和内涵基本上达成了共识,这就是"培养具有知识能力、人文素养、社会责任、完整健全的人,以唤醒人的主体性、促进人的觉醒,实现专业与通识的平衡、学养与人格的平衡、个体与群体的平衡、身与心的平衡"[①]。大陆有学者认为,台湾的通识教育"是世界观、人生观、知识观与价值观的统一,集中反映了中国文化对学问、人生、知识智能、道德文章、做事做人等完美境界的追求"[②]。

在台湾高校以"通识教育"的形式实施大学生价值观教育的同时,台湾的一些学者从应然的角度对大学生价值观进行了深入探讨。例如中国文化大学教育学院院长欧阳教认为,由于人生阅历及身心成熟度比中小学生好很多,大学生应该有更高级的价值涵养。欧阳教在《大学生的价值涵养》一文中指出,"一个大学生应有起码的教养,或最基本的价值涵养,才符合其知识分子的身份,才有益于其日后人生与事业发展。这些基本价值内涵包括:1. 自尊。2. 自律。3. 识见。4. 责任。5. 美感。6. 理信与7. 和平。"[③]这里所讲的自尊,即自尊尊人、待人如人;自律,即道德自律或良心自律;识见,是指学识器度圆润;责任,是指人的基本责任;美感,

---

①　梁桂麟、刘志山:《港澳台高校通识教育比较研究》,中国社会科学出版社 2008 年版,第 170 页。

②　转引自梁桂麟、刘志山《港澳台高校通识教育比较研究》,中国社会科学出版社 2008 年版,第 169—170 页。

③　欧阳教:《大学生的价值涵养》,《海峡两岸大学生人格建构学术研讨会论文集》(2008 年 10 月 17—18 日,山东师范大学编辑),第 1 页。

是指美感陶融；理信，是指合情理的宗教信仰与宗教宽容；和平是指和平淑世与地球村一家亲，协和万邦，没有战争或暴力恐怖灾难。又如台湾东海大学俞懿娴认为，随着社会的变迁，大学生的人格与价值观的培养日益被忽略，如何使大学生在思想、态度与行为上均能得到适当的发展，进而养成积极、健全和正面的价值观，是当前大学教育工作的核心课题。为此，俞懿娴提出，应该通过"统整人格"，即建设"德智兼备"、"情理平衡"的人格，发展出大学生"以追求'至善'为人生依归"、"自我价值与社会价值并重"、"本有价值与实用价值并重"，"传统价值与现代价值并重"价值观。① 相关领域的研究成果还有黄俊杰的《二十一世纪大学生价值观的建设理念与教育策略》（2005 年）、孙震的《台湾高等教育的发展方向》（2007 年）、林安梧的《"大学"的意义及"大学生"的人格教养所涉诸问题之探讨》（2008 年）、但昭伟的《论大学人格建构工程的优先次序问题》（2008 年）、陈思先的《挽回青少年脱序的价值观》（2004 年）等论文或专著。

　　香港地区在回归祖国之前的较长时期，其学校教育全面服务于英国的殖民统治，在"非政治化"的外衣下，通过各种渠道以英国式的资本主义精神影响香港人的价值观。这种殖民主义的价值观教育主要表现在宣扬资产阶级的"民主"和"自由"，强调资本主义制度的优越性，要求包括青年学生在内的香港市民绝对服从于英国王室的旨意。但事实上，香港高校的大学生价值观教育并没有受港英当局完全局限住。20 世纪五六十年代，源于西方的通识教育在香港高校萌芽、生根，成为香港青年价值观教育的重要途径。香港高校要么在中国传统文化中发掘具有当代意义的精神价值；要么在西方经典文献中汲取具有博雅性的人文主义养分；要么发扬基督精神，提倡人道主义精神回归，在自由教育传统中重塑人们的精神境界；要么在科学与精神之间寻找到新的支点，以达到大学的平衡发

---

　　① 俞懿娴：《统整的人格教育与大学生的价值观》，《海峡两岸大学生人格建构学术研讨会论文集》（2008 年 10 月 17—18 日，山东师范大学编辑），第 79 页。

展。20 世纪 80 年代,公民教育、品德教育成为香港大学生价值观教育的主要途径。香港的公民教育可以总结为四大方面,即归根源(民族教育)、立根基(民主教育)、管事物(权责教育)、倡公德(公德教育);其品德教育则突破资本主义道德观念的重围,一方面培养大学生礼貌、勤劳、诚实、宽恕、友爱、正义等人类社会公认的良好品质,另一方面鼓励大学生用儒家思想中的仁、义、礼、智、信等观念塑造自己。1997 年回归以后,以民族精神为核心的爱国主义教育、以"一国两制、港人治港"为核心的民主法治教育成为香港青年价值观教育的主题。香港高校的通识教育此时呈现出更为鲜明的价值性目的,力求使青年学生在精神上得到升华:一是力求使青年学生具备强烈的社会责任感、历史使命感和民主意识,能致力于社会的进步和为人类谋福利;二是力求使青年学生具备健全的人格和自由的心智;三是力求使青年学生具备强烈的主体意识和独立的个性;四是力求使青年学生具备强烈的道德觉醒和高尚的价值追求;五是力求使青年学生具备包容的文化意识;六是力求使青年学生具备一定的艺术修养。①

　　澳门地区在回归祖国之前,社会生活也同香港一样带有浓厚的"非政治化"特征,但在大学生价值观教育领域,却更带有中西合璧的特点。一方面,西方的自由、民主、公平竞争等价值观念深植于大学生思想深处;另一方面,中国传统仁人"修身、齐家、治国、平天下"的理念与中国传统文化中的宽容、仁爱、礼仪、忠恕的思想也深刻影响着大学生价值观的形成。此外,澳门地区四百多年来形成的多元文化混杂、多种宗教并存的状况,也使澳门地区大学生的价值观更多地受到多元文化、多种宗教的影响。1999 年澳门回归祖国后,在国家引导、特区政府主导与相关高校的自觉支持下,以民族精神为核心的爱国主义教育、以"一国两制、澳人治澳"为核心的民主法治教育在香港青年价值观教育中产生了较大影响,

———————

① 梁桂麟、刘志山:《港澳台高校通识教育比较研究》,中国社会科学出版社 2008 年版,第 73 页。

但是由于回归祖国的时间还不长,澳门地区的大学生价值观教育还带有浓郁的中西合璧的特征。从人生价值观教育的效果上看,以澳门大学大三学生为例,他们比内地大学生更加重视生活的质量,其价值取向更多地表现出个人本位和实用主义倾向。调查显示,澳门大学大三学生最为重视的人生目标中,排在第一位的为"拥有一个幸福的家庭",这说明澳门作为一个中西文化的汇集之地,尽管受到西方价值观念的深刻影响,但还是保留了中国人比较传统的家庭价值观。① 针对该校大三学生的价值观现状,澳门大学的研究者提出了六条大学生价值观教育的建议:一是应当及时及早的进行大学生的人生价值观教育;二是应当加强大学生专业教育目标和生活教育目标的引导;三是应因势利导协助大学生订立人生目标;四是应当加强大学校园文化建设,重视对校园主流文化的引导;五是应当加强大学生的社会价值观教育;六是应当从整体的观点,统筹进行大学生的人格、人生目标或价值观教育。②

五、当代东亚国家的社会核心价值体系建设

当代世界各国普遍重视社会核心价值体系建设,各国学者在这一领域也展开了深入的研究。在当代东亚诸国中,日本、韩国、新加坡等国家的社会核心价值体系建设各具特色,颇有成效,尤其值得我们关注与学习。

日本历来有重视国民思想教育的传统。明治维新以前的幕府时期,封建神道、武士道和儒道对日本国民产生着重要影响;明治维新以来,日本传统的儒教主义、军国主义与西方民主主义共同影响了日本国民精神;

① 吴娟、单文经、王红军、黄素君:《澳门大学三年级大学生的人生目标与其生活状况的关联》,《海峡两岸大学生人格建构学术研讨会论文集》(2008年10月17—18日,山东师范大学编辑),第61—62页。
② 吴娟、单文经、王红军、黄素君:《澳门大学三年级大学生的人生目标与其生活状况的关联》,《海峡两岸大学生人格建构学术研讨会论文集》(2008年10月17—18日,山东师范大学编辑),第70—71页。

第二次世界大战结束以后,日本传统的军国主义、神道精神得到遏制,以忠为核心理念的传统儒学思想得以延续,西方民主主义思潮得到进一步发展。当代日本高校的价值观教育,以及作为其基础的中小学德育,就是在这样一个宏观历史背景下发展与变革的。1947年,日本新制订的《教育基本法》提出教育应以培养完美的人格为目的,培养热爱真理与正义、尊重个人的价值、重视勤劳与责任、富有自主精神、身心健康的国民,使其成为和平国家与社会的建设者。与此相适应,第二次世界大战后日本高校的德育也涵盖了人格和个性教育、爱国主义教育、人生观教育、劳动与职业道德教育、国际化教育等方面的内容。第二次世界大战后日本的"个性教育"要求个体充分发挥聪明才智与创新精神,培养丰富的个性,达到自我觉醒,成为一名"独立的人";但与此同时也要求个人融入社会中去,成为时代的建设者。在一定意义上,第二次世界大战后日本的"个性教育"发挥个性只是手段,实现集团利益才是目的。第二次世界大战后日本的爱国主义教育在延续传统的基础上增加了新的内容。小泉政府通过的《教育基本法》修正案强调,在未来日本教育体系中,"爱国主义"将取代"个人尊严和价值",成为核心理念。具体而言,日本的爱国主义教育主要有虔敬天皇、忠诚国家以及乡土教育三个方面的内容。"尊皇"是日本战前教育的核心之一,第二次世界大战后虽然天皇发表了《人间宣言》,宣布自己是人而不是"神",从而自我否定了"神性",但天皇在国民精神世界中仍然具有至高无上的地位,日本各高校仍然普及虔敬天皇的教育。把天皇作为国民精神的寄托和载体,是日本高校爱国主义教育的特色内容。忠诚教育是日本高校爱国主义教育的重要的组成部分。这里的忠诚,既包括对国家和天皇的忠诚,也包括对团队的忠诚。日本的乡土教育主要是以本地区的地理、历史、风俗、文化为教育内容,使学生了解日本悠久的历史和优秀的文化传统,进而激发国民对民族文化传统的热爱,起到爱国主义教育作用。日本的传统人生观受中国儒家思想的影响,表现为对忠、孝、情义、仁、人情等德行的认可与遵循。第二次世界大战后日本高校德育中的人生观教育主要从三个方面入手:一是强调珍惜生命,

尊重人性;二是强调追求生命的价值,展示生命的意义;三是强调要正确
处理自己同他人、自然及社会的关系。日本的劳动技能教育除了生产知
识和技能作为教育目标,还要求通过劳动建设大学生的劳动观念、劳动意
识,养成他们热爱劳动、珍惜劳动成果、善于与他人合作的品质。日本的
职业道德教育又称为"技术伦理",要求雇员对集团忠诚,掌握优秀的职
业技能和具备良好的服务态度,掌握伦理判断所必要的基础知识,掌握伦
理的思考和判断形式,使技术者不只是简单地掌握具体的规则,而是要了
解规则的背景和规则的意义,并最终使这种规范变成自己的意识。日本
高校的国际化教育是指教育大学生要熟知别国的政治、经济、文化、教育
等各个方面,学会与外国人密切往来与友好相处,树立日本人的形象,同
时要珍惜和平、自由和人权,成为世界和平的维护者。新世纪以来,日本
的高校德育发生了一些新的变化:一是强调"心灵教育"和"感性"教育;
二是注重解决信息化、网络化带来的道德问题;三是重视生态德育;四是
强化国家和传统道德观念。与此相适应,日本的大学生价值观教育也呈
现出新的发展趋势。

　　韩国是世界上最重视教育的国家之一,当代韩国的高等教育不仅承
担着培养高素质劳动者的任务,而且肩负着在青年学生中弘扬资产阶级
自由民主主义建国理念、传授东西方价值观念相结合的道德规范、建设
"新韩国人"精神的重任。第二次世界大战后,韩国开始把自由民主主义
作为建国理念,在高校普遍开展了反日教育、"反共"教育、国民伦理教育
和国民精神教育,树立起民族独立精神和民主主义思想。在青年学生价
值观的建设上,韩国在引进西方生活方式与价值观念时,社会价值观念一
度出现了混乱,但不久就又恢复并推行了儒教传统价值观,实现了以儒教
传统为主导的东西方价值观念的融合。正如学者林永信在《韩国社会走
向何处》中指出的:"朝鲜社会的结构单位,制度及其社会成员的行动模
式,都和儒教的信念内容相互协调,成模成型才有可能存在。用以启发教
育百姓的原理与内容,都是儒教的价值观,这种价值观不仅是居统治地位
的两班身份阶层的观念形态,而且训练他们以后及日后的继承也是和儒

教价值分不开的。社会的一切领域和制度，不但根据儒教的价值加以规范，而且保持着宗教性质的正统性，其本身也被视为'神圣'。"①20 世纪90 年代以来，在全球化浪潮的冲击下，如何继续保持韩国特有的民族精神和传统道德，建设青年学生为建设国家和社会而奉献的政治素质与国民精神，成为新时期韩国高校价值观教育面临的突出问题。韩国高校普遍通过伦理、道德、人文、政治等课程的设置来强化青年学生的价值观教育。当代韩国高校的宗教课程丰富多彩，这些课程本身不属于道德教育课程，但是承担着道德教化功能，有助于培养青年学生的文化比较能力，深化青年学生对韩国传统文化的理解。当代韩国高校的公民社会课程和法制历史课程具有鲜明的政治教化功能，在灌输资产阶级民主自由观念、凝聚青年学生的民族热情、建设具有高度责任感的韩国公民方面发挥着重要作用。当代韩国高校的人文社会学科渗透着男女平等意识和社会服务精神，推动着青年学生家庭伦理、社会道德与现代价值观念的建构。尽管当代韩国高校在人文社科课程的名称、内容等方面存在着一定的差异，但其目标都是为了把青年学生培养成为具有很强的道德意识和集体意识的"与众共同生存的人"，能够创造新的知识、信息和技术的"智慧的人"，能够主导国际化、开放化、信息化时代的"开明的人"，充分认识劳动的价值和意义而勤奋的"生产劳动的人"。

新加坡是东南亚最为年轻的国家之一，面积仅有 600 平方公里，人口不到 300 万。作为一个多民族的国家，其国民除了占人口 70% 的华人外，还有马来人、印度人、斯里兰卡人，他们深受儒家文化、伊斯兰教文化、印度教文化与基督教文化等多元宗教与文化的影响。建国以来，新加坡迅速崛起为"亚洲四小龙"之一，取得了物质文明建设与精神文明建设的辉煌成就。之所以能取得如此的成功，最为关键的是把"反复灌输相同的基本价值观念和生活态度"放在了国民教育的首位。在人种、信仰、价

---

① 转引自陈立思主编《当代世界的思想政治教育》，中国人民大学出版社 1999 年版，第 326 页。

值观念多样化的历史文化背景下,新加坡高校非常重视培植青年学生的国家意识,使他们产生新加坡人的归属感与认同感。新加坡前总理李光耀认为,新加坡汇合了来自中国、印度以及马来西亚等世界各地的移民,必须传授给年青一代共同的基本的社会行为准则、社会价值观以及道德信条,才能塑造完整的未来新加坡人。他强调,出身、成长、居住在这样一个多元种族的、宽宏大量、乐于助人、向前看的社会,新加坡人应当时刻准备为之献出自己的生命。1991年,新加坡时任总理吴作栋在国会上公布《共同价值观白皮书》,将公民基本价值观归纳为五个方面,这便是:国家至上,社会为先;家庭为根,社会为本;社会关怀,尊重个人;协商共识,避免冲突;种族和谐,宗教宽容。作为一个以华人移民为主体的国家,新加坡政府特别重视借助以儒家伦理为核心的东方价值观教育抵御西方腐朽价值观的侵蚀,保证新加坡现代化建设的正确方向。1993年,新加坡家庭委员会研究拟订了五大家庭价值观,即亲爱关怀、互敬互重、孝顺尊长、忠诚承诺以及和谐沟通,简称"五德",即爱、敬、孝、忠、和。在政府的倡导下,新加坡各高校开设了很多介绍中国传统文化特别是儒家文化以及有关华人历史、华人社会的课程,这些课程都采用华语教学,以便帮助学生进一步了解和学习中国文化,引导他们树立东方价值观。例如,在新加坡国立大学,哲学系开设《道德哲学》、《道德哲学问题》等课程,政治系开设《西方政治思想》、《东方政治思想》、《现代政治思想》、《比较政治概论》等课程,法律系开设《新加坡法律制度》等课程,历史系开设《新加坡建国史》等课程,中文系开设《中国文化史》、《中国文明专题》、《儒家思想专题》等课程,社会学系开设《新加坡社会》等课程,通过各具特色的课程帮助学生建设东方伦理价值观念、树立"我是新加坡人"的国家意识与社会责任。

六、不同制度下社会核心价值体系建设的基本经验

综观不同社会制度下的社会核心价值体系建设,我们可以发现一个

基本的规律:凡是能够深入人心的社会价值体系,必然体现为一定的核心价值理念。而凡是能够成为"核心"价值理念的社会价值理念,一般来说要具备以下几个要素:一是体现占社会主导地位的那个阶级的思想观念,并由此获得统治阶级在政治、经济、文化以及社会各个领域的全面支持,此为"主导性";二是代表社会发展的前进方向,带有历史的进步性,并由此成为社会大众的普遍向往,此为"时代性";三是与特定民族的历史传统、风俗习惯以及民族心理相适应,浓缩民族精神,容易引起个体的认同与共鸣,此为"民族性";四是回应社会大众的现实诉求,这种诉求不仅攸关社会大众的现实物质利益,而且也攸关每个人的精神生活,此为"大众性";五是既能凝练核心价值体系的基本内涵,又能在语言表述上符合人们的记忆规律,容易为人们所理解与记忆,此为"通俗性"。一般来说,符合这五个要素的社会价值理念,才会有凝聚力与生命力,才既能在特定的时空背景中被普及,也能在更为深广的时空背景中被传承。我们应该在这五个基本要素的基础上,探索确立中国特色社会主义核心价值理念的基本原则,确定中国特色社会主义核心价值体系的基石,凝练并普及社会主义核心价值体系的基本价值理念。本书认为,参照这五大要素,在当代中国,遵循未来性指向、现实性指向、传承性原则与开放性原则这四大原则凝练价值理念,才能使其契合"主导性"、"时代性"、"民族性"、"大众性"和"通俗性"这五大要素,成为中国特色社会主义核心价值体系的核心价值理念。

第一,要遵循未来性指向。所谓未来性指向,是指核心价值理念要有高度,要体现人的崇高理想,体现对人的终极关怀。核心价值理念如果缺乏未来性指向,在其现实导向上,就会让人们沉迷于世俗之中,缺少对未来的追求,缺少生活的动力。未来性指向是"时代性"要素的必然要求。"时代性"是一个动态的概念,只有在时间的展延中随时把握事物发展的最新特征,才能符合"时代性"要求。因此,"时代性"总是与"未来性"联系在一起。"未来"就是即将到来的"时代",着眼于"未来",体现"时代性",才能把握社会发展的前进方向。马克思主义理论就是指向未来的理论,具有鲜明的时代性,它以对未来"共产主义社会"的设想,为无产阶级树立了崇高的理想,指明了前进的方向。这一设想,体现了社会主义、共产主义的终极目标,内在地蕴涵了社会主义的核心价值理念。遵循未来性指向,就是要在社会主义核心价值理念中体现社会主义、共产主义的终极目标,为人们提供了前进的动力。

第二,要遵循现实性指向。所谓现实性指向,宏观上是指要关注当代中国的基本国情,微观上是指要关注个体的生存状态。社会主义核心价值理念要指向未来,但又不能只指向未来。只指向未来,而不关注现实,社会主义核心价值理念就会失去现实的依托,成为空中楼阁。从宏观上看,当代中国最大的现实就是正处于并将长期处于社会主义初级阶段。党的一切路线方针政策的制定都要从这个现实出发,作为社会主义意识形态本质体现的社会主义核心价值理念,自然也要从这个基本国情出发,与这个基本国情相适应。在社会主义初级阶段,社会主要矛盾仍然是人民的物质文化生活需求与社会生产之间的矛盾,这样一种矛盾决定了人们的生存状态,也决定了人们的思维方式。追求物质生活的满足、追求文化生活的满足,是现实生活中人们一切社会活动的最大动力。社会主义核心价值理念只有关注人们的这种生存状态,有利于人们追求更高的物质生活与文化生活,才能够引起社会大众的共鸣。如果只有对人们的终极关怀而失去对人们的现实关怀,就会像画饼充饥一样失去社会大众的信任。

第三,要遵循传承性原则。所谓传承性,是指要吸收中国传统社会价值体系中的合理因素,使中国特色社会主义核心价值理念具有鲜明的民族特色。社会主义核心价值理念本质上是由社会主义初级阶段的经济基础决定的,但作为一种社会意识形态,又具有自身的相对独立性。这种相对独立性不仅体现在对经济基础的反作用以及与其他社会意识形态的相互作用上,而且还体现在其历史传承性上。一般来说,任何一种意识形态,都有其自身的文化渊源,有自己文化上的继承性。就中国特色社会主义核心价值理念而言,这种文化渊源就是中国传统文化。中国传统文化是中华民族精神的载体，有着丰厚的底蕴与顽强的生命力，是中国特色社会主义核心价值理念的重要源泉。锤炼中国特色社会主义核心价值理念，就要善于从中国传统价值理念中寻求最具民族特色、同时最具历史生命力与现实号召力的成分，赋予其新的时代特色。事实上，传统文化中的精华几千年来已经成为人们"无意识"的精神品质，社会主义核心价值理念如果不把这种民族品质纳入其中，不但会割断历史，也会与现实中人们思想中的理想价值理念形成"两张皮"，让人无所适从。

第四，要遵循开放性原则。所谓开放性，是指要吸收人类历史上各种价值体系中的积极性因素，使中国特色社会主义核心价值理念具有普世性。价值理念是人们对人生目的与意义的思考，它既是人们生活态度的体现，也是人们生活态度的向导。作为价值主体的人，尽管受不同的经济基础、风俗习惯、民族心理等因素的影响，在具体价值理念上会有所差别，甚至很大的差别，但基于"人"的共性，仍然会有一些共同的理念。近代以来，国际交往的加深，为人们认识不同民族、不同国家或地区之间的价值理念提供了方便，也使彼此之间的交流、学习、借鉴成为可能。源于各自民族传统文化中的价值理念由此在对外交往中发生新的分化与组合，各民族之间价值理念的相通性也在不断增强。中国特色社会主义核心价值理念本身就是近代以来中国社会开放后的产物，是源于西方的马克思主义价值理念与中国传统价值理念的再造与重生。开放性是中国特色社会主义核心价值理念与生俱来的基因，以一种开放的眼界审视世界上不同民族创造的各种价值理念，以一种宽广的胸怀拥抱人类的普世价值，应当成为我们在全球化时代的自觉。

参 考 文 献

一、著作

[1]《马克思恩格斯选集》第1—4卷,[北京]人民出版社1995年版。

[2]《马克思恩格斯全集》第19卷,[北京]人民出版社1963年版。

[3]《列宁选集》第1—4卷,[北京]人民出版社1995年版。

[4]《毛泽东选集》第1—4卷,[北京]人民出版社1991年版。

[5]《毛泽东文集》第7卷,[北京]人民出版社1996年版。

[6]《邓小平文选》第1—2卷,[北京]人民出版社1994年版。

[7]《邓小平文选》第3卷,[北京]人民出版社1993年版。

[8]《江泽民文选》第1—3卷,[北京]人民出版社2006年版。

[9]《毛泽东邓小平江泽民论世界观人生观价值观》,[北京]人民出版社1997年版。

[10]《毛泽东邓小平江泽民论思想政治工作》,[北京]学习出版社2000年版。

[11]《毛泽东邓小平江泽民论社会主义道德建设》,[北京]学习出版社2001年版。

[12]《江泽民论有中国特色社会主义》,[北京]中央文献出版社2002年版。

[13]《论"三个代表"》,[北京]中央文献出版社2001年版。

[14]薄一波:《若干重大决策与事件的回顾》(修订本),[北京]人民出版社1997年版。

[15]《建国以来毛泽东文稿》,[北京]中央文献出版社1996年版。

[16]《建国以来重要文献选编》,〔北京〕中央文献出版社 1997 年版。

[17]《十一届三中全会以来党和国家重要文献选编》,〔北京〕中央党校出版社 1997 年版。

[18]《十二大以来重要文献选编》(下),〔北京〕人民出版社 1998 年版。

[19]《中央关于构建社会主义和谐社会若干重大问题的决定》,〔北京〕人民出版社 2006 年版。

[20]《孙中山选集》,〔北京〕人民出版社 1981 年版。

[21]《孙中山全集》,〔北京〕中华书局 1985 年版。

[22]《李大钊文集》,〔北京〕人民出版社 1984 年版。

[23]《洪秀全集》,〔北京〕广东人民出版社 1985 年版。

[24]李从军:《价值体系的历史选择》,〔北京〕人民出版社 2008 年版。

[25]李德顺:《价值论》,〔北京〕中国人民大学出版社 2007 年版。

[26]袁贵仁:《价值学引论》,〔北京〕北京师范大学出版社 1991 年版。

[27]石云霞:《中国价值观论纲》,〔武汉〕武汉大学出版社 1996 年版。

[28]马德普:《社会主义基本价值论》,〔北京〕中央编译出版社 1997 年版。

[29]陈章龙、周莉:《价值观研究》,〔南京〕南京师范大学出版社 2004 年版。

[30]项久雨:《思想政治教育价值论》,〔北京〕中国社会科学出版社 2003 年版。

[31]刘济良等:《价值观教育》,〔北京〕教育科学出版社 2007 年版。

[32]黄凯锋、唐志龙:《建设社会主义核心价值体系》,〔北京〕人民出版社 2007 年版。

[33]北京马克思主义理论研究与传播基地:《社会主义核心价值体

系建设与首善之区的实践研究文集》,[北京]中央党校出版社 2007
年版。

[34]黄凯锋:《中国价值观研究新取向》,[北京]学林出版社 2007
年版。

[35]邹宏秋:《社会主义核心价值体系教育论纲》,[杭州]浙江大学
出版社 2008 年版。

[36]邹千江:《冲突与转化:中国社会价值的现代性演变》,[北京]
中国传媒大学出版社 2008 年版。

[37]吕振宇:《论社会主义核心价值体系》,[济南]山东人民出版社
2009 年版。

[38]苏颂兴等:《分化与整合:中国青年价值观》,[上海]上海社会
科学院出版社 2000 年版。

[39]仓道来、徐闻:《中西方青年价值观的冲撞与交融》,[石家庄]
河北人民出版社 2001 年版。

[40]叶松庆:《未成年人价值观的演变与教育》,[合肥]安徽人民出
版社 2007 年版。

[41]韩震:《社会主义核心价值体系研究》,[北京]人民出版社 2007
年版。

[42]江传月:《构建社会主义和谐社会的价值观研究》,[广州]中山
大学出版社 2009 年版。

[43]戴钢书:《大学生社会主义核心价值理念培育质性研究》,[北
京]人民出版社 2008 年版。

[44]姜健:《中国基本政治遵循与主导价值取向研究》,[北京]人民
出版社 2009 年版。

[45]司马云杰:《价值实现论》,[西安]陕西人民出版社 2003 年版。

[46]刘明君、郑来春、陈少岚:《多元文化冲突与主流意识形态建
构》,[北京]中国社会科学出版社 2008 年版。

[47]潘维、廉思:《中国社会价值观变迁 30 年(1978—2008)》,[北

京]中国社会科学出版社 2008 年版。

[48]罗国杰:《中国传统道德》(简编本),[北京]中国人民大学出版社 1995 年版。

[49]马永庆等:《中国传统道德概论》,[济南]山东大学出版社 2000年版。

[50]马润海、戚本超:《公民的道德建设评价体系》,[北京]学习出版社 2003 年版。

[51]杜灵来:《中国道德建设实效性研究》,[北京]中国社会科学文献出版社 2008 年版。

[52]忻平:《社会主义荣辱观教育理论与实践研究》,[上海]上海大学出版社 2008 年版。

[53]辜鸿铭:《中国人的精神》(杨华青译),[天津]天津教育出版社2007 年版。

[54]夏学銮:《转型期的中国人》,[天津]天津人民出版社 2001年版。

[55]曾盛聪、林滨、葛桦:《伦理的嬗变:十年伦理变迁的轨迹》,[北京]人民出版社 2005 年版。

[56]顾明远:《教育大辞典》,[上海]上海教育出版社 1990 年版。

[57]候文光:《教育评价概论》,[石家庄]河北教育出版社 1999年版。

[58]陈万柏、张耀灿:《思想政治教育学原理》,[北京]高等教育出版社 2007 年版。

[59]张耀灿:《思想政治教育学前沿》,[北京]人民出版社 2006年版。

[60]张耀灿、郑永廷等:《现代思想政治教育学》,[北京]人民出版社 2006 年版。

[61]万光侠:《思想政治教育的人学基础》,[北京]人民出版社 2006年版。

[62]宫志峰:《思与行——大学生思想政治教育创新研究》,[济南]山东人民出版社2007年版。

[63]石云霞:《新中国成立以来中国共产党思想理论教育历史研究》,[北京]中国社会科学出版社2007年版。

[64]王瑞荪:《比较思想政治教育学》,[北京]高等教育出版社2001年版。

[65]沈壮海:《思想政治教育有效性研究》,[武汉]武汉大学出版社2008年版。

[66]刘新庚:《现代思想政治教育方法论》,[北京]人民出版社2006年版。

[67]刘川生:《大学生日常思想政治教育实效性研究》,[北京]北京师范大学出版社2009年版。

[68]陈立思:《世界的思想政治教育》,[北京]中国人民大学出版社1999年版。

[69]梁桂麟、刘志山:《港澳台高校通识教育比较研究》,[北京]中国社会科学出版社2008年版。

[70]王建华:《现代思想政治教育研究》,[哈尔滨]黑龙江人民出版社2004年版。

[71]李焕明:《思想政治教育要论》,[呼和浩特]内蒙古大学出版社2003年版。

[72]张福记、李纪岩:《高校思想政治教育研究》,[成都]四川教育出版社2009年版。

[73]李辉:《现代思想政治教育环境研究》,[广州]广东人民出版社2005年版。

[74]万斌、张应抗:《高校思想政治教育新论》,[北京]社会科学文献出版社2005年版。

[75]李合亮:《思想政治教育探本:关于其起源及本质的研究》,[北京]人民出版社2007年版。

[76]孙慧玲、张应抗:《困惑与思考——新时期思想政治教育若干热点问题探讨》,[北京]中国社会科学出版社2004年版。

[77]何祥林、谢守成、刘宏达:《大学生群体思想政治教育新论》,[北京]中国社会科学出版社2009年版。

[78]戚万学:《冲突与整合——20世纪西方道德教育理论》,[济南]山东教育出版社1995年版。

[79]朱永涛:《美国价值观——一个中国学者的探讨》,[北京]外语教学与研究出版社2002年版。

[80]万俊人、唐文明:《20世纪西方伦理学经典——伦理学主题:价值与人生》,[北京]中国人民大学出版社2004年版。

[81]江畅:《现代西方价值理论研究》,[西安]陕西师范大学出版社1992年版。

[82]许桂清:《美国道德教育理念研究》,[北京]中国社会科学出版社2008年版。

[83]李长喜、贾春峰:《论反对和平演变》,[沈阳]辽宁大学出版社1991年版。

[84]俞吾金:《意识形态论》,[上海]上海人民出版社1993年版。

[85]张向东:《社会问题》,[北京]中国审计出版社、中国社会出版社2001年版。

[86]郭晓平:《中国共青团史》,[上海]华中师范大学出版社1992年版。

[87]彭波:《一代中国青年的思想初恋——潘晓讨论》,[天津]南开大学出版社2000年版。

[88]郗杰英等:《新学子——大学生研究报告》,[郑州]文心出版社2002年版。

[89]李伦:《鼠标下的德性》,[南昌]江西人民出版社2002年版。

[90](台湾)林玉体:《美国教育思想史》,[北京]九州出版社2006年版。

［91］［美］玛格丽特·米德:《文化与承诺》,［石家庄］河北人民出版社 1987 年版。

［92］［美］塞缪尔·亨廷顿:《文明的冲突与世界秩序的重建》,［北京］新华出版社 2002 年版。

［93］［美］路易斯·拉思斯:《价值与教学》,［杭州］浙江教育出版社 2003 年版。

［94］Barry Chazan:《Contemporary Approaches to Moral Education》,Teachers College Press,Columbia University,1985。

［95］教育部社会科学司:《普通高校思想政治理论课文献选编(1949—2006)》,［北京］中国人民大学出版社 200 年版。

［96］山东省委高校工委宣教处:《加强和改进大学生社会主义核心价值观培育文件汇编》(2005 年 3 月)。

［97］《海峡两岸大学生人格建构学术研讨会论文集》(2008 年 10 月 17—18 日,山东师范大学编辑)。

二、论文

［1］梅荣政:《用社会主义核心价值体系引领社会思潮的政策探索》,《毛泽东邓小平理论研究》2008 年第 10 期。

［2］朱士群:《中国社会思潮:回应与引领》,《安徽师范大学学报》2008 年第 4 期。

［3］王祝福:《社会主义核心价值体系如何引领各种社会思潮》,《中国井冈山干部学院学报》2008 年第 9 期。

［4］方爱东:《关于"以社会主义核心价值体系引领社会思潮"的两点思考》,《思想政治教育研究》2008 第 4 期。

［5］廖胜刚、秦在东:《坚持用社会主义核心价值体系引领社会思潮的战略思考》,《广西社会科学》2008 年第 8 期。

［6］陈秉公:《论用社会主义核心价值体系引领社会思潮的基本途径》,《政治学研究》2008 年第 6 期。

[7]李玉娟:《用社会主义核心价值体系引领互联网多样化社会思潮》,《武警学院学报》2008 年第 9 期。

[8]张毅:《中国城市社会阶层冲突意识研究》,《中国社会科学》2005 年第 4 期。

[9]解松、夏宁:《社会思潮与国家意识形态安全》,《理论探索》2008 年第 5 期。

[10]李培林:《研究中国当前社会冲突一时的七个发现》,《理论参考》2005 年第 6 期。

[11]邱仁福:《社会主义核心价值体系引领社会思潮探析》,《湖南科技学院学报》2008 年第 9 期。

[12]叶福林:《以社会主义核心价值体系引领社会思潮的几点思考》,《广西社会科学》2008 年第 9 期。

[13]姜志强、孙运彩:《论社会思潮的发展规律》,《齐齐哈尔大学学报》2005 年第 4 期。

[14]胡利群:《以社会主义核心价值体系引领多样化的社会思潮》,《广州广播电视大学学报》2008 年第 5 期。

[15]王永芹:《改革开放以来我党引领多样化社会思潮的经验启示》,《理论前沿》2008 年 23 期。

[16]杨军:《党应对社会思潮的历史经验》,《毛泽东邓小平理论研究》2008 年版第 10 期。

[17]刘世涛、邓卓明:《以社会主义核心价值体系引领社会思潮》,《理论探索》2008 年第 6 期。

[18]张再兴、杨增崟:《社会主义核心价值体系与高校思想政治教育发展》,《人大复印资料·思想政治教育》2008 年第 8 期。

[19]王泽应:《社会主义核心价值观的基本特征》,《光明日报》2007 年 4 月 3 日。

[20]蒋斌、周薇:《建设社会主义核心价值体系是构建和谐社会的重大课题》,《光明日报》2007 年 2 月 13 日。

[21]马俊峰:《近年来价值观念研究综述》,《哲学动态》1998 年第 7 期。

[22]黄力之:《建设社会主义核心价值体系的意义》,《光明日报》2007 年 1 月 31 日。

[23]何涛:《社会主义核心价值体系研究综述》,新华网:http://news. xinhuanet. com/theory/2008−09/30/content_10185843. htm。

[24]唐凯麟:《社会主义核心价值体系是在实践中不断完善的科学体系》,《光明日报》2008 年 9 月 23 日。

[25]刘贵芹:《用社会主义核心价值体系引导大学生健康成长》,《学校党建与思想教育》2007 年第 8 期。

[26]赵存生:《牢固树立社会主义核心价值体系》,《思想理论教育导刊》2007 年第 1 期。

[27]吴潜涛:《社会主义核心价值体系的科学内涵》,《道德与文明》2007 年第 1 期。

[28]许志功:《大力加强社会主义核心价值体系建设》,《思想理论教育导刊》2007 年第 10 期。

[29]陈延斌、邹放鸣:《社会主义核心价值体系若干问题研究》,《南京师大学报》2008 年第 4 期。

[30]吴倬:《关于社会主义核心价值观问题的理论思考》,《教学与研究》2008 年第 6 期。

[31]陈伟、罗仲尤:《社会主义核心价值观与大学思想政治教育》,《光明日报》2007 年 9 月 2 日。

[32]许华:《社会主义核心价值与基本价值》,《世界与社会主义》2007 年第 6 期。

[33]公方彬:《民主·平等·公正·互助——支撑中华民族崛起的核心价值观》,《政工学刊》2006 年第 10 期。

[34]韦建桦:《社会主义核心价值体系的历史内涵、科学精神、创新品格》,《光明日报》2007 年 12 月 4 日。

[35]汪青松:《"四信"教育与社会主义核心价值体系建设》,《党的文献》2007年第5期。

[36]石云霞:《论社会主义核心价值体系教育的基本要求》,《思想政治工作研究》2007年第3期。

[37]李康平、李正兴:《红色资源开发与社会主义核心价值体系教育》,《道德与文明》2008年第1期。

[38]冯刚:《用社会主义核心价值体系引领高校思想政治教育深入发展》,《高校理论战线》2008年第7期。

[39]乔永忠:《高校思想政治教育绩效评价的新方法探析》,人大复印资料《思想政治教育》2007年第8期。

[40]吴潜涛:《用中国特色社会主义核心价值体系引领大学生成长成才》,《思想理论教育导刊》2007年第11期。

[41]张惠选:《社会主义核心价值体系与大学生价值观构建》,《山西大学学报》(哲学社会科学版)2008年第3期。

[44]李斌雄:《我国社会主义核心价值体系教育的内容结构》,《思想理论教育》(综合版)2007年第1期。

[45]石海兵:《论青年价值观教育内容的结构体系》,《思想理论教育》(综合版)2007年第12期,第14页。

[46]聂月岩、张家智:《借鉴"品格教育"的方法培育核心价值观体系》,《思想教育研究》2007年第8期。

[47]张远新:《社会主义核心价值体系与大学生社会主义核心价值观教育》,《思想教育研究》2007年第10期。

[48]旷永青:《论提高大学生社会主义核心价值观培育实效性的着力点》,《教育与职业》2007年第27期。

[49]陶倩:《由大学生荣辱观现状看其对社会主义核心价值观之认同》,《学校党建与思想教育》2007年第6期。

[50]郝潞霞:《高校思想政治教育贯彻落实社会主义核心价值体系的路径浅析》,《思想政治教育研究》2008年第2期。

[51]章毛平:《坚持知、情、意、信、行的统一》,《中国矿业大学学报》(社会科学版)2006 年第 4 期。

[52]吴潜涛:《深刻理解社会主义荣辱观的科学内涵和重大意义》,《人民日报》2006 年 4 月 3 日。

[53]张晓忠:《全球化条件下大学生思想道德及主流意识形态状况的调查》,《南京航空航天大学学报》2008 年第 1 期。

[54]焦国成:《试论社会主义核心价值体系的基本理念》,《道德与文明》2007 年第 1 期。

[55]宫志峰:《主题·主线·主渠道——关于大学思想政治教育问题》,《山东师大学报》2004 年第 5 期。

[56]宫志峰:《让爱国主义在创新方式提高层次中增实效》,《中国高等教育》2005 年第 24 期。

[57]朱瑛、王荣:《论社会主义核心价值体系与大学生思想政治教育的关系》, 人教网: http://www. pep. com. cn/xgjy/gdjy/gjyj/gdjyx/200812/t20081208_534182. htm。

[58]苏文帅:《传统价值观演变历程及其规律的开拓性探索》,国学网:http://www. guoxue. com/lwtj/content/suwenshuai_dzfjjzdlc. htm。

[59]高梧:《论新民主主义革命时期中国共产党对社会核心价值体系的构建》,《毛泽东思想研究》2007 年第 5 期。

[60]胡近、李玉剑:《入世后思想政治教育面临的新情况、新问题及对策研究》,《思想·理论·教育》2001 年第 12 期。

[61]卢松江:《中国政府官员腐败问题及反腐败斗争论析》,华东师范大学 2002 年硕士论文。

[62]杨圣明、都梅瑞:《论我国收入分配中的两极分化问题》,《财贸经济》2005 年第 12 期。

[63]赵运林:《关于大学生就业难问题的思考与对策》,《湖南社会科学》2009 年第 3 期。

[64]《社科院:85% 家庭买不起房 土地招拍挂导致寡头垄断》,《京

华时报》2009 年 12 月 8 日。

[65]靳四梅:《我国政府官员腐败问题研究》,郑州大学 2003 年硕士论文。

[66]武汉大学课题组:《大学生理想信念及教育现状调查分析报告》,《学校党建与思想教育》2008 年第 12 期。

[67]陶倩:《社会主义核心价值体系认同现状调查》,《党建》2008 年第 3 期。

[68]田海花:《当前大学生民族精神教育状况的调查报告》,《山东省青年管理干部学院学报》2003 年第 6 期。

[69]秦楚、辛燕:《对广西高职高专学生民族精神的弘扬和培育现状的调查研究》,《法制与社会》2009 年第 33 期。

[70]黄岩:《大学生时代精神风貌的调查与思考》,《高等农业教育》2009 年第 6 期。

[71]王力虹、郎眉宁:《新疆高校大学生荣辱观教育状况调研报告》,《昌吉学院学报》2008 年第 6 期。

[72]李纪岩:《20 世纪 90 年代以来青年对热点道德问题的认识》,《中国青年研究》2008 年第 12 期。

[73]黄志坚:《赢得青年就能赢得未来——从大学生"入党热"说起》,《中国青年研究》2003 年第 7 期。

[74]中国青少年研究中心课题组:《中国青年思想道德文化发展的现状与对策》,《中国青年研究》1996 年第 6 期。

[75]段鑫星等:《大学生思想道德状况的调查分析》,《中国青年政治学院学报》1998 年 2 期。

[76]张云:《大学生与网络道德》,人民网 2001 年 5 月 29 日。

[77]董见新、邵慧芳:《网络行为失范问题的调查与分析》,《中国青年研究》2003 年第 12 期。

[78]江苏省社会主义核心价值体系研究中心:《探索社会主义核心价值体系建设的有效途径》,《人民日报》2009 年 9 月 3 日。

[79]王利华:《大学生社会主义核心价值观培育目标诉求及其实现》,《经济与社会发展》2008 年第 12 期。

[80]龙新民:《以邓小平理论为指导　牢牢把握正确的新闻舆论导向》,《前线》1999 年第 2 期。

[81]胡锦涛:《在人民日报社考察工作时的讲话》,《人民日报》2008年 6 月 21 日。

[82]陈晓光:《坚持以优秀作品鼓舞人》,《人民日报》2002 年 5 月23 日。

[83]汪慧:《中国家庭结构转变与家教定位》,《青年研究》1997 年第3 期。

[84]王跃生:《中国家庭结构变动分析》,《中国社会科学》2006 年第1 期。

[85]庄薇:《试论大学生家庭教育的缺失及对策》,《黑龙江教育》2006 年第 3 期。

[86]裴娣娜:《中小学生生存的文化环境与价值观教育》,《中国教育学刊》2005 年第 6 期。

[87]莫尼卡·泰勒:《价值观教育与教育中的价值观》,《教育研究》2003 年第 6 期。

[88]余保华:《我国学校价值观教育:内涵、目标与原则》,《天津市教科院学报》2007 年第 5 期。

[89]梅平乐、刘济良:《迷失与复归:学校价值观教育实效性的反思》,《教育科学研究》2004 年第 11 期。

[90]叶松庆:《未成年人价值观的基本状况与原因分析》,《中国教育学刊》2007 年第 8 期。

[91]夏国英:《大学生成为"社会人"的途径》,《嘉兴学院学报》2002年第 1 期。

[92]张坤:《浅析课堂教学在大学生思想政治教育中的主导作用》,《思想政治教育研究》2005 年第 1 期。

[93]占永琼:《当前高校校园文化存在问题与对策分析》,《福建工程学院学报》2008 年第 4 期。

[94]孙宇:《社会实践活动之思想政治教育功能新论》,中国社会学网:http://www.sociology.cass.cn/shxw/qsnyj/t20090813_23046.htm。

[95]王彬:《论大学生社会实践活动》,《思想政治教育研究》2005 年第 4 期。

[96]耿树丰:《论社会实践与大学生思想政治教育》,辽宁大学生在线联盟:http://www.stuln.com/lilunketang/yxzw/2dj/2009-5-17/Article_36544.shtml。

[97]吴琼:《专业课教学中的思想政治教育资源》,《现代教育科学》2006 年第 1 期。

[98]徐涛:《论大学人文素质教育的重要性》,《重庆交通学院学报》2005 年第 1 期。

[99]李维武:《大学人文教育的失落与复兴》,《高等教育研究》2000 年第 3 期。

[100]裴正轩:《在思想政治理论课中加强社会主义核心价值体系》,《思想理论教育导刊》2009 年第 7 期。

[101]张敬斌:《高校思想政治理论课中的社会主义核心价值体系教育刍议》,《学校党建与思想教育》2008 年第 7 期。

[102]新华社:《适应新形势大力加强和改进党的思想政治工作,为改革开放和现代化事业提供强大动力与保证》,《人民日报》2000 年 6 月 29 日。

[103]宫志峰:《高校思想教育应当情理交触》,《大众日报》1995 年 10 月 25 日。

[104]刘燕:《价值澄清理论述评》,《哈尔滨学院学报》2005 年第 4 期。

[105]洪棋文、陈红:《美国学校德育的价值澄清理论评析》,《衡阳师范学院学报》2007 年第 4 期。

[106]周瑜:《关于价值澄清理论的几点思考》,《思想政治教育研究》2005年第5期。

[107]戚万学:《关于建构中国现代道德教育理论的几点设想》,《教育研究》1997年第12期。

[108]叶莉英:《基于价值澄清理论的大学生价值观教育探析》,《宁波大学学报》2009年第6期。

[109]王学风:《中外大学生思想政治教育体制比较及启示》,《思想理论教育》2009年第13期。

[110]杨元华等:《大学生思想政治教育体制和机制创新研究》,《思想理论教育》2008年第3期。

[111]荣光汉:《双向主体性:高校德育教学的关系维度及其探索》,《湖北广播电视大学学报》2010年第1期。

[112]马汝伟:《论高校思想政治教育中的互动》,《中国高教研究》2004年第3期。

[113]周德群:《改革高校思想政治理论课教学初探》,《重庆工学院学报》2006年第7期。

[114]张耀灿、刘伟:《思想政治教育主体间性含义初探》,《学校党建与思想教育》2006年第12期。

[115]钟健雄:《和谐互动:思想政治教育的有效途径》,《重庆工学院学报》2007年第6期。

[116]李焕明:《思想政治教育的实现机制》,《山东师范大学学报》2003年第1期。

[117]蒙冰峰、廉永杰:《实现社会主义核心价值体系的途径与机制》,《河南社会科学》2009年第3期。

[118]邢瑞煜:《思想政治教育机制探微》,《求实》2003年第8期。

[119]杨顺清等:《大学生思想政治教育保障机制创新研究》,《云南行政学院学报》2009年第6期。

[120]邱柏生:《高校思想政治教育学科评价指标体系问题》,《学校

党建与思想教育》2003 年第 11 期。

[121]夏宏奎:《构建高校思想政治教育工作评估体系的思考》,《中国成人教育》2007 年第 17 期。

后　记

　　重视青年学生的价值观教育是中国共产党的优良传统。以社会主义核心价值体系引领当代大学生价值观教育,是高校思想政治教育的重要任务。加强大学生社会主义核心价值体系建设研究,不仅对于当代大学生树立社会主义核心价值观具有重要的意义,而且对于在全社会培育积极向上的价值观念,形成中国特色社会主义建设的精神动力具有重要的作用。

　　近年来,随着实践的推进与研究的深入,如何把握当代大学生的身心特点及其价值观念发展的基本规律,确立科学的培育目标;如何认识社会主义核心价值观的内涵与理念,构建大学生社会主义核心价值体系建设的内容体系;如何认识社会环境和现实状况,创新思路和方法,建立大学生社会主义核心价值体系建设的长效机制等问题,成为本领域的研究重点。如何满足实践的需要,提高研究成果的可操作性与实效性;如何增强课题研究的学理性,实现大学生社会主义核心价值体系建设理论与实践的充分结合等问题,成为本领域的研究难点。

　　为了解决这些重点、难点问题,2008 年,我们以《大学生社会主义核心价值体系建设研究》为题申报了国家社科基金课题并获得立项。课题立项前后,我们反复征求专家意见,拟定了研究提纲。提纲确定后,我们总结多年来实践探索的经验,结合既有研究成果,进行了长达三年多的深入研究。2012 年课题结项后,我们根据新的认识进行了修改与完善,从而形成了现在的书稿。

　　本课题认为,社会主义核心价值体系是对马克思主义价值观的继承与发展,是对中国共产党价值观教育内容的概括与总结,也是对中国传统优秀价值观念与改革开放以来形成的时代价值观的阐发与弘扬,内涵丰富,逻辑严谨。社会主义核心价值体系四个方面的内容,奠定在"人的自由而全面发展"的基础之上,并通过"富强、民主、文明、和谐"等核心价值理念体现出来。大学生社会主义核心价值体系建设,也就是在大学生中弘扬和培育社会主义核心价值观。基于这样的认识,本课题从当代大学生价值观念发展的实际和社会主义核心价值体系建设的实际出发,以马克思主义哲学原理和思想政治教育学原理为理论基础,借鉴政治学、社会学、管理学、教育学、系统科学等多个学科的研究成果,吸取多年来实践中形成的经验与教训,综合运用理论与实践相结合的研究方法、统筹兼顾的系统研究方法、多学科整合与借鉴的研究方法等方法,对当代大学生的历史使命和社会主义核心价值体系建设的环境、状况等问题进行了深入阐述,对当代大学生社会主义核心价值体系建设的目标、思路、方法、主体、机制等重大问题展开了充分论证,构筑了科学高效、便于高校操作运用的综合性实施方案。本课题的研究,有针对性地解决了大学生社会主义核心价值体系建设中的重点、难点问题,有助于教育主管部门、高校师生深入把握大学生社会主义核心价值体系建设的基本规律,进一步提高大学生社会主义核心价值体系建设的可操作性与实效性。

当然,由于本课题的研究主题具有较为鲜明的实践特色,因此相比之下学术色彩不是那么浓厚;同时,由于作者水平有限,课题研究内容还存在一些缺点与不足。在此,恳请专家、学者和所有的读者批评指正。

本课题自始至终得到山东师范大学主管领导、科研部门领导与校内外有关专家学者的指导。课题研究过程中,参考了一些专家学者的研究资料。人民出版社的有关领导为本书的出版付出了大量的心血。在此,谨向为本课题的研究与出版做出贡献的各位表示衷心的感谢!

宫志峰

2012 年 9 月

责任编辑:虞 晖 陈鹏鸣
封面设计:徐 晖

图书在版编目(CIP)数据

大学生社会主义核心价值体系建设研究/宫志峰,李纪岩,李在武 著.
—北京:人民出版社,2012.12
ISBN 978-7-01-011386-9

Ⅰ.①大… Ⅱ.①宫…②李…③李… Ⅲ.①大学生-思想政治教育-
研究-中国 Ⅳ.①G641

中国版本图书馆 CIP 数据核字(2012)第 260697 号

大学生社会主义核心价值体系建设研究

DAXUESHENG SHEHUI ZHUYI HEXIN JIAZHI TIXI JIANSHE YANJIU

宫志峰 李纪岩 李在武 著

人 & 出 版 社 出版发行

(100706 北京市东城区隆福寺街 99 号)

环球印刷(北京)有限公司印刷 新华书店经销

2012 年 12 月第 1 版 2012 年 12 月北京第 1 次印刷
开本:710 毫米×1000 毫米 1/16 印张:21.25
字数:300 千字

ISBN 978-7-01-011386-9 定价:48.00 元

邮购地址 100706 北京市东城区隆福寺街 99 号
人民东方图书销售中心 电话 (010)65250042 65289539